怎样编制建设工程资料系列丛书

怎样编制园林绿化工程资料

冯宪伟　主　编
宋江霞　副主编

中国建材工业出版社

图书在版编目(CIP)数据

怎样编制园林绿化工程资料/冯宪伟主编.—北京：中国建材工业出版社,2014.9(2020.9重印)
(怎样编制建设工程资料系列丛书)
ISBN 978-7-5160-0850-8

Ⅰ.①怎… Ⅱ.①冯… Ⅲ.①园林-绿化-技术档案-档案管理 Ⅳ.①G275.3

中国版本图书馆CIP数据核字(2014)第118216号

内 容 提 要

本书详细阐述了园林绿化工程资料编制与管理方法。全书主要内容包括园林绿化工程资料概述、园林绿化工程准备阶段文件、园林绿化工程监理资料、园林绿化工程施工资料、园林绿化工程资料管理与归档等。为更好地说明园林绿化工程资料编制与整理过程，书中对大量的资料表格进行了示范性的填写，并对应如何填写进行了说明，以方便园林绿化工程技术资料编制人员直接查用。

本书具有较强的实用价值和指导性，可供园林绿化工程资料编制与管理人员查阅使用，也可供园林绿化工程施工监理及相关管理人员参考使用，还可作为园林绿化工程施工岗位培训的教材。

怎样编制园林绿化工程资料
冯宪伟　主编

出版发行：中国建材工业出版社
地　　址：北京市海淀区三里河路1号
邮　　编：100044
经　　销：全国各地新华书店
印　　刷：北京紫瑞利印刷有限公司
开　　本：787mm×1092mm　1/16
印　　张：17.5
字　　数：426千字
版　　次：2014年9月第1版
印　　次：2020年9月第3次
定　　价：58.00元

本社网址：www.jccbs.com.cn　　微信公众号：zgjcgycbs
本书如出现印装质量问题，由我社营销部负责调换。电话：(010)88386906
对本书内容有任何疑问及建议，请与本书责编联系。邮箱：dayi51@sina.com

前 言
Preface

建设工程资料编制与管理是一个庞大的系统工程，从工程准备到竣工验收，建设工程资料编制与管理工作始终贯穿其中，这中间不仅需要搜集大量的数据与资料，还需要填写完成大量的表格。而且，建设工程资料的分类与编号都有严格的规定，各参建单位必须按照统一的分类与编号原则来规范自己的工程资料。对于广大建设工程施工管理人员（如项目经理、技术负责人、施工员、资料员、质检员、材料员等）来讲，如何进行工程资料的填写、收集、整理、组卷和归档，是其对建设工程项目进行管理的重要内容。

工程资料的形成，涉及到工程项目的诸多相关单位，只有他们各有分工，各司其职，协同工作，最后才能形成一套完整的工程资料。这些相关单位包括建设单位，勘察、设计单位，监理单位，施工单位和城建档案管理单位等。因此，相关各单位应设专人负责工程资料的收集、整理与归档，应建立建全的工程资料管理岗位责任制，以确保工程资料的完整性、真实性和适时性。

近年来，随着我国工程建设行业的迅猛发展，建设工程资料管理以其鲜明的特点，正越来越发挥着不可替代的作用，例如：工程资料充分体现建筑企业自身的综合管理水平；工程资料为建设管理者决策提供真实、直接的工程信息；工程资料为城市基础设施建设以及现有工程新建、扩建、维修、管理提供翔实的依据；工程资料为明确建设工程质量责任提供准确、直接的工程信息等。

为了系统阐述建设工程资料编制与管理的流程，方便读者了解并掌握建设工程资料收集整理的方法，满足工程建设单位、监理单位、施工企业对工程资料进行科学的归档、管理的需要，我们组织有关方面的专家学者编写了《建设工程资料填写与组卷系列丛书》。本套丛书根据相关的国家法律、法规以及与工程建设有关的标准与规范，并结合编者多年实际工作所积累的经验编写而成。丛书对工程建设的各个相关单位的职责做了明确界定，对各自的职责以及相互的关系做了详细的阐述，具有很强的实用价值。

本系列丛书包括《怎样编制建筑工程资料》、《怎样编制建设工程监理资料》、《怎样编制建设工程安全资料》、《怎样编制装饰装修工程资料》、《怎样编制市政工程资料》、《怎样编制园林绿化工程资料》、《怎样编制公路工程资料》、《怎样编制水利水电工程资料》等分册。本系列丛书主要具有以下特点：

1. 资料全面，紧贴现场，理论与实际相结合，注重与新规范相结合，做到通俗易懂，力求知识性、权威性、前瞻性和实用性。丛书编写依据的规范主要包括：《建筑工程资料管理规程》（JGJ/T 185—2009）、《建设工程施工现场安全资料管理规程》（CECS 266—2009）、《建筑施工安全检查标准》（JGJ 59—2011）、《建设工程监理规范》（GB 50319—2013）以及各地区与资料编制有关的规程等。

2. 工程资料填写内容与要求的标准化：工程资料作为体现工程建设各个相关单位执行标准的规范程度的载体，必须保证内容与要求达到现行规范的规定，同时必须不断完善。

3. 对建设工程所需各类工程资料进行归纳分类，并以合适的框图进行表示，从而使读者能方便掌握建设工程每一分项工程资料的整体情况。

4. 对每一分项工程的有关表格进行实例的解析与填写，使读者在参阅丛书之后能正确填写工程建设资料用表，使建设施工活动和资料管理的程序不断优化、工作更加协调和谐、实现较高的工作效率。

丛书编写过程中，参阅了大量建设工程资料编制与管理方面的书刊和资料，并得到了有关单位与专家学者的大力支持与指导，在此表示衷心的感谢。书中错误与不当之处，敬请广大读者批评指正。

编　者

目 录
Contents

第一章　园林绿化工程资料概述 (1)

第一节　园林绿化工程资料管理 (1)
一、园林绿化工程资料的基本概念 (1)
二、园林绿化工程资料的管理职责 (2)
三、园林绿化工程资料的分类 (3)
四、园林绿化工程资料的编码 (13)

第二节　园林绿化工程资料管理流程 (14)
一、工程准备阶段资料形成流程 (14)
二、监理资料形成流程 (16)
三、施工资料形成流程 (17)

第二章　园林绿化工程准备阶段文件 (20)

第一节　决策立项文件 (20)
一、项目建议书文件 (20)
二、可行性研究文件 (21)
三、会议纪要文件 (22)
四、项目评估文件 (22)

第二节　建设用地文件 (23)
一、选址规划文件 (24)
二、建设用地文件 (25)
三、拆迁安置文件 (25)
四、国有土地使用资料 (26)

第三节　勘察设计文件 (28)
一、工程勘察资料 (28)
二、工程测量测绘文件 (29)

三、建设用地钉桩文件 …………………………………… (29)
　　四、设计文件 ……………………………………………… (30)
第四节　招投标及合同文件 ………………………………… (31)
　　一、招投标文件 …………………………………………… (31)
　　二、合同文件 ……………………………………………… (34)
第五节　开工文件 …………………………………………… (37)
　　一、建设工程规划文件 …………………………………… (37)
　　二、建设工程施工文件 …………………………………… (41)
　　三、工程质量监督管理资料 ……………………………… (45)
第六节　商务文件 …………………………………………… (45)
　　一、工程投资估算 ………………………………………… (45)
　　二、工程设计概算 ………………………………………… (46)
　　三、工程施工图预算 ……………………………………… (46)

第三章　园林绿化工程监理资料 ………………………………… (47)

第一节　园林绿化工程监理管理资料 ……………………… (47)
　　一、监理规划、监理实施细则 …………………………… (47)
　　二、监理月报 ……………………………………………… (48)
　　三、监理会议纪要 ………………………………………… (50)
第二节　园林绿化工程施工监理资料 ……………………… (52)
　　一、工程技术文件报审资料 ……………………………… (52)
　　二、施工测量放线报审资料 ……………………………… (54)
　　三、工程进度控制报审资料 ……………………………… (56)
　　四、工程质量控制资料 …………………………………… (66)
　　五、工程造价控制资料 …………………………………… (79)
第三节　园林绿化工程竣工验收与其他资料 ……………… (86)
　　一、工程竣工验收资料 …………………………………… (86)
　　二、其他资料 ……………………………………………… (90)

第四章　园林绿化工程施工资料 ………………………………… (93)

第一节　园林绿化工程施工管理资料 ……………………… (93)
　　一、工程管理与验收资料 ………………………………… (93)
　　二、施工管理资料 ………………………………………… (102)

第二节 园林绿化工程施工技术资料 ……………………………… (106)
一、工程技术文件报审资料 ………………………………………… (106)
二、图纸会审 ………………………………………………………… (107)
三、设计交底 ………………………………………………………… (109)
四、技术交底 ………………………………………………………… (109)
五、设计变更 ………………………………………………………… (111)
六、工程洽商 ………………………………………………………… (112)
七、安全交底 ………………………………………………………… (113)

第三节 园林绿化工程施工物资资料 ……………………………… (114)
一、材料进场检验 …………………………………………………… (114)
二、设备开箱检验 …………………………………………………… (117)
三、设备及管道附件试验 …………………………………………… (119)
四、苗木进场检验文件 ……………………………………………… (120)
五、产品合格证 ……………………………………………………… (128)
六、材料试验报告 …………………………………………………… (133)

第四节 园林绿化工程施工测量记录 ……………………………… (145)
一、工程定位测量资料 ……………………………………………… (145)
二、测量复核资料 …………………………………………………… (146)
三、基槽验线资料 …………………………………………………… (147)

第五节 园林绿化工程施工记录 …………………………………… (148)
一、施工通用记录 …………………………………………………… (148)
二、绿化种植工程 …………………………………………………… (154)
三、园林铺地、园林景观构筑物及其他造景工程施工记录 ……… (158)
四、园林用电施工记录 ……………………………………………… (175)

第六节 园林绿化工程施工试验记录 ……………………………… (185)
一、试验通用记录 …………………………………………………… (185)
二、园林铺地、园林景观构筑物及其他造景工程试验记录 ……… (189)
三、园林给排水工程试验记录 ……………………………………… (208)
四、园林用电工程试验记录 ………………………………………… (217)

第七节 检验批与分项工程质量验收记录 ………………………… (230)
一、检验批质量验收记录 …………………………………………… (230)
二、分项工程质量验收记录 ………………………………………… (238)
三、分部（子分部）工程质量验收记录 …………………………… (245)

第五章 园林绿化工程资料管理与归档 ……………… (249)

第一节 竣工图 ……………………………………… (249)
一、竣工图章(签)的绘制 ……………………………… (249)
二、竣工图的编制 ……………………………………… (250)
第二节 工程资料编制与组卷 ……………………… (254)
一、载体文件 …………………………………………… (255)
二、组卷资料 …………………………………………… (256)
三、封面与目录资料 …………………………………… (257)

参考文献 ……………………………………………… (271)

第一章 园林绿化工程资料概述

第一节 园林绿化工程资料管理

一、园林绿化工程资料的基本概念

(1)园林绿化工程。园林、城市绿地和风景名胜区中除园林建筑工程以外的室外工程。

(2)工程资料。园林工程在建设过程中形成的各种形式信息记录的统称,简称工程资料。

(3)园林工程资料管理。园林工程资料的填写、编制、审核、审批、收集、整理、组卷、移交及归档等工作的统称,简称工程资料管理。

(4)工程准备阶段文件。园林绿化工程开工前,在立项、审批、征地、拆迁、勘察、设计、招投标等工程准备阶段形成的文件。

(5)建设单位(业主)。园林绿化工程项目法人,或为实施园林绿化工程而设置的管理机构。

(6)监理单位。为建设单位提供园林建设监理服务的企业。

(7)施工单位。与建设单位签订园林绿化工程施工合同,承担施工任务且有相应资质的企业。根据园林建设工程施工合同的约定或经监理单位的书面认可,报建设单位同意后,施工单位可将其一部分工程按有关规定交由具有相应资质等级的施工企业负责施工,该施工企业作为分包单位与施工单位签订园林绿化工程分包合同。

(8)竣工验收文件。建设工程项目竣工验收、备案和移交等活动中形成的文件。

(9)监理资料。园林工程在工程建设监理过程中形成的资料。

(10)施工资料。园林工程在工程施工过程中形成的资料。

(11)总监理工程师。经监理单位法人代表授权,具有园林或相关专业相应职称,取得监理工程师资格证书并注册,是园林绿化工程现场监理机构的总负责人,行使委托监理合同赋予监理单位的权利和义务,主持项目监理部工作。

(12)总监理工程师代表。经监理单位法人代表同意,总监理工程师授权,代表总监理工程师行使其部分职权的注册监理工程师。

(13)专业监理工程师。具有园林绿化或相关专业相应职称、取得监理工程师资格证书并注册,根据工程监理岗位职责分工和总监理工程师的指令,负责实施某一专业或某一方面的监理工作,可签发监理文件的监理人员。

(14)监理员。经过监理业务培训,具有园林绿化工程相关知识,从事具体监理工作的监理人员。

(15)竣工图。工程竣工验收后,真实反映建设工程施工结果的图样。

(16)工程档案。在工程建设活动中直接形成的具有归档保存价值的文字、图表、声像等各种形式的历史记录。

（17）立卷。按照一定的原则和方法，将有保存价值的文件分类整理成案卷的过程，亦称组卷。

（18）归档。文件的形成单位完成其工作任务后，将形成的文件整理立卷后，按规定移交档案管理机构。

二、园林绿化工程资料的管理职责

1. 通用职责

（1）工程各参建单位填写的工程资料应符合国家及相关的法律、法规、规章、标准；同时，还应符合工程合同与设计文件等的规定。

（2）工程各参建单位应将工程资料的形成和积累纳入工程管理的各个环节和有关人员的职责范围。

（3）工程资料应随工程进度同步形成、收集、整理，并按规定要求及时移交。

（4）工程资料应按管理职责要求，分别由建设、监理、施工单位主管（技术）负责人组织本单位工程资料的全过程管理工作。工程资料的收集、整理和审核工作应有专人负责并应经过有关机构培训合格后上岗。

（5）工程各参建单位应确保各自文件、资料的真实、准确、齐全。对工程资料进行涂改、伪造、随意抽撤或损毁、丢失等，应按有关规定予以处理。

2. 建设单位职责

（1）负责建设工程项目工程档案和资料的管理工作，并设专人进行收集整理和归档。

（2）在工程招标及与参建各方签订协议或合同时，应对工程资料和工程档案的编制责任、套数、费用、质量和移交时间等提出明确要求。

（3）向参与工程建设的勘察、设计、监理、施工等单位提供与工程有关的资料，原始资料应真实、准确、齐全。

（4）自行或委托监理单位督促和检查各参建单位的立卷归档工作，并对相关标准规定应签认的工程资料签署意见。

（5）收集和汇总勘察、设计、监理、施工等单位立卷归档的工程档案。

（6）建设单位在组织竣工验收前，应先对工程档案进行预验收，工程档案预验收不合格的，不得组织竣工验收。

3. 勘察、设计单位职责

（1）按合同和规范要求提供勘察、设计文件。

（2）对本标准规定应签认的工程资料签署意见，并出具工程质量检查报告。

4. 监理单位职责

（1）负责监理资料的管理工作，并设专人负责监理资料的收集、整理和归档。

（2）按照合同约定，在勘察、设计阶段，对勘察、设计文件的形成、积累、组卷和归档进行监督、检查；在施工阶段，应对施工资料的形成、积累、组卷和归档进行监督、检查，使施工资料的完整性、准确性符合有关要求。

5. 施工单位职责

(1)负责施工资料的管理工作,明确主管负责人,逐级建立健全施工资料管理岗位责任制。

(2)总承包单位负责汇总、审核各分包单位编制的施工资料。分包单位应负责其分包范围内施工资料的收集和整理,并对其施工资料的真实性、完整性和准确性负责。

(3)按要求在工程竣工交验前将施工资料整理汇总完毕。

(4)负责编制两套施工资料,其中移交建设单位一套,自行保存一套。

三、园林绿化工程资料的分类

(1)工程资料应按照收集、整理单位和资料类别的不同进行分类。

(2)施工资料分类应根据类别和专业系统划分。

(3)园林绿化工程资料的分类、整理可参考表1-1的规定。

(4)施工过程中工程资料的分类、整理和保存应执行国家及行业现行法律、法规、规范、标准及地方有关规定。

表1-1　　　　　　　　　　园林绿化工程资料分类表

类别编号	资料名称	资料来源	保存单位			
			施工单位	监理单位	建设单位	城建档案馆
A类	工程准备阶段文件					
A1	决策立项文件					
A1-1	项目建议书	建设单位			●	●
A1-2	项目建议书的批复文件	建设行政管理部门			●	●
A1-3	可行性研究报告及附件	建设单位			●	●
A1-4	可行性研究报告的批复	文件建设行政管理部门			●	●
A1-5	关于立项的会议纪要、领导批示	建设单位			●	●
A1-6	工程立项的专家建议资料	建设单位			●	●
A1-7	项目评估研究资料	建设单位			●	●
A2	建设用地文件					
A2-1	选址申请及选址规划意见通知书	建设单位规划部门			●	●
A2-2	建设用地批准文件土地	行政管理部门			●	●
A2-3	拆迁安置意见、协议、方案等	建设单位			●	●
A2-4	建设用地规划许可证及其附件	规划行政管理部门			●	●

续一

类别编号	资料名称	资料来源	保存单位			
			施工单位	监理单位	建设单位	城建档案馆
A2-5	国有土地使用证	土地行政管理部门			●	●
A2-6	划拨建设用地文件	土地行政管理部门			●	●
A3	勘察设计文件					
A3-1	岩土工程勘察报告管理部门	勘察单位	●	●	●	●
A3-2	建设用地钉桩通知单（书）	规划行政管理部门	●		●	●
A3-3	地形测量和拨地测量成果报	测绘单位			●	●
A3-4	审定设计方案通知书及审查意见	规划行政管理部门			●	●
A3-5	审定设计方案通知书要求征求有关部门的审查意见和要求取得的有关协议	有关部门			●	●
A3-6	初步设计图及设计说明	设计单位			●	
A3-7	消防设计审核意见	公安机关消防机构	●	●	●	●
A3-8	施工图设计文件审查通知书及审查报告	施工图审查机构	●	●	●	●
A3-9	施工图及设计说明	设计单位	●	●	●	
A4	招投标及合同文件					
A4-1	勘察招投标文件	建设单位勘察单位			●	
A4-2	勘察合同	建设单位勘察单位			●	●
A4-3	设计招投标文件	建设单位设计单位			●	
A4-4	设计合同	建设单位设计单位			●	●
A4-5	监理招投标文件	建设单位监理单位		●	●	
A4-6	委托监理合同	建设单位监理单位		●	●	●
A4-7	施工招投标文件	建设单位施工单位	●	●	●	
A4-8	施工合同	建设单位施工单位	●	●	●	●
A5	开工文件					
A5-1	建设项目列入年度计划的申报文件	建设单位			●	●
A5-2	建设项目列入年度计划的批复文件或年度计划项目表	建设行政管理部门			●	●

续二

类别编号	资料名称	资料来源	保存单位			
			施工单位	监理单位	建设单位	城建档案馆
A5-3	规划审批申报表及报送的文件和图纸	建设单位设计单位			●	
A5-4	建设工程规划许可证及其附件	规划部门			●	●
A5-5	建设工程施工许可证及其附件	建设行政管理部门	●	●	●	●
A5-6	工程质量安全监督注册登记	质量监督机构	●		●	●
A5-7	工程开工前的原貌影像资料	建设单位	●		●	●
A5-8	施工现场移交单	建设单位	●	●	●	
A6	商务文件					
A6-1	工程投资估算资料	建设单位			●	
A6-2	工程设计概算资料	建设单位			●	
A6-3	工程施工图预算资料	建设单位			●	
B	监理资料					
B1	监理管理资料					
B1-1	监理规划、监理实施细则	监理单位		●	●	
B1-2	监理月报	监理单位		●		
B1-3	监理会议纪要(涉及工程质量的内容)	监理单位	●	●	●	
B1-4	工程项目监理日志	监理单位		●		
B1-5	监理工作总结(专题、阶段、竣工总结)	监理单位		●	●	
B2	施工监理资料					
B2-1	工程技术文件报审表		●	●	●	
B2-2	施工测量放线报验表		●	●	●	
B2-3	施工进度计划报审表		●	●	●	
B2-4	工程物资进场报验表		●	●	●	
B2-5	苗木、种子进场报验表		●	●	●	
B2-6	工程动工报审表		●	●	●	
B2-7	分包单位资质报审表		●	●	●	

续三

类别编号	资料名称	资料来源	保存单位			
			施工单位	监理单位	建设单位	城建档案馆
B2-8	分项/分部工程施工报验表		●	●		
B2-9	（ ）月工、料、机动态表		●	●		
B2-10	工程复工报审表		●	●	●	
B2-11	（ ）月工程进度款报审表		●	●		
B2-12	工程变更费用报审表		●	●		
B2-13	费用索赔申请表		●	●		
B2-14	工程款支付申请表		●	●		
B2-15	工程延期申请表		●	●	●	
B2-16	监理通知回复单		●	●		
B2-17	监理通知		●	●		
B2-18	旁站监理记录		●	●	●	
B2-19	监理抽检记录		●	●		
B2-20	不合格项处置记录		●	●		
B2-21	工程暂停令		●	●		
B2-22	工程延期审批表		●	●	●	
B2-23	费用索赔审批表		●	●	●	
B2-24	工程款支付证书		●	●	●	
B2-25	见证记录		●	●	●	
B2-26	有见证取样和送检见证人备案书		●	●	●	
B2-27	有见证试验汇总表		●	●	●	
B3	竣工验收监理资料					
B3-1	单位(子单位)工程竣工预验收报验表		●	●	●	
B3-2	工程质量评估报告			●	●	●
B3-3	竣工移交证书		●	●	●	
B4	其他资料					

续四

类别编号	资料名称	资料来源	保存单位			
			施工单位	监理单位	建设单位	城建档案馆
B4-1	工作联系单		●	●	●	
B4-2	工程变更单			●	●	●
C	施工资料					
C0	工程管理与验收资料					
C0-1	工程概况表		●			●
C0-2	工程质量事故记录		●	●	●	
C0-3	工程质量事故调(勘)查记录			●	●	
C0-4	工程质量事故处理记录		●	●	●	
C0-5	单位(子单位)工程质量竣工验收记录		●	●	●	●
C0-6	单位(子单位)工程质量控制资料核查记录		●	●	●	
C0-7	单位(子单位)工程安全、功能和植物成活要素检验资料核查及主要功能抽查记录		●	●	●	
C0-8	单位(子单位)工程观感质量检查记录		●	●	●	
C0-9	工程质量竣工报告		●	●	●	●
C1	施工管理资料					
C1-1	施工现场质量管理检查记录		●	●		
C1-2	施工日志		●			
C2	施工技术文件					
C2-1	施工组织设计审批表	施工单位	●			
C2-2	图纸会审记录		●	●	●	
C2-3	设计交底记录		●	●	●	
C2-4	技术交底记录		●			
C2-5	设计变更通知单		●	●	●	
C2-6	工程洽商记录		●	●	●	
C2-7	安全交底记录		●			

续五

类别编号	资料名称	资料来源	保存单位			
			施工单位	监理单位	建设单位	城建档案馆
C3	施工物资资料					
C3-1	工程物资选样送审表		●	●	●	
C3-2	材料、构配件进场检验记录		●			
C3-3	材料试验报告（通用）				●	
C3-4	设备开箱检验记录		●			
C3-5	设备及管道附件试验记录		●		●	
C3-6	产品合格证衬纸		●			
	绿化种植工程					
C3-7	苗木选样送审表		●		●	
C3-8	非圃地苗木质量证明		●		●	
C3-9	苗木进场检验记录		●			
C3-10	种子进场检验记录		●			
C3-11	客土进场检验记录		●			
C3-12	非饮用水试验报告		●			
C3-13	客土试验报告		●		●	
C3-14	种子发芽率试验报告		●		●	
	园林铺地、园林景观构筑物及其他造景工程					
C3-15	半成品钢筋出厂合格证	供应单位提供	●		●	
C3-16	预拌混凝土出厂合格证	供应单位提供			●	
C3-17	预制混凝土构件出厂合格证	供应单位提供	●			
C3-18	钢构件出厂合格证	供应单位提供	●			
C3-19	水泥试验报告	检测单位提供	●		●	●
C3-20	砌筑砖（砌块）试验报告	检测单位提供	●		●	●
C3-21	砂试验报告	检测单位提供	●		●	●
C3-22	碎（卵）石试验报告	检测单位提供	●		●	●

续六

类别编号	资料名称	资料来源	保存单位			
			施工单位	监理单位	建设单位	城建档案馆
C3-23	混凝土外加剂试验报告	检测单位提供	●		●	●
C3-24	混凝土掺合料试验报告	检测单位提供	●		●	
C3-25	钢材试验报告	检测单位提供	●		●	●
C3-26	锚具检验报告	检测单位提供	●		●	
C3-27	防水涂料试验报告	检测单位提供	●		●	●
C3-28	防水卷材试验报告	检测单位提供	●		●	●
C3-29	轻骨料试验报告	检测单位提供	●			
C4	施工测量检测记录					
C4-1	工程定位测量记录		●	●	●	
C4-2	测量复核记录		●			
C4-3	基槽验线记录		●		●	
C5	施工记录					
	通用表格					
C5-1	施工检查记录(通用)		●			
C5-2	隐蔽工程检查记录		●		●	
C5-3	预检记录		●			
C5-4	交接检查记录		●	●		
	绿化种植工程					
C5-5	绿化用地处理记录		●			
C5-6	土壤改良检查记录		●			●
C5-7	病虫害防治检查记录		●			
C5-8	苗木保护记录		●			
	园林铺地、园林景观构筑物及其他造景工程					
C5-9	地基验槽检查记录		●		●	●
C5-10	地基处理记录		●		●	

续七

类别编号	资料名称	资料来源	保存单位			
			施工单位	监理单位	建设单位	城建档案馆
C5-11	地基钎探记录		●			
C5-12	桩基础施工记录		●			
C5-13	混凝土浇筑申请书		●	●		
C5-14	预拌混凝土运输单		●			
C5-15	混凝土开盘鉴定		●			
C5-16	混凝土浇筑记录		●			
C5-17	混凝土养护测温记录		●			
C5-18	预应力筋张拉数据记录		●		●	●
C5-19	预应力筋张拉记录(一)		●		●	●
C5-20	预应力筋张拉记录(二)		●		●	●
C5-21	预应力张拉孔道灌浆记录		●		●	●
C5-22	焊接材料烘焙记录		●			
C5-23	构件吊装记录		●			
C5-24	防水工程试水检查记录	专业施工单位	●		●	
	园林用电					
C5-25	电缆敷设检查记录		●		●	
C5-26	电线(缆)钢导管安装检查记录		●		●	
C5-27	成套开关柜(盘)安装检查记录		●		●	
C5-28	盘、柜安装及二次接线检查记录		●		●	
C5-29	电缆头(中间接头)制作记录		●		●	
C5-30	电气照明装置安装检查记录		●		●	
C5-31	电机安装检查记录		●		●	
C5-32	避雷装置安装检查记录		●		●	
C5-33	供水设备供电系统调试记录		●		●	
C6	施工试验记录					

第一章 园林绿化工程资料概述

续八

类别编号	资料名称	资料来源	保存单位			
			施工单位	监理单位	建设单位	城建档案馆
	通用表格					
C6-1	施工试验记录（通用）		●		●	●
C6-2	设备单机试运转记录		●		●	●
C6-3	系统试运转调试记录		●		●	●
	园林铺地、园林景观构筑物及其他造景工程					
C6-4	土工击实试验报告		●		●	●
C6-5	回填试验报告（应附图）		●		●	
C6-6	土壤压实度试验记录（环刀法）		●		●	
C6-7	土壤压实度试验记录（灌砂法）		●		●	
C6-8	钢筋连接试验报告		●		●	●
C6-9	砂浆配合比申请单、通知单		●			
C6-10	砂浆抗压强度试验报告		●			
C6-11	砂浆试块强度统计、评定记录		●		●	●
C6-12	混凝土配合比申请单、通知单		●			
C6-13	混凝土抗压强度试验报告		●		●	
C6-14	混凝土试块强度统计、评定记录		●		●	●
C6-15	混凝土抗渗试验报告		●		●	
C6-16	饰面砖粘结强度试验报告		●		●	
C6-17	超声波探伤报告		●		●	●
C6-18	超声波探伤记录		●		●	●
C6-19	钢构件射线探伤报告		●		●	●
C6-20	景观桥荷载通行试验记录		●		●	
C6-21	土壤最大干密度试验记录		●		●	
	园林给排水					
C6-22	灌（满）水试验记录		●			

续九

类别编号	资料名称	资料来源	保存单位			
			施工单位	监理单位	建设单位	城建档案馆
C6-23	强度严密性试验记录		●		●	●
C6-24	通水试验记录		●			
C6-25	污水管道闭水试验记录		●		●	
C6-26	吹(冲)洗(脱脂)试验记录		●			
C6-27	通球试验记录		●		●	
C6-28	调试记录(通用)		●		●	
C6-29	喷泉水景效果试验记录		●		●	
	园林用电工程					
C6-30	电气接地电阻测试记录		●		●	●
C6-31	电气接地装置隐检与平面示意图表		●		●	●
C6-32	电气绝缘电阻测试记录		●		●	
C6-33	电气器具通电安全检查记录		●		●	
C6-34	电气设备空载试运行记录		●		●	
C6-35	建设物照明通电试运行记录		●		●	
C6-36	大型照明灯具承载试验记录		●		●	
C6-37	夜景灯光效果试验记录		●		●	
C6-38	设备单机试运行记录(通用)		●		●	
C6-39	漏电开关模拟试验记录		●		●	
C6-40	大容量电气线路结点测温记录		●		●	
C6-41	避雷带支架拉力测试记录		●		●	
C7	施工质量验收记录					
C7-1	检验批质量验收记录		●	●		
C7-2	分项工程质量验收记录		●	●		
C7-3	分部(子分部)工程质量验收记录		●	●	●	●
D	竣工图	编制单位提供				
E	工程资料、档案封面与目录					

续十

类别编号	资料名称	资料来源	保存单位			
			施工单位	监理单位	建设单位	城建档案馆
E1	工程资料封面与目录					
E1-1	工程资料案卷封面		●		●	
E1-2	工程资料卷内目录		●		●	
E1-3	分项目录(一)		●		●	
E1-4	分项目录(二)		●		●	
E1-5	工程资料卷内备考表		●	●	●	
E2	城市建设档案封面与目录					
E2-1	城市建设档案案卷封面				●	●
E2-2	城市建设档案卷内目录				●	●
E2-3	城市建设档案案卷审核备考表				●	●
E3	工程资料与城建档案移交书					
E3-1	工程资料移交书				●	●
E3-2	城市建设档案移交书				●	●
E3-3	城市建设档案缩微品移交书				●	●
E3-4	工程资料移交目录				●	●
E3-5	城市建设档案移交目录				●	●

四、园林绿化工程资料的编码

1. 分部(子分部)工程划分及代号规定

(1)分部(子分部)工程代号是按照《园林绿化工程资料管理规程》(DB11/T 212—2009)的分部(子分部)工程划分与国家质量验收推荐表格编码要求,并结合施工资料类别编号特点制定。

(2)园林绿化工程共分为五个分部工程,分部(子分部)工程划分及代号应符合《园林绿化工程资料管理规程》(DB11/T 212—2009)附录 A 规定。

2. 施工资料编号组成

(1)施工资料编号应填入表格右上角的编号栏,填写位置和格式见表1-2。

(2)通常情况下,资料编号有 9 位编号,由分部工程代号(2 位)、子分部工程代号(2 位)、资料类别编号(2位)和顺序号(3位)组成,每部分之间用横线隔开。

(3)对按单位工程管理,不属于某个分部、子分部工程的施工资料,其编号中分部、子分部工程代号用"00"代替。

(4)同一批物资用在两个以上分部、子分部工程中时,其资料编号中的分部、子分部工程代号按主要使用部位的分部、子分部工程代号填写。

表1-2　　　　　　　　　　绿化用地处理记录

绿化用地处理记录	编　号	01-01-C5-001
*注: "01"为分部工程代号(2位),应根据资料所属的分部工程,按附录A规定的代号填写; "01"为子分部工程代号(2位),应根据资料所属的子分部工程,按附录A规定的代号填写; "C5"为资料类别编号(2位),应根据资料所属类别,按表1规定的类别编号填写; "001"为顺序号(3位),应根据相同的表格、相同检查项目,按时间自然形成的先后顺序号填写。		

3. 施工资料的类别编号填写原则

施工资料的类别编号应根据表1-1的要求,按C0～C6类填写。

4. 顺序号填写原则

(1)对于施工专用表格,顺序号应按时间先后顺序,用阿拉伯数字从001开始连续标注。

(2)对于同一施工表格涉及多个(子)分部工程时,顺序号应根据(子)分部工程的不同,按(子)分部工程的各检查项目分别从001开始连续标注。

5. 没有统一表格的工程资料

参照表1-1的分类办法,在工程资料的右上角注明编码,填写要求按照上述1.～4.的规定。

6. 监理资料编号

(1)监理资料编号应填入右上角的编号栏。

(2)对于相同的表格或相同的文件材料,应分别按时间自然形成的先后顺序从001开始,连续标注。

(3)监理资料中的施工测量放线报验表(表B2-2)、工程物资进场报验表(表B2-4)应根据报验内容编号。对于同类报验内容的报验表,应分别按时间自然形成的先后顺序从001开始,连续标注。

第二节　园林绿化工程资料管理流程

一、工程准备阶段资料形成流程

1. 工程准备阶段资料管理基本规定

(1)工程准备阶段资料必须按有关行政主管部门的规定和要求进行申报、审批,并保证开、竣工手续和文件完整、齐全。

(2)工程竣工验收应由建设单位组织勘察、设计、监理、施工等有关单位进行,并形成竣工验收文件。

（3）工程竣工后，建设单位应负责工程竣工备案工作。按照关于竣工备案的有关规定，提交完整的竣工备案文件，报竣工备案管理部门备案。

2. 工程准备阶段资料管理流程

工程准备阶段资料管理流程如图1-1所示。

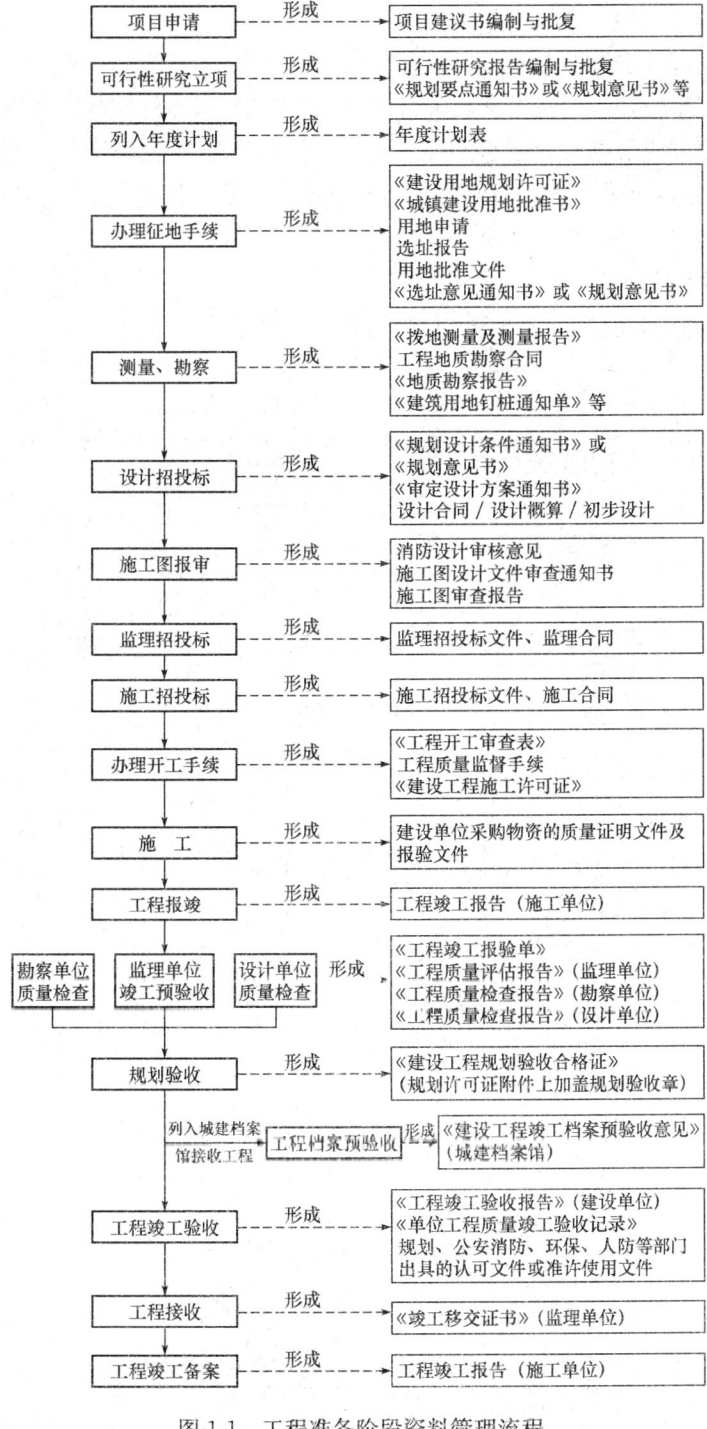

图1-1 工程准备阶段资料管理流程

二、监理资料形成流程

1. 监理资料管理规定

(1)监理资料的日常管理要及时整理、真实齐全、分类有序。总监理工程师应指定专人进行监理数据管理,总监理工程师为总负责人。

(2)应按照合同约定审核勘察、设计文件。

(3)应对施工单位报送的施工资料进行审查,使施工资料完整、准确,合格后予以签认。

(4)监理工程师应根据监理资料的要求,认真核实,不得接受经涂改的报验资料,并在审核整理后交数据管理人员存放。存放时,应按分部分项建立案卷,分专业存放保管并编目。收发、借阅必须通过数据管理人员履行手续。

2. 监理资料管理流程

监理资料管理流程如图 1-2 所示。

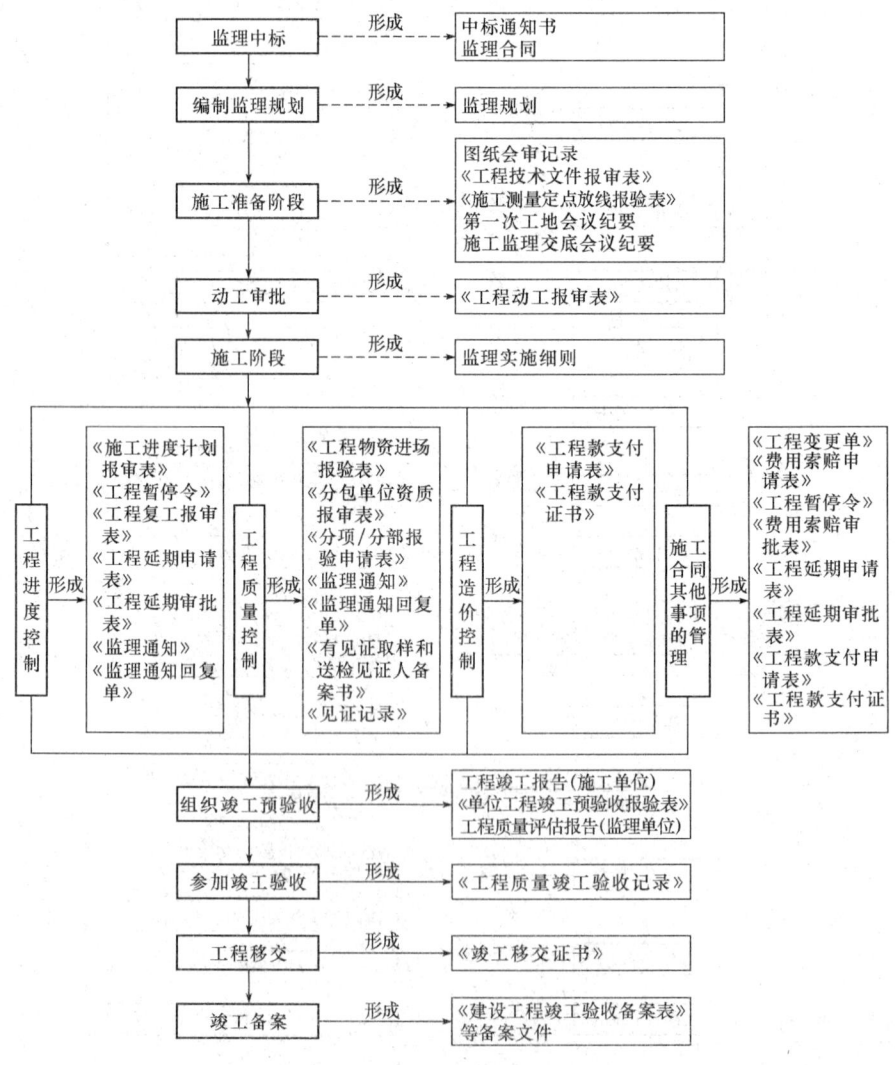

图 1-2　监理资料管理流程

三、施工资料形成流程

1. 施工资料管理规定

(1)施工资料应实行报验、报审管理。施工过程中形成的资料应按报验、报审程序,通过相关施工单位、相关部门审核后,方可报建设(监理)单位。

(2)施工资料的报验、报审应有时限性要求。工程相关各单位宜在合同中约定报验、报审资料的申报时间及审批时间,并约定应承担的责任。当无约定时,施工资料的申报、审批不得影响正常施工。

(3)建筑工程实行总承包的,应在与分包单位签订施工合同中明确施工资料的移交套数、移交时间、质量要求及验收标准等。分包工程完工后,应将有关施工资料按约定移交。

2. 施工资料管理流程

(1)施工技术资料管理流程如图 1-3 所示。

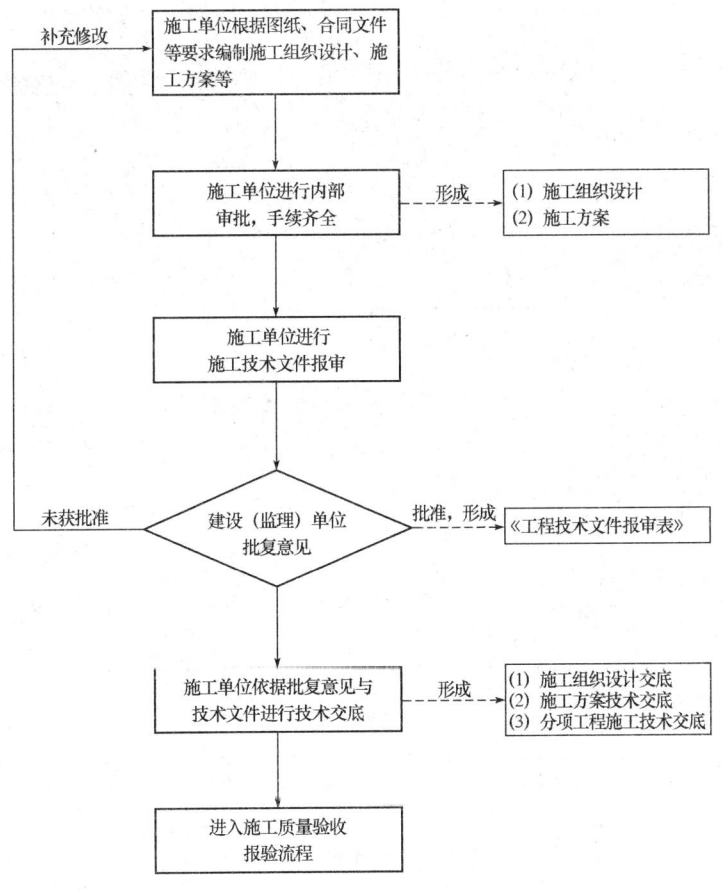

图 1-3　施工技术资料管理流程

(2)施工物资资料管理流程如图 1-4 所示。
(3)分项工程质量验收资料管理流程如图 1-5 所示。
(4)分部工程质量验收资料管理流程如图 1-6 所示。

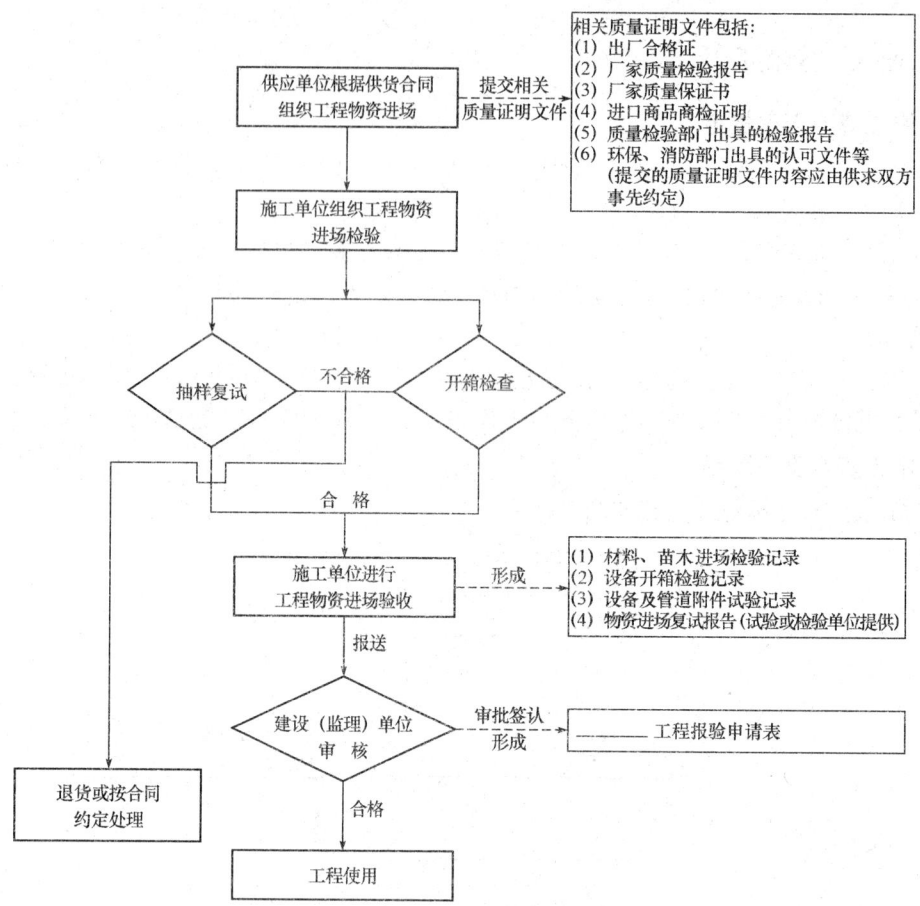

图 1-4 施工物资资料管理流程

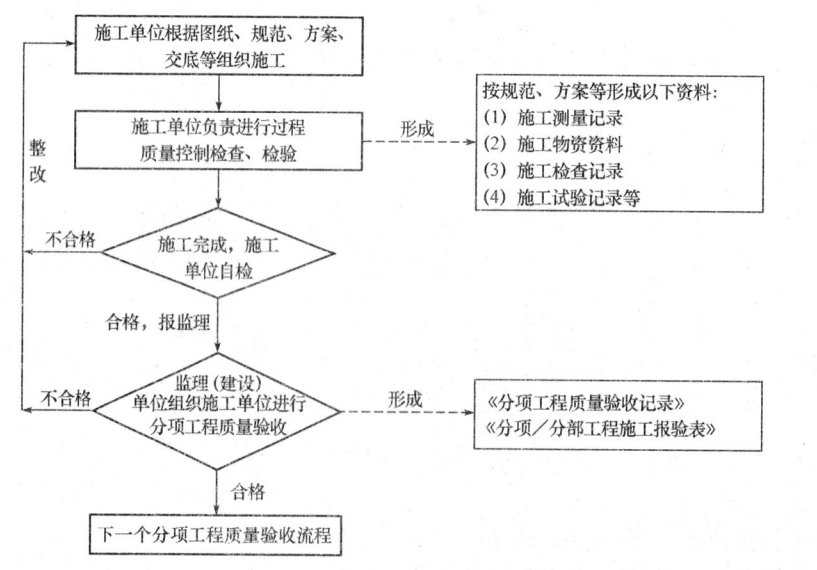

图 1-5 分项工程质量验收资料管理流程

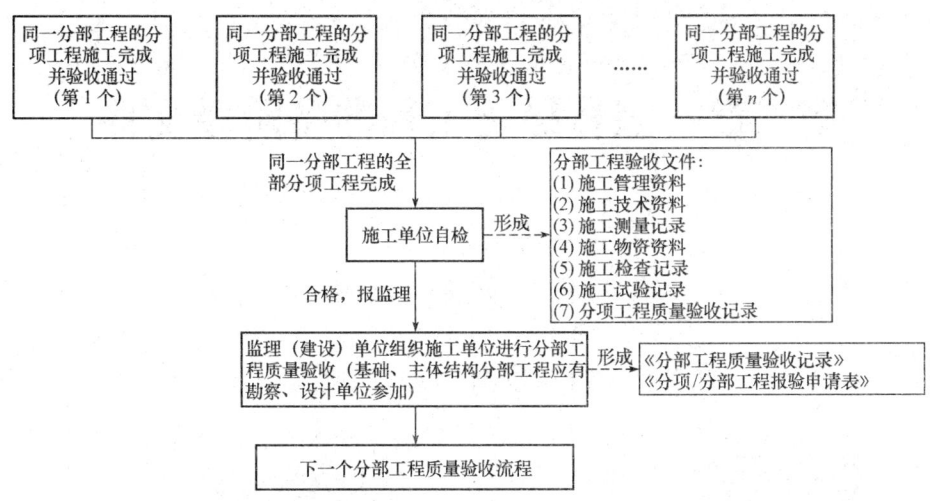

图 1-6 分部工程质量验收资料管理流程

(5)单位工程验收资料管理流程如图 1-7 所示。

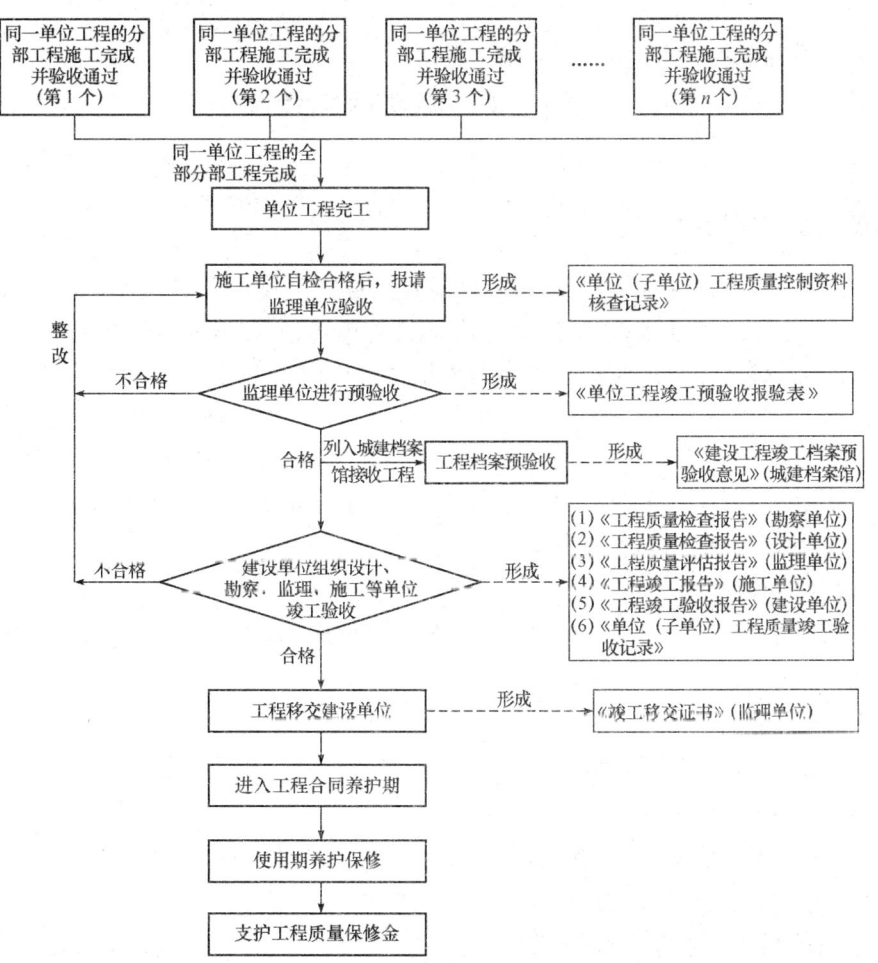

图 1-7 单位工程验收资料管理流程

第二章　园林绿化工程准备阶段文件

第一节　决策立项文件

决策立项文件的组成内容及所形成的资料,如图 2-1 所示。

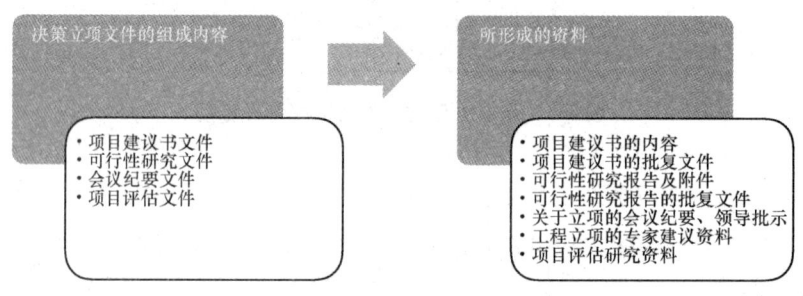

图 2-1　决策立项文件的组成内容及所形成的资料

一、项目建议书文件

项目建议书(又称立项申请)是项目建设筹建单位或项目法人,根据国民经济的发展、国家和地方中长期规划、产业政策、生产力布局、国内外市场、所在地的内外部条件,提出的某一具体项目的建议文件,是对拟建项目提出的框架性总体设想。对于大中型项目,若工艺技术复杂,涉及面广,协调量大,还应编制可行性研究报告,作为项目建议书的主要附件之一。

项目建议书是项目发展周期的初始阶段,是国家选择项目的依据,也是可行性研究的依据。它一般是由政府部门、全国性专业公司,以及现有企事业单位或新组成的项目法人提出并申报,由其上级部门或国家有关主管部门批复。

1. 项目建议书的作用

(1)项目建议书是国家选择建设项目的依据,项目建议书批准后即可立项。
(2)项目建议书是进行下一阶段可行性研究的依据。
(3)涉及利用外资的项目,只有在批准立项后方可对外开展工作。
(4)项目建议书是选择建设地点、联系配套条件、签订意向协议的依据。

2. 项目建议书的内容

(1)建议建设项目的必要性和依据。
(2)技术标准、拟建规模、建设地点的初步设想。
(3)资源情况、建设条件、建设方案。
(4)投资估算和资金筹措的设想。

(5)建设安排及实施方案。
(6)经济评价指标、投资效益和偿还贷款能力的初步估算。

3. 项目建议书的审查

项目建议书编制完成报送审批前,建设单位应组织有关部门和聘请有关专家参与审查,审查以项目建议书内容是否符合设想、文件是否齐全为重点。主要审查的内容包括以下几项:
(1)是否符合国家的城市交通规划。
(2)产品是否符合市场需要,论证是否充分。
(3)建设地段是否符合城市规划。
(4)经济效益的估算是否合理,是否与资金投入相一致。
(5)对遗漏和论证不足之处进行补充、修改。
(6)对需办理的有关手续是否办理齐全,需补办的手续是否补办齐。

4. 项目建议书的批复文件

项目建议书编写完成经审查合格,应报送上级建设行政管理部门审批。审批合格后,下发项目建议书的批复文件。

二、可行性研究文件

1. 可行性研究的目的

可行性研究是在项目建议书批准后开展的一项重要决策准备工作。可行性研究是对拟建项目的技术和经济的可行性进行分析并做出结论的过程,为项目投资决策提供依据。可行性研究的目的如下:
(1)为了拟建项目获得尽可能好的经济效益。
(2)分析论证拟建项目经济上是否合理、技术上是否先进、成果是否实用,使决策更加科学。
(3)为编制可行性研究报告提供可靠的依据。

2. 可行性研究报告的内容

可行性研究报告是由项目法人通过招投标或委托等方式,确定有资质的和相应等级的设计或咨询单位承担,是对的项目建议书从技术和经济角度全面进行分析与论证,做出的最佳实施方案。项目法人应全力配合,共同进行这项工作。可行性研究报告是项目建设程序中十分重要的阶段,必须达到规定要求,为组织审查、咨询金融等单位评估提供政策、技术、经济、科学的依据,为投资决策提供科学依据。

可行性研究报告的内容如下:
(1)项目提出的背景和依据,投资的必要性和经济意义。
(2)建设规模、产品方案、市场需求预测和确定的依据。
(3)技术工艺、建设标准、主要设备。
(4)资源、原材料、燃料供应及公用设施配合条件。
(5)建设地点、占地面积、布置方案、选址意见。
(6)项目构成、设计方案、公用辅助配套工程。
(7)环境影响及防震要求。
(8)企业组织、劳动定员和人员培训。

(9) 建设工期和施工进度。
(10) 投资估算和资金筹措方式。
(11) 经济效益和社会效益。

3. 可行性研究报告的审批文件

由国家发展和改革委员会或国家发展和改革委员会委托有关单位审批的一般大中型项目和行业或国家有关主管部门审批的小型项目在正式立项后，建设项目应当按审批意见严格执行，任何部门、单位或个人都不得随意修改和变更，如因建设条件变化、建设内容变化或建设投资变化，确实需要变更或调整可行性研究报告的指标和内容时，要经过原批准单位同意，并正式办理变更手续。

三、会议纪要文件

会议纪要是根据会议的主导思想和会议记录，对会议的重要内容、决定事项进行整理综合、摘要、提高而形成的一种具有纪实性、指导性的公文。简单地说，它是用于记载、传达会议情况和议定事项的公文。企事业单位、机关团体较常使用会议纪要。会议纪要不等同于会议记录。

1. 建设项目立项文件

立项文件主要有会议纪要、领导批示等形式。这些文件是由建设单位或其上级主管单位形成。另外，建设单位还必须组织专家对项目立项进行全面的阐述，并对专家立项的建议进行组织和整理，形成项目评估资料。

2. 立项文件的会议纪要、领导批示

可行性研究报告批复后，建设单位就要组织召开立项会议。立项会议纪要是对立项全面的概要阐述，专家对立项的建议在记录中要记载，重新组织并形成文件，并对项目评估做出研究。其归档文件有项目建议书；对项目建议书的批复文件；可行性研究报告；对可行性研究报告的批复文件；关于立项的会议纪要；领导批示，专家对项目的有关建议文件，项目评估研究资料；计划部门批准的立项文件；计划部门批准的计划任务等。

四、项目评估文件

可行性研究报告由组织形成。可行性研究报告经有资格的工程咨询单位进行评估后，由计划或其他有关部门审批。经批准的可行性研究报告不得随意修改和变更。可行性研究报告包括的内容如下。

1. 建设项目的必要性

从国民经济和社会发展等宏观角度论证项目建设的必要性。分析项目是否符合国家规定的投资方向，是否符合国家的产业政策、行业规划和地区规划，是否符合经济和社会发展需要。

2. 建设项目的规模

建设项目的规模是否经济、合理，主要看道路路线走向、控制点、技术等级是否选择最佳方案、最佳控制点、最佳技术等级。

3. 道路路线方案

道路路线方案有无多方案比选，所选定方案是否合理，是否符合国土规划、城市规划、土地管理、文物保护的要求和规定，有无多占土地的情况。

4. 路面结构的选定

(1) 有无不同的方案比选，如路面结构，要分析选定的结构是否经济、合理。

(2) 论证工程地质、水文、气象、地震等自然条件对工程的影响和采取的治理措施。

(3) 路面的技术标准是否符合国家的有关规定。

5. 环境保护

建设项目的"三废"治理是否符合保护生态环境的要求，有无环境保护部门审查同意的文件。

6. 投资估算和资金来源

投资估算是否合理，项目的资金来源是否可靠，是否符合国家规定。

7. 财务评价

财务评价是从项目本身出发，采用国家现行财税制度和现行价格，对项目的投入费用、产出效益、项目的偿还贷款能力等财务状况进行计算和核实，以衡量项目的经济效益。

8. 国家经济评价

国家经济评价是从国家、社会的角度衡量建设项目需要国家付出的代价和给国民经济带来的效益，从宏观上比较得失，从而确定项目的可行性。

9. 不确定性分析

在进行财务和国民经济评价时，都要作不确定性分析。应进行盈亏平衡分析和敏感性分析，有条件时应进行概率分析，以确定项目在财务上、经济上的抗风险能力。

10. 社会效益评价

社会效益包括科技发展、生态平衡、就业情况、社会进步等方面。应根据项目的具体情况，分析可能产生的主要社会效益。

11. 项目的总评估

汇总各方面的分析、评价，进行综合研究，提出结论性的意见和建议。此外，对以下几类项目的评估作补充要求：

(1) 国内合资项目。需要补充评估项目的合资方式、经营管理方式、收益分配和债务承担方式等是否恰当，是否符合国家规定。

(2) 利用外资、中外合资、中外合作经营等项目。需补充评估合作外商的资信是否良好；项目的合资方式、经营管理方式和债务承担方式是否合适，是否符合国家有关规定；借用外贷款的条件是否有利，创汇和还款能力是否可靠；国内投资和国内配套项目是否落实等内容。

(3) 技术改造项目。需要补充评估项目对原有道路利用程度和建设期间对运输生产的影响等内容。要比较改造前、后经济效益的变化，与新建同样项目投资效益的差别。

第二节　建设用地文件

建设用地文件的组成内容及所形成的资料与表格，如图 2-2 所示。

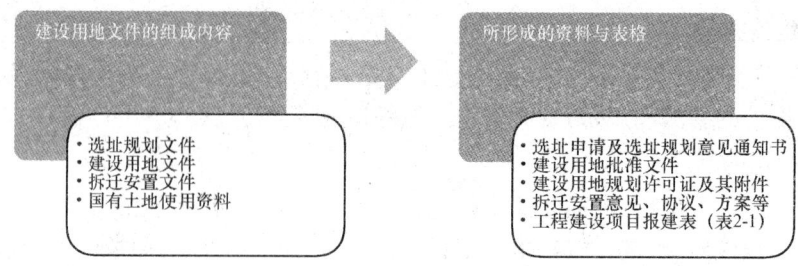

图 2-2　建设用地文件的组成内容及所形成的资料与表格

一、选址规划文件

1. 选址申请

征占用地的批准文件、对使用国有土地的批准意见分别由当地政府和国土资源、房屋土地管理部门批准形成。

在城市规划区域内进行的建设项目，申请人根据申请条件、依据，向城市规划管理部门提出选址申请，填写建设项目规划审批及其他事项申报表。

申请时一般还需提交如下申报材料：

(1) 建设项目新征(占)用地。

1) 建设单位出具的申报委托书和填写完整并加盖单位印章的"建设项目规划审批及其他事项申报表"。

2) 城市计划主管部门对项目建议书的批复文件原件一份。

3) 建设单位新征(占)用地申请文件、选址要求及拟建项目情况说明各一份。

4) 拟建项目设计方案图样(含主要经济技术指标)一份。

5) 在基本比例尺图样上，用铅笔画出新征(占)用地范围或位置的地形图一份。

6) 依法需要进行环境影响评价的建设项目，应持经相应环保部门批准的环境影响评价文件。

7) 普测或钉桩成果。

8) 其他法律、法规、规章规定的相关要求。

(2) 自有用地建设项目。

1) 建设单位出具的申报委托书和填写完整并加盖单位印章的"建设项目规划审批及其他事项申报表"。

2) 建设用地规划许可证或国有土地使用证、房产证等其他证明土地权属文件的复印件一份。

3) 建设单位对拟建项目情况的说明一份。建设项目拟加层的，需附设计部门出具的建筑结构基础证明文件。

4) 拟建项目设计方案图样(含主要经济技术指标)一份。

5) 在基本比例尺图样上，用铅笔画出新征(占)用地范围或位置的地形图一份。

2. 选址规划意见通知书

建设单位的工程项目选址申请经城市规划管理部门审查，符合有关法规标准的，及时收取申请人申请材料，填写"选址规划意见通知书"。

二、建设用地文件

规划管理部门根据城市总体规划的要求和建设项目的性质、内容,以及选址定点时初步确定的用地范围界限,提出规划设计条件,核发建设用地规划许可证。建设用地规划许可证是确定建设用地位置、面积、界限的法定凭证。

1. 提出规划用地申请

建设单位持有按国家基本建设程序批准的建设项目立项的有关证明文件,向城市规划管理部门提出用地申请,填写规划审批申报表和准备好有关文件。

建设用地规划许可证申报表主要内容为建设单位、申报单位、工程名称、建设内容、地址、规模等概况。需要准备好的有关文件主要有计划主管部门批准的征用土地计划、土地管理部门的拆迁安置意见、地形图和规划管理部门选址意见书,以及要求取得的有关协议、意向书等文件和图样。

填写的申报表要加盖建设单位和申报单位公章。经审查符合申报要求的用地申请,发给建设单位或申报单位建设用地规划许可证立案表,作为取件凭证。

2. 建设用地规划许可证的办理

(1)征用农村集体土地,由城市规划行政主管部门提出选址规划意见通知书,待批准后,方可办理建设用地规划许可证;使用国有土地时,城市规划行政主管部门提出选址意见通知书,待批准后方可办理建设用地规划许可证。

(2)国有土地管理部门提出拆迁安置意见后,正式确定使用国有土地的范围和数量,并待城市规划行政主管部门审定设计方案后,方可办理建设用地规划许可证。

(3)建设用地规划许可证规定的用地性质、位置和界线,未经原审批单位同意,任何单位和个人不得擅自变更。

3. 建设用地规划许可证

建设用地规划是指规划建造建筑物、构筑物的土地,包括规划城乡住宅和公共设施用地、工矿用地、交通水利设施用地、旅游用地、军事设施用地等。

三、拆迁安置文件

拆迁安置是指在政府部门批准的建设用地上进行房地产开发需要办理的建筑物拆除、居民动迁和劳动力安置等工作。

根据国务院《城市房屋拆迁管理条例》(以下简称《条例》)的规定,拆迁补偿的方式有货币补偿与产权调换两种。

1. 货币补偿

货币补偿作为主要方式。其原因:一是货币补偿操作简单,且一次性了断,不会产生延长过渡期限、被拆迁人或使用人不能及时回迁等后续问题;二是货币补偿更方便被拆迁人选择住房,不受地点等方面的限制;三是避免因安置用房质量不好而使拆迁双方产生矛盾;四是更好地体现新《条例》的立法思想,即有条件实行货币补偿的,尽可能实行货币补偿。

《条例》规定了拆迁货币补偿标准确定的基本原则——等价有偿,采取的办法是根据被拆迁房屋的区位、用途、建筑面积等因素,以房地产市场评估的办法确定。对于货币补偿的具体办法各地有所不同,许多地方对此出台了法规或规章予以规定。

2. 产权调换

产权调换,是指拆迁人用自己建造或购买的产权房屋与被拆迁房屋进行调换产权,并按拆迁房屋的评估价和调换房屋的市场价进行结算调换差价的行为。也就是说以异地或原地再建的房屋和被拆除房屋进行产权交换,被拆迁人失去了被拆迁房屋的产权,调换之后拥有了调换房屋的产权。产权调换是房屋拆迁补偿安置的方式之一,其特点是以实物形态来体现拆迁人对被拆迁人的补偿。无论是居住房屋还是非居住房屋均可采用产权调换的方法,但排除了非公益事业房屋的附属物。

差价结算以等价交换的原则进行,实质上是结算被拆除房屋的市场评估价与调换房屋市场价的差价,多退少补。相当于先由拆迁人对被拆迁人按其房屋的评估价进行补偿,再由被拆迁人按市场价购买拆迁人提供的产权调换房屋。

对以上两种方式被拆迁人可以选择任何一种补偿方式。但是选择权要受以下两种条件的限制:一是规定了拆迁非公益事业房屋的附属物不作产权调换,拆迁时被拆迁人只能选择货币补偿;二是被拆迁人与房屋承租人对解除租赁关系达不成协议的,只能实行产权调换,被拆迁人不能选择货币补偿。这样规定,主要是基于以下几个方面的考虑:一是附属物不具备独立使用性质,产权调换后无法独立使用。另外,附属物属于特定建筑,不同建筑对附属物的要求也不相同;二是解除不了租赁关系,意味着租赁双方不能就补偿金额的分配比例达成一致意见,拆迁人没有义务也很难就补偿金额给房屋所有人与使用人划定一个双方都认可的比例。在这种情况下,如果实行货币补偿,要么侵害出租人利益,要么侵害承租人的利益。另外,允许被拆迁人选择,被拆迁人为了早日解除已经存在的租赁关系,选择货币补偿,这样可能会出现因拆迁使原承租户失去了居住空间,也违背了不能因为拆迁而使原存在于被拆迁人与承租人之间的租赁关系强制解除的原则。

四、国有土地使用资料

1. 国有土地使用证

征用土地应严格按照国家规定的基本建设程序和审批权限由国有土地管理部门办理。其办理程序如下:

(1)建设用地申请。

(2)协商征地数量和补偿安置方案。

(3)划拨土地。

(4)核发国有土地使用证。

凡利用国有土地进行商业、旅游、娱乐、写字楼、商品住宅等经营性开发的项目用地,均需通过土地交易市场购得国有土地使用权,并办理相关手续。获得国有土地使用证的工作流程,如图2-3所示。

2. 工程建设项目报建管理

根据原建设部《工程建设项目报建管理办法》的规定,对于新开工的建设工程项目,建设单位向建设行政主管部门和工程规划部门申请开工许可时,需办理下列工程项目报建资料:建设工程用地批准书或土地许可证;建设工程规划许可证;建设单位银行资信证明;工程立项

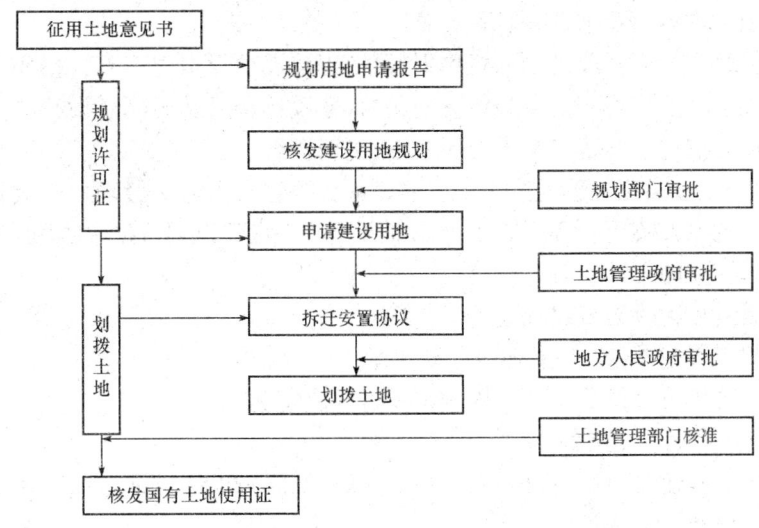

图 2-3 获得国有土地使用证的工作流程图

批准文件;工程地质勘察报告;工程施工设计图样;工程勘察、设计合同;工程建设项目报建书;施工企业投标能力评估报告。

(1)工程建设项目报建资料的报建程序。

1)建设单位到建设行政主管部门或其授权机构领取《工程建设项目报建表》,表格样式见表 2-1。

表 2-1　　　　　　　　　　　　工程建设项目报建表

报建　　年第　　号

建设单位		单位性质	
工程名称		工程监理单位	
工程地址		建设用地批准文件	
投资总额		当年投资	
资金来源构成	政府投资　%;　自筹　%;　贷款　%;　外资　%		
批准资料	立项文件名称		
	文号		
	投资许可证文号		
工程规模			
计划开工日期	年　月　日	计划竣工日期	年　月　日
发包方式			
银行资信证明			
工程筹建情况:		建设行政主管部门批准意见: 批复单位(公章) 年　月　日	

报建单位:(盖章)
法定代表人:　　　经办人:　　　电话:　　　邮编:
填报日期:　年　月　日
注:本表一式三份,批复后,审批单位、建设单位、工程所在地建设行政主管部门各一份。

2)按报建表的内容及要求认真填写。

3)向建设行政主管部门或其授权机构报送《工程建设项目报建表》,并按要求进行招标准备。当工程建设项目的投资和建设规模有变化时,建设单位应及时到建设行政主管部门或其授权机构进行补充登记。筹建负责人变更时,应重新登记。

(2)工程建设项目报建管理内容。工程建设项目报建实行分级管理。分级管理的权限由各地自行规定。建设行政主管部门在下列几个方面对工程建设项目报建实施管理:

1)贯彻实施有关的方针政策。

2)管理监督工程项目的报建登记。

3)对报建的工程建设项目进行核实、分类、汇总。

4)向上级主管机关提供综合的工程建设项目报建情况。

5)查处隐瞒不报违章建设的行为。

凡未报建的工程建设项目,不得办理招标手续和发放施工许可证,设计、施工单位不得承接该项工程的设计和施工任务。

第三节 勘察设计文件

勘察设计文件的组成内容及所形成的资料与表格,如图 2-4 所示。

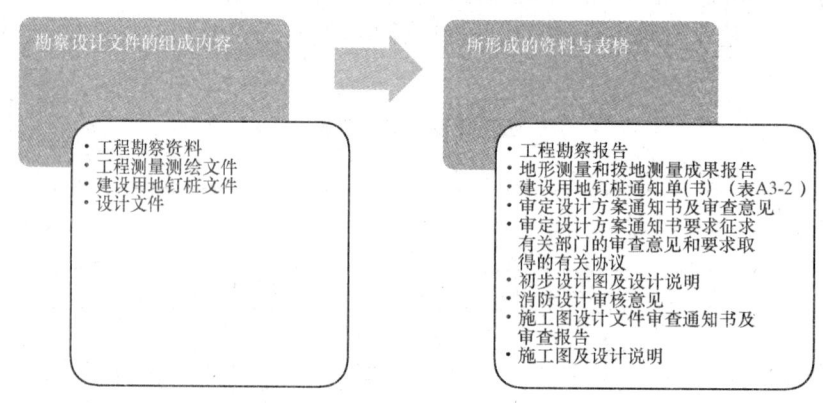

图 2-4 勘察设计文件的组成内容及所形成的资料与表格

一、工程勘察资料

为查明建筑物的地质条件而进行的综合性的地质勘察工作,称为工程地质勘察。工程建设的勘察工作主要包括自然条件的调查、工程勘察、水文勘察、地震调查等内容。其常用工作方法有野外调查、测绘、钻探、槽探、试验和长期观测等。对于城市基本建设勘察来说,一般多采用槽探、井探、物探、试验室试验等方法。

工程地质勘察报告是由建设单位委托勘察设计单位勘察形成的,成果包含文字部分与图表部分。具体内容如下:

(1)文字部分主要包括前言、地形、地貌、地层结构、含水层构造、不良地质现象、土的冻结深度、地震烈度、对环境工程地质的变化进行预测等。

(2)图表部分包括工程地质分区图、平面图、剖面图、勘探点平面位置图、钻孔柱状图以及不良地质现象的平剖面图、物探剖面图和地层的物理力学性质、试验成果资料等。

二、工程测量测绘文件

工程测量是工程建设中各种测量工作的总称。工程设计阶段的工程测量,按工作程序和作业性质分类主要有地形测量和拨地测量。

(1)地形测量。工程建设的地形测量是指建设用地范围内的地形测量,包括地貌、水文、植被、建筑物和居民点。

(2)拨地测量。征用的建设用地,要进行位置测量、形状测量和确定四至,一般称为拨地测量。拨地测量一般采用解析实钉法。

测量报告的内容包括拨地条件、成果表、工作说明、略图、条件坐标、内外作业计算记录等资料,并将拨地资料和定线成果展绘在 1∶1000 或 1∶500 的地形图上,建立图档。

测量成果报告是征用土地的依据性文件,也是工程设计的基础资料。

三、建设用地钉桩文件

规划行政主管部门在核发规划许可证时,应当向建设单位一并发放《建设用地钉桩通知单》(表 A3-2)。建设单位在施工前应当向规划行政主管部门提交填写完整的《建设用地钉桩通知单》(表 A3-2),受到上报的验线申请后 3 个工作日内组织验线,经审查验线合格后方可施工。

表 A3-2 建设用地钉桩通知单

工程名称		许可证号	
建设单位		涉及图幅号	
施工单位		钉桩时间	
建设项目钉线情况说明			
附图			
现场签名	建设单位代表	施工单位代表	规划院代表	规划局代表

四、设计文件

设计文件由设计单位形成,建设项目主管部门对有设计能力的单位或者中标单位提出委托设计的委托书,建设单位和设计单位签订设计合同。一般建设项目在方案获批后可进行初步设计和施工图设计工作。对于技术比较复杂,采用新工艺、新技术,而又缺乏设计经验的重大项目,通常需要进行初步设计、技术设计和施工图设计。

1. 初步设计图样及说明书

(1)初步设计图样主要包括总平面图、建筑图、结构图、给水排水图、电气图、弱电图、采暖通风及空气调节图、动力图、技术与经济概算等。

(2)初步设计说明书由设计总说明和各专业的设计说明书组成。设计总说明内容一般应包括下列几个方面:

1)工程设计的主要依据。
2)工程设计的规模和设计范围。
3)设计的指导思想和设计特点。
4)总指标。
5)需提请在设计审批时解决或确定的主要问题。

2. 技术设计

技术设计是对初步设计的补充和深化。技术设计编制的目的如下:

(1)对于设计方案中比较复杂的技术问题和有关科学试验新开发的项目以及外援项目、有特殊要求的建设项目,需通过更详细的设计和计算;对于工艺流程、建筑结构、工程技术问题等进一步阐明其可靠性和合理性。

(2)核实建设规模,检查设备选型。

3. 施工图设计及说明

(1)施工图设计的主要内容包括总平面图、建筑图、结构图、给排水图、电气图、弱电图、采暖通风及空气调节图、动力图、设计和预算等。在图样目录中先列新绘制图样,后列选用的标准图、通用图或重复利用图。

(2)施工图说明书由设计总说明和各专业的设计说明书组成,一般工程的设计说明,可分别写在有关的图样上。

4. 施工图设计审查

施工图设计审查是有资质的施工图审查机构对施工图设计文件的审批,如消防、防震、节能审查或其他明文规定必须进行的审查。

建筑工程施工图设计文件审查是为了加强工程项目设计质量的监督和管理,保护国家和人民生命财产安全,保证建设工程设计质量而实施的行政管理。

(1)管理部门:各级建设主管部门负责施工图审查的管理工作并委托审查机构审查。

(2)审查范围:行政地域范围内符合建筑工程设计等级分级标准中的各类新建、改建、扩建的建筑工程项目。

第四节 招投标及合同文件

招投标及合同文件的组成内容及所形成的资料,如图 2-5 所示。

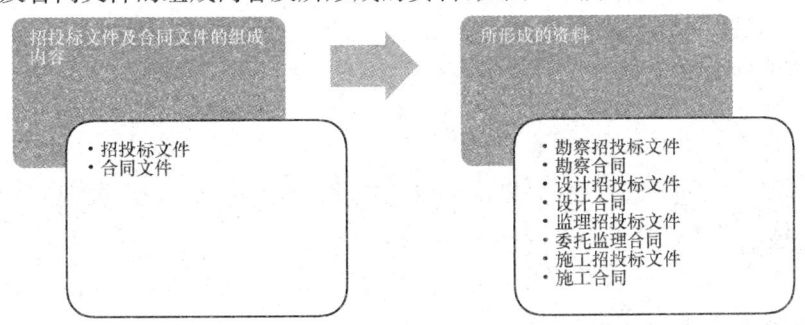

图 2-5 招投标及合同文件的组成内容及所形成的资料

一、招投标文件

我国工程建设法规根据不同工程项目规模,在勘察、设计、监理、施工领域均对招投标方式有明确规定,程序公开化,流程标准化。

1. 勘察招投标文件

勘察设计的招投标是建设单位以招标承包商的方式委托勘察设计任务。

勘察任务可以单独进行招投标,将勘察任务发包给具有相应资质的勘察设计单位,也可以将其工作内容包括在设计招标任务书中。

2. 设计招投标文件

(1)设计任务招标是为了保证设计的指导思想能顺利地贯彻到设计的各阶段,一般较多采用技术设计招标或施工图设计招标,不单独进行初步设计招标,而是由中标单位承担初步设计任务。

(2)设计招标文件主要内容。

1)工程概况。

①工程性质和使用要求。

②建设位置和现场情况。

③设计招标的范围及内容。

④投资来源及控制限额。

⑤开工日期及建设周期。

2)设计文件编制的依据。主要有经批准的可行性研究报告的名称、文号、批准机关规划部门规定的建设用地、位置和用地范围红线图;水、电、热等供应来源及其与主管部门的意向书或意向性协议。

3)主要设计要求。

①规划方面的要求及总体平面布局要求。

②设计标准及技术要求。

③对环保、消防、卫生等方面的要求。

④对今后发展及扩建方面的要求。
⑤主要经济技术指标内容。
4)投标须知。
①投标书的内容。
②对标书、图纸的格式、保密的要求。
③缴纳投标保证金金额。
④日程安排。
⑤合同条款。
合同的主要条款包括设计范围、设计周期及各设计阶段进度;提交图纸和文件的份数;设计取费依据、标准及拨付办法;合同双方的责任义务等。

(3)设计投标书的主要内容。设计单位应严格按照招标书中规定的内容,编制设计投标书。设计投标书的主要内容如下:
1)方案设计综合说明书。
2)方案设计内容及图纸,主要有总平面图,首层、标准层、设备层平面图,屋顶平、立、剖面图,设计模型,透视图等。
3)建设工期。
4)主要的施工技术措施和施工组织方案。
5)工程投资估算和经济分析。
6)设计进度。
7)设计收费报价。

3. 监理招投标文件

建设工程监理是建设单位聘请监理单位对项目的建设活动进行咨询、顾问,将建设单位与第三方为实施项目建设所签订的各类合同履行过程,交监理单位负责管理。工程建设监理的主要内容是控制工程建设的投资、建设工期和工程质量,进行工程建设合同管理,协调有关单位间的工作关系。

(1)监理的建设工程范围。
1)国家重点建设工程。
2)大中型公用事业工程。
3)成片开发建设的住宅小区工程。
4)利用外国政府或者国际组织贷款、援助资金的工程。
5)国家规定必须实行监理的其他工程。

(2)监理单位的选择。
1)选择监理单位的原则。一个建设项目选择监理单位应当注意以下原则:
①工程监理单位应当依法取得相应等级的资质证书。
②选择的工程监理单位要与施工单位,以及建筑材料、构配件、设备供应单位无隶属关系和其他利害关系。
③选配的项目监理工作班子有能力承担起施工进度、质量、投资的监督任务。
2)选择监理单位程序。建设单位选择监理单位的程序。
①建设单位组建负责建设期间管理的项目管理班子,任命负责人,由他们具体组织选择

监理单位。

②根据工程项目规模、项目的专业特点、合同履行程序和建设单位管理能力的需求,确定委托监理工作的内容。

③对若干监理单位初选几家(一般为3～10家)进行资格审查,建设单位与监理公司进行接触,相互了解本建设项目监理内容和公司基本技术情况。

④初选后,参加竞争性投标的监理公司应在3～5家,向每家发出投标邀请。监理公司编制投标书,提供有关资料,并按时报送投标书。

⑤对参加投标的监理公司资格进行审议,全面综合分析,必要时对监理公司进行进一步调查,并对投标书进行评议,在此基础上,对投标的监理公司进行排队。

⑥根据排队顺序,进行监理合同谈判,建设单位与监理公司洽谈建设工程监理合同是选聘过程的最后阶段。谈判内容主要是监理服务项目、洽谈费用、委托合同等内容,按排队顺序与某一家公司谈判达成一致意见后,即可发出中标通知书,约定时间签订合同,并通知未中标的投标单位。

(3)施工监理招标文件、投标书。

1)招标方式和程序。招标方式和程序与勘察设计、施工承包招标的方式和程序基本相同。另外,在不宜公开招标的工程项目或工程规模较小监理业务单一,原监理单位续用等情况下,业主可把监理业务直接委托给监理单位。

2)监理招标文件。

①投标邀请书。

②投标须知。

③施工监理服务通用条件和专用条件。

④《建设工程监理规范》(GB/T 50319—2013)。

⑤投标书与投标担保格式。

⑥主要工程数量表。

⑦投标书附表格式。

⑧监理服务协议格式。

⑨履约担保格式。

3)施工监理投标书。监理投标书由"监理大纲"和"费用建议书"两部分组成。

①监理大纲。监理单位根据业主拟定的委托范围和职责,提出"监理大纲"(监理方案),详细说明监理单位一旦被委托将要派出的监理人员的数量、资质、拟在本项目中的任职情况;为履行合同义务而采用的组织与管理模式;合同管理、工程质量、进度、费用控制的方法和措施;有详细说明的一个或多个技术方案,详细的目标成本概算等。

②费用建议书。费用建议书是监理单位以完成监理任务为依据,提出的服务费用要求。监理费的构成包括监理单位在工程项目建设活动中所需要的全部成本,再加上利润和税金。

4. 施工招投标文件

建设工程施工招投标是建设单位以竞争的方式择优选择施工队伍的一种管理制度。以公开招标方式介绍工程施工招投标工作。

(1)招标程序。

1)招标准备阶段。招标准备工作主要是申请批准招标,组织招标班子,选择招标方式,编制招标文件和标底。

2)招投标阶段。招投标阶段任务是发布招标广告(或招标邀请书),进行资格预审,确定投标单位名单,分发招标文件以及图纸和技术资料,组织踏勘现场和招标文件答疑,接受投标文件,建立评标组织,制定评标、决标办法。

3)决标阶段。完成的工作有召开开标会议,审查投标标书,组织评标,公开标底,决标前谈判,决定中标单位,发布中标通知书,签订施工承发包合同。

(2)编制招标文件。

当招标方式、合同类型、发包数量确定后,建设单位应组织编制招标有关文件。

1)招标广告。由招标单位发布招标广告,介绍招标工程项目基本概况和招标单位的情况,投标单位购买预审文件办法等有关事宜。

2)资格预审文件。资格预审文件由资格预审须知和资格预审申请表两部分组成。资格预审须知是明确参加竞标单位应知事项和申请人应具备的资历及有关证明文件。

3)招标文件。招标文件是投标人编制投标书和报价的依据,文件中各项内容应明确而不含糊,要最大限度地减少误解和可能产生的争议,一般由投标须知、合同条件、技术规范、投标文件和图纸组成。

4)标底。工程施工招投标必须委托设计单位或监理单位编制标底。标底须报请主管部门审定,审定后应密封保存,直至开标,严格保密,不得泄露。

(3)编制投标文件。投标单位在正式投标前进行投标资格预审,投标单位要填写资格预审文件,申请投标。招标单位要对参加申请的投标单位进行资质审查,并将审查结果通知各申请投标者,确定合格的投标单位。

1)投标单位应向招标单位提供的文件材料。

①企业营业执照和资质证书。

②企业简历。

③自有资金情况。

④全体职工人数、人员技术等级、自有设备。

⑤近三年承建的主要工程及其质量。

⑥现有主要施工任务。

2)编写投标文件 投标单位根据招标文件的要求认真编写投标书,投标书编写完成后在规定期限内密封送达招标单位。

(4)开标、评标和中标。

1)开标。开标由招标人主持,邀请所有投标人参加。当众检查投标文件,并应得到公证机关公证。

2)评标。评标由招标人依法组建的评标委员会负责,评标应当在严格保密情况下进行。评标委员会应当客观公正地履行职务,遵守职业道德,对所提的评审意见承担个人责任。

3)中标。中标单位确定后,招标单位向中标单位发出中标通知书,然后中标的施工单位与建设单位签订施工合同。

二、合同文件

根据《中华人民共和国合同法》规定,建设工程合同是承包人进行工程建设,发包人支付价款的合同。进行工程建设的行为包括勘察、设计、施工。建设工程实行监理的，发包人也应当与监理人订立委托监理合同。建设工程合同订立生效后双方应当严格履行。同时，当事人双方在合同中都有各自的权利和义务，在享有权利的同时必须履行义务。

1. 勘察合同

工程勘察是指依据工程建设目标，通过对地形、地质、水文等要素进行测绘、勘探、测试及综合分析评定，查明建设场地和有关范围内的地质地理环境特征，提供建设所需要的勘察成果资料及其相关的活动。

建设工程勘察合同是发包人与勘察人之间，为了完成一定的勘察任务而签订的明确相互权利和义务关系的协议。建设单位或者有关单位为发包人（也称委托人），建设工程勘察单位为勘察人。承包人完成发包人委托的勘察项目，发包人接受符合约定要求的勘察成果，并付给报酬。

（1）建设工程勘察合同的组成。合同主要内容包括当事人双方确认的勘察工程概况（工程名称、建设地点、规模、特征，工程勘察任务委托文号、日期，工程勘察内容与技术要求、承接方式、预计勘察工作量等）；合同签订、生效时间；双方愿意履行约定的各项权利和义务的承诺。

勘察合同除"合同"外，还包括在实施过程中经发包人与勘察人协商一致，签订的补充协议，以及其他约定事项。补充协议与勘察合同具有同等效力。

（2）建设工程勘察合同构成要素。

1）勘察合同主体。发包人和勘察人构成了合同的"主体"。发包人和勘察人在合同中具有平等的法律地位。发包人和勘察人经协商一致签订的勘察合同，在履行合同过程中双方都依法享有权利和义务。

由于勘察合同是双方当事人协商一致后签订的，因此，无论发包人还是勘察人，未经双方书面同意，均不能将所签订合同的议定权利和义务转让给第三方而单方面变更合同主体。

2）勘察合同客体。勘察合同客体是一种行为，即勘察人针对具体建设工程的勘察任务所进行的勘察活动。它是勘察合同当事人的权利和义务所指向的对象，在法律关系中，当事人之间的权利和义务总是围绕着勘察活动而展开。

3）勘察合同内容。

①针对工程勘察任务，当事人双方有关基础资料、勘察成果方面的权利和义务。

②费用支付及其他。

2. 设计合同

工程设计是指依据工程建设目标，运用工程技术和经济方法，对建设工程的工艺、土木、建筑、公用、环境等系统进行综合策划、论证，编制建设所需要的设计文件及其相关的活动。

建设工程设计合同是发包人与设计人之间，为了完成一定的设计任务而签订的明确相互权利和义务关系的合同。建设单位或者有关单位为发包人，建设工程设计单位为设计人。承包人完成发包人委托的设计项目，发包人接受符合约定要求的设计成果，并付给报酬。

（1）建设工程设计合同的组成。

1）设计依据。包括发包人给设计人的委托书或设计中标文件和设计人采用的主要技术标准等。

2）合同文件优先次序。构成合同的文件可视为能互相说明的，如果合同文件存在歧义或不一致，则根据如下优先次序来判断：合同书、中标函（文件）、发包人要求及委托书、投标书。

3）当事人双方确认的设计工程概况、工程名称、规模、投资及设计内容等。

4)合同签订、生效时间。

5)双方愿意履行约定的各项权利和义务的承诺。

(2)建设工程设计合同的主要构成要素。

1)设计合同主体。建设工程设计合同主体是发包人和设计人。发包人和设计人在合同中具有平等的法律地位。发包人和设计人经协商一致签订设计合同,在履行合同过程中双方都依法享有权利和义务。

由于设计合同是双方当事人协商一致后签订的,因此,无论发包人还是设计人,未经双方书面同意,均不能将所签订合同的议定权利和义务转让给第三方,而单方面变更合同主体。

2)设计合同的客体。建设工程设计合同客体也是一种行为,即设计人针对具体建设工程的设计任务所进行的设计活动。它是设计合同当事人的权利和义务所指向的对象。在法律关系中,当事人之间的权利和义务总是围绕着工程方案设计活动而展开。

3)建设工程设计合同内容。

①针对工程设计任务,当事人双方有关基础资料、设计成果方面的权利和义务。

②取费及其他。

3. 监理合同

工程监理是指经国家有关部门批准设立的工程监理单位受建设单位(发包人)的委托,对建设工程实施阶段的建设行为实施的监督管理行为。实行建设工程监理制度是市场经济发展的产物,是我国建设管理体制的一项重大政策。建设工程需要实行监理的,建设单位(也称发包人)应当委托符合建设主管部门规定的与施工合同内工程等级相当的资质等级的监理单位进行建设工程监理。承包人发现建设监理单位有越级承接监理业务的行为,应当通过发包人拒绝其实施的监理行为。

建设工程委托监理合同,是为了完成一定项目的建设,业主与具有法人资格、独立开业的社会监理组织签订的确定二者委托与被委托关系,明确双方权利和义务、监理的酬金及支付方式、争议的协调和仲裁办法等的协议。

建设工程委托监理合同主要由三部分组成,即协议、标准条件和专用条件。专用条件是针对不同工程的不同要求,对标准条件中的有关内容双方在协商后明确。

建设项目监理委托合同由《工程建设监理合同》、《工程建设监理合同标准条件》和《工程建设监理合同专用条件》三部分组成。

(1)工程建设监理合同的概念。工程建设监理合同是一个标准化的合同法律文件,建设和监理双方只需对《工程建设监理合同专用条件》中的各条款协商达成一致后,将监理合同中的工程概述、监理起止时间正确填写在正副本空白处,并经双方签字、盖章后,委托合同即生效。签字后的监理合同对建设方和监理方均具有法律约束力。

(2)在工程概述栏目中填写的内容:工程名称、工程地点、工程规模、总投资、监理范围等,应当认真、准确地填写。

《工程建设监理合同》还包括以下四个附件:

1)中标函。

2)工程建设监理合同标准条件。

3)工程建设监理合同专用条件。

4)在实施过程中共同签署的补充或修改文件。

4. 施工合同

建设工程施工合同是指发包方（建设单位）和承包方（施工人）为完成商定的施工工程，明确相互权利、义务的协议。依照施工合同，施工单位应完成建设单位交给的施工任务，建设单位应按照规定提供必要条件并支付工程价款。

建设工程施工合同是承包人进行工程建设施工，发包人支付价款的合同，是建设工程的主要合同，同时也是工程建设质量控制、进度控制、投资控制的主要依据。施工合同的当事人是发包方和承包方，双方是平等的民事主体。

目前，我国的《建设工程施工合同》借鉴了国际上广泛使用的 FIDIC 土木工程施工合同条款，由国家建设部、国家工商行政管理局联合发布，主要由《协议书》、《通用条款》、《专用条款》三部分组成，并附有三个附件:《承包人承揽工程项目一览表》、《发包人供应材料设备一览表》、《工程质量保修书》。

《建设工程施工合同》的主要内容包括以下几项：

(1) 工程范围。
(2) 建设工期。
(3) 中间交工工程的开工和竣工时间。
(4) 工程质量。
(5) 工程造价。
(6) 技术资料交付时间。
(7) 材料和设备的供应责任。
(8) 拨款和结算。
(9) 竣工验收。
(10) 质量保修范围和质量保证期。
(11) 相互协作条款。

第五节　开工文件

开工文件的组成内容及所形成的资料与表格，如图 2-6 所示。

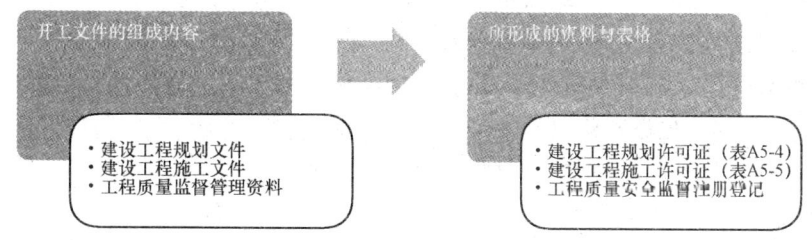

图 2-6　开工文件的组成内容及所形成的资料与表格

一、建设工程规划文件

1. 建设工程规划许可证及附件

建设工程规划许可证是指建设单位在城市规划区内新建、扩建和改建的建筑物、构筑物、道路，必须持有关批准文件向城市规划行政主管部门提出申请，根据城市规划提出的规划设计要求，由城市规划行政主管部门审查设计施工图等有关文件，并核发的法规性文件。

(1)建设工程规划许可证申报程序。办理《建设工程规划许可证》要经过建设单位申请和规划行政管理部门审查批准。

1)建设单位领取并填写《规划审批申报表》，加盖建设单位和申报单位公章。

2)按申报《建设工程规划许可证》所列要求报送的文件和图纸。

3)市规划行政管理部门填发《建设工程规划许可证立案表》，作为申报建设工程规划许可证的回执。

4)由市规划行政管理部门进行审查，对不符合规划要求的初步设计提出修改意见，发修改工程图纸通知书，修改后重新申报。

5)经审查合格的建设工程，建设单位可在取件日期内在规划管理单位领取《建设工程规划许可证》。

(2)申报《建设工程规划许可证》要求报送的文件和图纸。

1)年度施工任务批准文件。

2)人防、消防、环保、园林、市政、文物、通信、教育、卫生等有关行政主管部门的审批意见和要求，以及取得的协议书。

3)工程竣工档案登记表。

4)工程设计图包括总平面图，各层平、立、剖面图，基础平剖面图，设计图纸目录。

5)其他。

(3)核发《建设工程规划许可证》。建设工程规划许可证包括建设工程规划许可证以及建设工程规划许可证附图与附件。附图与附件由发证机关确定，与建设工程规划许可证具有同等的法律效力。建设工程规划许可证中除正文外，还规定了应注意的事项，内容如下：

1)建设工程放线后，由测绘院、规划行政管理部门验线，合格后方可施工。

2)与消防、交通、环保、市政等部门未尽事宜，由建设单位负责与有关行政主管部门联系，妥善解决。

3)建设工程规划许可证发出后两年内工程未动工，本许可证自动失效，需要建设时应向审批机关重新申报，经审核批准后方可动工。

4)建设工程竣工后应按规定编制工程竣工档案，报送市城建档案馆。

2.《建设工程规划许可证》表格填写示例

(1)背景资料。××园林绿化工程，建设单位已经提交了土地使用的有关证明文件、建设工程设计方案等材料。建设单位已经编制修建性详细规划的建设项目，提交了修建性详细规划。故此建设单位提出办理《建设工程规划许可证》的要求。

(2)主要作用。

1)《建设工程规划许可证》是建设工程办《建设工程施工许可证》，进行规划验线和验收，商品房销(预)售，房屋产权登记等的法定要件。

2)《建设工程规划许可证》确认有关建设活动的合法地位，保证有关建设单位和个人的合法权益。

房地产商如未取得《建设工程规划许可证》或者违反《建设工程规划许可证》的规定而进行开发建设，严重影响城市规划的，由城市规划行政主管部门责令停止建设，限期拆除或者没收违法建筑物、构筑物及其他设施,对有关责任人员,可由所在单位或者上级主管机关给予行政处分。

(3)申报范围。城市规划区内各类建设项目(包括住宅、工业、仓储、办公楼、学校、医院、市政交通基础设施等)的新建、改建、扩建、翻建,均需依法办理《建设工程规划许可证》。具体范围包括:

1)新建、改建、扩建建筑工程。
2)各类市政工程、管线工程、道路工程等。
3)文物保护单位和优秀近代建筑的大修工程以及改变原有外貌、结构、平面的装修工程。
4)沿城市道路或者在广场设置的城市雕塑等美化工程。
5)户外广告设施。
6)各类临时性建筑物、构筑物。

(4)填表注意事项。
1)许可证编号:城市规划建设统一编号。
2)发证机关与日期:在发证机关处盖城市规划部门的公章,填写相应签字盖章实际日期。
3)建设单位:填写建设单位的全称。
4)建设项目名称:填写建设项目的全称。
5)建设位置:填写建设项目施工的实际位置。
6)建设规模:填写建设施工的占地面积。

(5)表格填写范例。《建设工程规划许可证》的填写参见表 A5-4。

表 A5-4 建设工程规划许可证

中华人民共和国

建设工程规划许可证

建字第_____号

根据《中华人民共和国城乡规划法》第四十条规定,经审核,本建设工程符合城乡规划要求,颁发此证。

发证机关

日　期　××年×月×日

续表

建设单位（个人）	××集团开发有限公司
建设项目名称	××园林绿化工程
建设位置	××市××区××街××号
建设规模	3230平方米
附图及附件名称	

遵守事项

一、本证是经城乡规划主管部门依法审核，建设工程符合城乡规划要求的法律凭证。

二、未取得本证或不按本证规定进行建设的，均属违法建设。

三、未经发证机关许可，本证的各项规定不得随意变更。

四、城乡规划主管部门依法有权查验本证，建设单位（个人）有责任提交查验。

五、本证所需附图与附件由发证机关依法确定，与本证具有同等法律效力。

二、建设工程施工文件

1. 建设工程施工许可证或开工审批手续

列入年度计划的新开工项目,建设单位向工程规划和建设主管部门申请开工。申请开工的建设项目需办理建设工程规划许可证和建设工程开工证。

(1)开工应具备的条件。

1)有经过审批的可行性研究报告和初步设计文件。

2)已列入国家或地方的年度基本建设计划。

3)完成了征用土地、拆迁安置等工作。

4)落实了三通一平(或四通、五通、六通、七通一平)。

5)施工图纸和原材料物质准备能满足工程施工进度的要求。

6)办理了施工招投标手续,与施工单位签订了施工合同。

7)选定了建设监理部门,并与监理单位签订了工程施工监理合同。

8)资金到位,并取得了审计机关出具的开工前审计意见书。

9)建设项目与市政有关部门协调,落实了配套工程设计并签订了合同。

10)办理了建设工程规划许可证。

11)办理了建设工程开工证。

(2)建设工程开工证。建设工程开工前,按照国家有关规定建设单位应当向工程所在地建设行政主管部门申请领取施工许可证。建设单位在取得《建设工程规划许可证》和其他有关行政主管部门的批准文件后,向建设行政主管部门提出申请开工报告,填报建设工程开工审批表,经建设主管部门审查批准,核发《建设工程开工证》。

1)开工报告。开工报告是指对具备了开工条件的新建、扩建、改建的建设项目,由建设单位向建设行政主管部门提出要求开工的申请。填写《工程开工审批表》,一般由建设单位会同施工单位共同办理。

建设单位准备好应当提供的各种文件材料到建筑市场办理《建设工程开工证》。建设行政主管部门应当自收到申请之日起15日内,对符合条件的申请发给《建设工程施工许可证》。

2)建设工程开工证的审批建设行政主管部门及有关部门接到工程开工审批表后,要逐项认真审查、核实,确定是否具备了开工条件。基本建设大中型项目批准开工之前,国家计委或委托有关部门派人到现场检查落实开工条件,凡未达到开工条件的,不予批准。小型项目的开工审批工作按各地区、各部门制定的具体办法办理。

3)核发《建设工程开工证》。建设工程开工证是新建、改建、扩建工程开工必备的依据性文件,开工的建设项目经审查具备开工条件后,由具有审批权限的建设行政主管部门核发建设工程开工证。

建设单位应当自领取施工许可证之日起三个月内开工。因故不能按期开工,应当向发证机关申请延期。延期以两期为限,每次不超过三个月。因故不能按期开工超过六个月的,应当重新办理开工报告的审批手续。

2. 建设工程施工许可证

(1)申请前的准备工作及办理条件。

1)施工场地已基本具备施工条件。
2)已经办理该建筑工程用地批准手续。
3)在城市规划区的建筑工程,已经取得规划许可证。
4)需要拆迁的,其拆迁进度符合施工要求。
5)已经确定建筑施工企业;按照规定应该委托监理的工程已委托监理单位。
6)有满足相关设计规范要求的施工图纸。
7)已在质量监督主管部门及安全监督主管部门办理相应的质量、安全监督注册手续。
8)建设资金已经落实,工期不足1年的,到位资金不得少于工程合同价款的50%;工期超过1年的,到位资金不得少于工程合同价款的30%。

(2)申请。

1)申请人需提交如下申请材料:

①按规定填写、盖章的《园林工程施工许可申请表》一式三份。

②建设工程规划许可证正本、附件的复印件。

③用地批准手续(国有土地使用证或有关批准文件)复印件。

④施工图设计文件审查通知书原件。

⑤招投标管理部门出具的施工合同备案表。

⑥招投标管理部门出具的监理合同备案表(依法应当委托监理的工程提交)。

⑦建筑施工企业安全生产管理人员安全生产考核合格证书(B本、C本)和《地上、地下管线及建(构)筑物资料移交单》原件(施工安全监督备案用)。

⑧项目建设资金落实证明原件。

⑨人防部门出具的人防施工图备案回执。

⑩法人委托书。

2)注意事项:上述材料提交复印件的,复印件需加盖申请人印章并同时提交原件,原件核验后退回申请人。

3)申请人需要参与的工作现场踏勘标准:

①工程用地位置、范围应当与规划许可一致。

②规划许可确定的用地红线范围内和代征地范围内施工现场拆迁进度应当符合施工要求。

③施工现场应当具备安全防护措施,施工围挡的设置、地下管线的防护或者改移措施、毗邻建筑物的安全防护措施以及空中架设障碍物的排除情况等应当符合规定。

④施工现场供水和排水、供电以及施工道路应当满足施工要求,施工场地应当平整。

⑤无违法开工行为。

(3)办理结果形式:

1)对准予许可的,在1个工作日内制作《办理结果通知书》和《建筑工程施工许可证》,并在10日内将许可证书送达申请人。

2)对不准予许可的,在1个工作日内制作《办理结果通知书》,写明理由和申请人享有的依法申请行政复议或者提起行政诉讼的权利,并将申请材料退回申请人。

(4)表格填写范例。《建设工程施工许可证》的填写参见表A5-5。

表 A5-5　　　　　　　　　　　建筑工程施工许可证

中华人民共和国

建设工程施工许可证

编号　施×××—03660号

　　根据《中华人民共和国建筑法》第八条规定,经审查,本建设工程符合施工条件,准予施工。

　　特发此证

发证机关

日　期　××年×月×日

续表

建设单位	××集团开发有限公司			
工程名称	××园林绿化工程			
建设地址	××市××区××街××号			
建设规模	3230平方米	合同价格	350万元	
设计单位	××风景园林规划			
施工单位	××园林园艺公司			
监理单位	××监理公司			
合同开工日期	××年×月×日	合同竣工日期	××年×月×日	
备注				

注意事项：

一、本证放置施工现场，作为准予施工的凭证。

二、未经发证机关许可，本证的各项内容不得变更。

三、建设行政主管部门可以对本证进行查验。

四、本证自核发之日起三个月内应予施工，逾期应办理延期手续，不办理延期或延期次数、时间超过法定时间的，本证自行废止。

五、凡未取得本证擅自施工的属违法建设，将按《中华人民共和国建筑法》的规定予以处罚。

三、工程质量监督管理资料

建设单位在确定了年度施工任务，办理了工程开工证以后，还要办理工程质量监督注册手续。

1. 工程质量监督注册手续

办理工程质量监督注册手续，建设单位应提供下列文件资料：

(1) 工程规划许可证。
(2) 工程开工审查表。
(3) 勘察、设计单位资质等级证书和工程勘察设计文件。
(4) 施工图审查批准书。
(5) 监理单位资质等级证书及工程监理通知书。
(6) 中标通知书和建设单位与施工企业签订的施工合同。

建设单位在提交上述文件后，方可办理监理注册登记并填写《建设工程质量监督注册登记表》，由监督注册部门审查符合要求后，当即办理监督注册手续，指定监督机构，并发出《质量监督通知书》。然后在《建设工程开工审查表》及《建设工程质量注册登记表》的规定栏目内加盖监督机构专用章。建设单位在办理工程质量监督注册的同时，按照有关规定缴纳监督管理费。

2. 工程质量监督管理内容

工程质量监督机构在实施工程质量监督时，应重点对工程建设项目的合法性和工程建设参建各方主体的质量行为进行监督，对工程实体质量进行监督管理抽查，对工程所使用的原材料、构配件、设备等质量进行监督抽查，对工程地基、基础和主体结构的安全及使用功能等方面进行监督抽查和测试，对建设单位组织的竣工验收实施监督，按有关规定出具《工程质量监督报告》。

3. 工程质量监督方法

依据国家和市有关工程质量的法律、法规和强制性标准，质量监督机构应采用先进的科学技术手段进行监督管理。

第六节　商务文件

一、工程投资估算

工程投资估算是投资决策阶段的项目建议书，包括从筹建到竣工验收、交付使用所需的全部费用。具体包括建筑安装工程费用，设备、工器具购置费用，工程建设其他费用，预备费，固定资产投资方向调节税，建设期货款利息等。它由建设单位编制或委托设计单位(或咨询单位)编制，对初步设计的概算和工程造价起控制作用。工程投资估算资料由建设单位委托工程造价咨询单位形成。

1. 建筑安装工程费用

建筑安装工程费用是指建设单位为从事该项目建筑安装工程所支付的全部生产费用。

其包括直接用于各单位工程的人工、材料、机械使用费,其他直接费以及分摊到各单位工程中去的管理费及利税。

2. 设备、工器具购置费用

设备、工器具购置费用是指建设单位按照建设项目设计文件要求而购置或自备的设备及工器具所需的全部费用,其包括需要安装与不需要安装设备及未构成固定资产的各种工具、器具、仪器、生产家具的购置费用。

3. 工程建设其他费用

除上述工程费用以外的,根据有关规定在固定资产投资中支付,并列入建设项目总概算或单项工程综合概算的费用。

4. 预备费

预备费是指在初步设计和概算中难以预料的工程和费用,其包括实行按施工图概算加系数包干的概算包干费用。

二、工程设计概算

初步设计阶段,设计单位根据初步设计规定的总体布置及单项工程的主要设备清单编制建设项目总概算。设计概算一般包括建筑安装工程费用,设备、工器具购置费用,其他工程和费用,预备费等。设计概算经批准后是确定建设项目总造价、编制固定资产投资计划、签订建设项目货款总合同的依据,也是控制建设项目基本建设拨款,考核设计经济合理性的依据。工程设计概算资料由建设单位委托工程造价咨询单位形成。

三、工程施工图预算

工程施工图预算又称工程设计预算,是根据施工图纸、预算定额、费用定额、设备和材料预算价格、工资标准等资料编制的较为详尽的技术经济文件。工程施工图预算资料由建设单位委托工程造价咨询单位形成。

工程施工图预算的作用如下:

(1)施工图预算是施工单位编制施工计划,进行施工准备,组织劳动力和材料供应的依据。

(2)施工图预算是确定工程计划价格的依据。预算是通过对工程建设分项进行精细估算,核实投资和各种费用,以及盈利情况,确定工程预算价格,即计划价格。

(3)经审定后的预算是确定工程造价、签订施工合同、实行建设单位和施工单位投资包干的依据,也是进行工程结算的依据。

第三章 园林绿化工程监理资料

第一节 园林绿化工程监理管理资料

一、监理规划、监理实施细则

1. 一般规定

(1)监理规划应结合工程实际情况,明确项目监理机构的工作目标,确定具体的监理工作制度、内容、程序、方法和措施。

(2)监理规划是在项目监理机构详细调查和充分研究建设工程的目标、技术、管理、环境以及工程参建各方等情况后制定的指导建设工程监理工作的实施方案,监理规划应起到指导项目监理机构实施建设工程监理工作的作用,因此,监理规划中应有明确、具体、切合工程实际的监理工作内容、程序、方法和措施,并制定完善的监理工作制度。

(3)监理规划作为工程监理单位的技术文件,应经过工程监理单位技术负责人的审核批准,并在工程监理单位存档。

(4)监理实施细则应符合监理规划的要求,并应具有可操作性。

(5)监理实施细则是指导项目监理机构具体开展专项监理工作的操作性文件,应体现项目监理机构对于建设工程在专业技术、目标控制方面的工作要点、方法和措施,做到详细、具体、明确。

2. 监理规划

(1)监理规划可在签订建设工程监理合同及收到工程设计文件后由总监理工程师组织编制,并应在召开第一次工地会议前报送建设单位。

(2)监理规划应针对建设工程实际情况进行编制,故应在签订建设工程监理合同及收到工程设计文件后开始编制。此外,还应结合施工组织设计、施工图审查意见等文件资料进行编制。一个监理项目应编制一个监理规划。

(3)监理规划应在第一次工地会议召开前完成工程监理单位内部审核后报送建设单位。

(4)监理规划编审应遵循下列程序:

1)总监理工程师组织专业监理工程师编制。

2)总监理工程师签字后由工程监理单位技术负责人审批。

(5)监理规划应包括下列主要内容:

1)工程概况。

2)监理工作的范围、内容、目标。

3)监理工作依据。

4)监理组织形式、人员配备及进退场计划、监理人员岗位职责。

5)监理工作制度。

6)工程质量控制。

7)工程造价控制。

8)工程进度控制。
9)安全生产管理的监理工作。
10)合同与信息管理。
11)组织协调。
12)监理工作设施。
(6)如果建设单位在委托建设工程监理时一并委托相关服务的,可将相关服务工作计划纳入监理规划。
(7)在实施建设工程监理过程中,实际情况或条件发生变化而需要调整监理规划时,应由总监理工程师组织专业监理工程师修改,并应经工程监理单位技术负责人批准后报建设单位。
(8)在监理工作实施过程中,建设工程的实施可能会发生较大变化,如设计方案重大修改、施工方式发生变化、工期和质量要求发生重大变化,或者当原监理规划所确定的程序、方法、措施和制度等需要做重大调整时,总监理工程师应及时组织专业监理工程师修改监理规划,并按原报审程序审核批准后报建设单位。

3. 监理实施细则

(1)对专业性较强、危险性较大的分部分项工程,项目监理机构应编制监理实施细则。
(2)项目监理机构应结合工程特点、施工环境、施工工艺等编制监理实施细则,明确监理工作要点、监理工作流程和监理工作方法及措施,达到规范和指导监理工作的目的。
(3)对工程规模较小、技术较简单且有成熟管理经验和措施的,可不必编制监理实施细则。
(4)监理实施细则应在相应工程施工开始前由专业监理工程师编制,并应报总监理工程师审批。
(5)监理实施细则可随工程进展编制,但应在相应工程开始施工前完成,并经总监理工程师审批后实施。
(6)监理实施细则的编制应依据下列资料:
1)监理规划。
2)工程建设标准、工程设计文件。
3)施工组织设计、(专项)施工方案。
(7)监理实施细则应包括下列主要内容:
1)专业工程特点。
2)监理工作流程。
3)监理工作要点。
4)监理工作方法及措施。
(8)监理实施细则可根据建设工程实际情况及项目监理机构工作需要增加其他内容。
(9)在实施建设工程监理过程中,监理实施细则可根据实际情况进行补充、修改,并应经总监理工程师批准后实施。
(10)当工程发生变化导致原监理实施细则所确定的工作流程、方法和措施需要调整时,专业监理工程师应对监理实施细则进行补充、修改。

二、监理月报

1. 工程概况

(1)工程基本情况。

1)工程名称、工程地点,建设单位,施工单位,设计单位,行政主管部门。
2)工程类别及项目(按园林绿化工程类别、项目相关框图填报),工程占地面积,总平面示意图,重点项目规模数量等方面的描述。
3)合同约定的质量目标、工期要求、合同价款等。
(2)施工基本情况。
1)施工部位。
2)施工中的有利因素。
3)施工中的不利因素。

2. 施工单位工程施工组织系统

(1)施工单位组织框图及主要负责人。
(2)主要分包单位承担分包工程的情况。

3. 工程进度

(1)工程实际完成情况与总进度计划比较结果。
(2)本期完成情况与本期进度计划比较结果。
(3)本期工、料、机动态情况。
(4)对进度完成情况的分析(含停工、复工情况)。
(5)本期为完成计划进度所采取的措施及其效果。
(6)本期施工项目照片。

4. 工程质量

(1)分项、分部验收情况:施工单位自检、监理单位签认、一次验收合格率等。
(2)有关施工试验情况。
(3)工程质量情况分析。
(4)施工中存在的质量问题。
(5)本期为保证工程质量所采取的措施和效果。

5. 工程计量及支付情况

(1)工程量审批情况。
(2)工程款审批及支付情况。
(3)本期为使工程计量准确所采取的措施及效果。

6. 工程材料、构配件与设备情况

(1)施工单位采购、供应、进场及质量情况。
(2)对供应厂家资质的考察情况。

7. 合同其他事项的监理情况

(1)工程变更情况:内容与数量。
(2)工程延期情况:申请报告的主要内容及审批情况。
(3)费用索赔情况:次数、数量、原因、审批情况。

8. 施工期间天气影响情况

(1)影响天数。
(2)影响施工部位。

9. 项目监理部组成及工作统计

(1)组成人员。

(2)监理工作统计。

10. 本期监理工作小结

(1)对本期工程进度、质量、价款支付等方面的综合评价。

(2)意见与建议。

(3)下期监理工作的重点。

(4)附本期施工过程中必要的资料照片。

三、监理会议纪要

监理会议纪要应由项目监理部根据会议记录整理,经总监理工程师审阅,由与会各方代表会签。

1. 参与设计交底

(1)由建设单位主持的设计交底会,设计单位、承包单位和监理单位的工程项目负责人及相关人员参加。

(2)项目监理人员参加设计技术交底会应了解的基本内容如下:

1)园林绿化工程设计的主导思想,园林艺术构思,使用的设计规范,园林绿化工程总体平面布局与竖向设计要求。

2)对工程上所使用的有关材料、构配件、设备、苗木、花草、种子的要求及施工中应特别注意的事项等。

3)设计单位对建设单位、承包单位、监理单位提出对施工图意见和建议的答复。

4)设计单位与建设单位要求承包单位在施工中应注意的事项。

5)与会各方应赴施工现场确认工程用地面积、现状及应注意保护的内容。

6)在设计交底会上确认的设计变更应由建设单位、设计单位、承包单位和监理单位会签。

2. 第一次工地会议

(1)在工程项目开工前,监理人员参加由建设单位主持召开的第一次工地会议。监理单位负责整理会议纪要,经有关各方签认后,下发有关各方。

(2)参加会议的人员主要如下:

1)建设单位驻工地代表及有关人员。

2)承包单位项目部有关人员。

3)项目监理部总监理工程师及有关人员。

(3)会议主要内容。

1)建设单位负责人任命建设单位工程代表,建设单位根据委托监理合同宣布对总监理工程师的授权,介绍承包单位项目经理。

2)建设单位、承包单位和监理单位分别介绍各自的驻现场组织机构、人员及分工。

3)建设单位代表介绍工程概况。

4)承包单位项目经理介绍施工准备情况。

5)建设单位代表、总监理工程师对施工准备情况提出意见和要求。

6)会议商定监理例会召开的周期、地点及主要议题,各方参加例会的主要人员。

3. 工程监理交底会

(1)总监理工程师主持施工监理交底会,参加人员主要如下:
1)承包单位项目经理及有关人员。
2)建设单位代表。
3)项目监理部有关人员。

(2)会议主要内容:
1)明确适用于园林绿化工程的法律、法规,阐明有关合同中约定的建设单位、监理单位和承包单位的权利和义务。
2)介绍监理工作内容。
3)介绍监理工作的机构、程序、方法。
4)介绍监理工作制度。
5)对有关报表报审的要求及工程数据管理要求。

4. 监理例会

(1)在施工阶段,项目监理部以巡视、旁站、抽查、平行检验、检查资料、现场商议等方式实施监理工作。项目监理部总监理工程师应按照第一次工地会议关于监理例会的议定,定期组织与主持有关各方代表参加的监理例会。沟通各方情况、交流信息和协调处理、研究解决有关工程施工方面的问题。

(2)监理例会参加单位与人员主要如下:
1)项目监理部总监理工程师或总监理工程师代表,相关监理工作人员。
2)建设单位驻工地代表及相关人员。
3)承包单位项目部经理、技术负责人及相关专业人员。
4)根据会议议题要求应邀请设计单位、分包单位及其他有关单位人员。

(3)监理例会主要议题主要内容如下:
1)听取承包单位上次例会议题事项的落实情况及未落实事项原因的汇报。
2)检查施工进度计划完成情况,讨论施工中遇到的问题,分析产生问题的原因,研究探讨解决问题的办法,并提出下一阶段进度目标及其落实措施。
3)检查分析工程项目质量状况,针对施工中存在的质量问题,要求承包单位及时提出改进措施。
4)检查工程量及工程款支付情况。
5)解决需要协调的有关事项。

(4)每次例会前项目监理部应收集、汇总有关情况、资料,为监理例会顺利进行做好准备工作。

(5)监理例会会议纪要,由项目监理部负责整理,其主要内容有会议召开的地点、时间、会议主持人和与会人员姓名及单位、职务,议定事项及负责落实单位、时间要求,以及需要解决落实的其他一些问题。会议纪要经总监理工程师审阅后由与会各方代表签认后发至与会各方,并有签认记录。

(6)项目监理部为解决工程施工中遇到的急需解决的专项问题,监理工程师可主持召开有与专题有关各方负责人及专业人员参加的专题工地会议,项目监理部负责整理会议纪要,经与会各方签认后下发。

第二节　园林绿化工程施工监理资料

一、工程技术文件报审资料

工程技术文件报审资料的组成内容及所形成的表格，如图 3-1 所示。

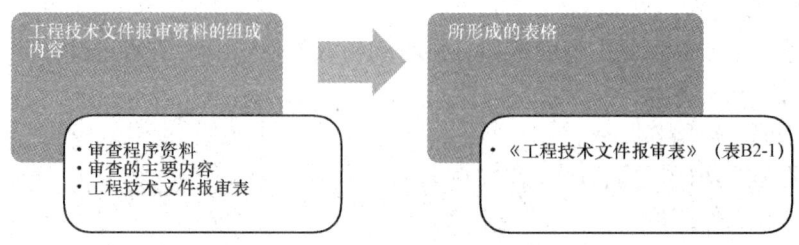

图 3-1　工程技术文件报审资料的组成内容及所形成的表格

1. 审查程序资料

(1)在工程项目开工前，承包单位应完成施工组织设计的编制及自审工作，并填写《工程技术文件报审表》(表 B2-1)报送项目监理部审核。

(2)总监理工程师组织专业监理工程师审查，提出审查意见后，由总监理工程师审定批准。需要修改时由总监理工程师签发书面意见，退回承包单位修改后再报审，总监理工程师重新审定。

(3)对规模大、工艺复杂及艺术要求高的园林绿化工程，项目监理部应将施工组织设计报送监理单位技术负责人审查，其审查意见由总监理工程师签发。

(4)已审定的施工组织设计由项目监理部报送建设单位。

(5)承包单位应按审定的施工组织设计方案组织施工。在实施中如需变动，仍应经总监理工程师审核同意。

2. 审查的主要内容

(1)施工总体平面布局图是否合理。

(2)项目经理部人员是否健全，各职能部门的责任是否到位。

(3)承包单位对园林绿化工程设计意图、艺术要求及工程特点的理解和表述是否符合设计要求。

(4)施工组织设计是否符合施工合同要求，以及施工部署的合理性、施工方案的可行性。

(5)工程质量保证措施体系的针对性，尤其是在非正常植树季节施工时的技术措施是否科学、合理可行。

(6)工程进度总体是否符合施工合同要求，进度计划是否保证施工的连续性和均衡性，以及人力、材料、设备等的组织供应与进度计划的协调性。

(7)审查承包单位的质量管理体系、技术管理体系、质量保证体系是否健全。

(8)安全、文明、环保等施工管理措施是否符合规定。

(9)监理工程师认为应审核的其他内容。

3. 工程技术文件报审表

(1)填表注意事项。

1)"编制单位名称"是指直接负责该项工程实施的单位。如为分包单位,应先由该分包单位填写此栏,经承包单位审核无误后报项目监理部。如该项工程实施单位就是承包单位,则承包单位即为"编制单位",由承包单位直接填写此栏。

2)"现报上关于＿＿＿＿＿工程技术文件"应填入编写的工程技术文件名称,其中"类别、编制人、册数、页数"按编制工程技术文件的实际情况如实填写。

3)"施工单位审核意见"栏必须填写具体的审核内容。

4)本表先经专业监理工程师审核,并在"监理单位审核意见"中填写意见。由总监理工程师签署"审定结论"并在相应选择框处画"√"。若本栏书写不下时,可另附页。

(2)《工程技术文件报审表》(B2-1)由承包单位填写,建设单位、监理单位、承包单位各保存一份。

(3)表格填写范例。《工程技术文件报审表》的填写参见表 B2-1。

表 B2-1　　　　　　　　　工程技术文件报审表

工程名称	××园林绿化工程	编　号	××××
地　点	××××	日　期	××××

现报上关于　绿化种植方案　工程技术管理文件,请予以审定。

序号	类　别	编制人	册　数	页　数
1	C5	×××	2	×
2				
3				
4				

编制单位名称:×××园林园艺公司

技术负责人(签字):×××　　　　　　　申报人(签字):×××

承包单位审核意见:

　同意《绿化种植方案》、报项目监理部审核。

☑有/□无　附页

承包单位名称:××园林园艺公司　　审核人(签字):×××　　审核日期:××年×月×日

监理单位审核意见:

　经审核,本方案符合规范和图纸要求,同意按此方案指导本工程工作。

审定结论:　　☑同意　　□修改后再报　　□重新编制

监理单位名称:××监理公司　　总监理工程师(签字):×××　　日期:××年×月×日

二、施工测量放线报审资料

施工测量放线报审资料的组成内容及所形成的表格，如图 3-2 所示。

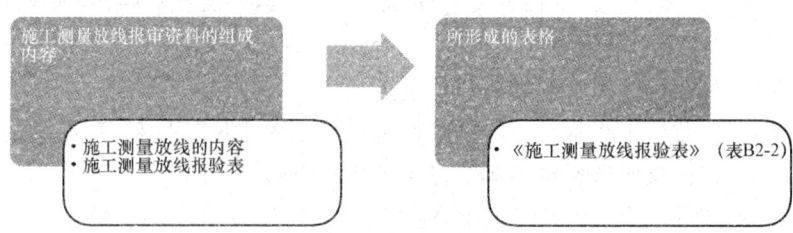

图 3-2 施工测量放线报审资料的组成内容及所形成的表格

1. 施工测量放线的内容

施工测量是在工程施工阶段进行的测量工作，直接为工程施工服务，从场地平整、建（构）筑物定位到基础施工、墙体施工、各种建筑构件的安装，包括后期的检查、验收，建筑的变形监测都离不开施工测量。施工测量的主要内容可以归结为：

(1)施工测量的准备工作。

(2)建立施工控制网。

(3)依据设计图纸进行建（构）筑物放样。

(4)检核、交底并组织施工。遵守测量工作"前一步工作未经检核，不进行下一步工作"的基本原则。每道工序完成后，都要检查放样的点位是否满足精度要求，并以书面形式与现场施工人员交底。

(5)验收工作。工程竣工后，为了验收时进行工程质量鉴定，便于工程交付使用后的管理、维修和扩建，还要根据实测验收的记录编绘竣工图。

(6)变形观测。在施工过程中和工程竣工后，对一些高大或特殊建（构）筑物进行位移和沉降观测，作为鉴定工程质量和验证工程设计、施工是否合理的依据及掌握建（构）筑物的变形规律，以便及时发现和处理问题，确保建（构）筑物的施工和使用的安全。

2. 施工测量放线报验表

(1)施工单位应将施工测量方案、红线桩的校核成果、水准点的引测结果填写《施工测量放线报验表》（表 B2-2）附工程定位测量记录报项目监理部。

(2)施工单位在施工场地设置平面坐标控制网（或控制导线）高程控制网后，应填写《施工测量放线报验表》（表 B2-2）报项目监理部，由监理工程师签认。对施工轴线控制桩的位置，水平控制线、轴线竖向投测控制线等放线结果应填写《施工测量放线报验表》（表 B2-2），并附放线记录报项目监理部签认。

(3)监理工程师应检查承包单位测量人员的岗位证书及测量设备的检定证书。

(4)项目监理部应进行必要的复核，符合设计要求及有关规定，由监理工程师签认。

(5)专业监理工程师应复核控制桩的校核成果、控制桩的保护措施及平面控制网、高程控制网和临时水准点的测量成果。

(6)《施工测量放线报验表》（表 B2-2）由承包单位填写，建设单位、监理单位、承包单位各保存一份。

(7)填表注意事项。

1)"我方已完成(部位)_____"栏应按实际测量放线部位填写。

2)"内容"栏应将已完成的测量放线具体内容描述清楚。

3)"附件"栏填写放线的依据材料,放线成果表的页数。

4)"测量员(签字)"栏应由具有施工测量放线资格的技术人员签字,并填写岗位证书编号。

5)"查验人(签字)"栏应由具有施工测量验线资格的技术人员签字,并填写岗位证书编号。

6)"承包单位名称"栏按"谁施工填谁"这一原则执行。

7)"技术负责人(签字)"栏为项目技术负责人。

8)"查验结果"栏应由负责查验的监理工程师填写,填写内容为:

①放线的依据材料是否合格有效。

②实际放线结果是否符合设计或规范精度要求。

9)当"查验结论"为合格时,在"合格"栏中画"√",监理工程师应在相应的所附记录签字栏内签字;当"查验结论"不合格时,在"纠错后重报"栏中画"√",进行重新报验。

10)"监理单位名称"栏应是监理单位的全称,不可简化。

11)"监理工程师(签字)"栏为负责查验该项工作的监理工程师。

(8)表格填写范例。《施工测量放线报验表》的填写参见表 B2-2。

表 B2-2　　　　　　　　　　　　　施工测量放线报验表

工程名称	××园林绿化工程	编　号	××××
地　　点	××××	日　期	××××

致：　××监理公司　(监理单位)

我方已完成(部位)_____地面工程①~⑫/Ⓐ~Ⓓ轴_____
(内容)的测量放线,经自验合格,请予查验。

附件:1.☑放线的依据材料　__2__页

　　　2.□放线成果表_____页

　　　　　　　　　测量员(签字):×××　　　岗位证书号:×××××
　　　　　　　　　查验人(签字):×××　　　岗位证书号:×××××
施工单位名称:××园林园艺公司　　　技术负责人(签字):×××　　　日期:××年×月×日

查验结果:

　经检查,符合工程施工图的设计要求,达到《建筑施工测量技术规程》(DB11/T 446—2007)的精度要求。

查验结论：　☑合格　　□纠错后重报

监理单位名称:××监理公司　　监理工程师(签字):×××　　　　　　　日期:××年×月×日

三、工程进度控制报审资料

工程进度控制报审资料的组成内容及所形成的表格,如图3-3所示。

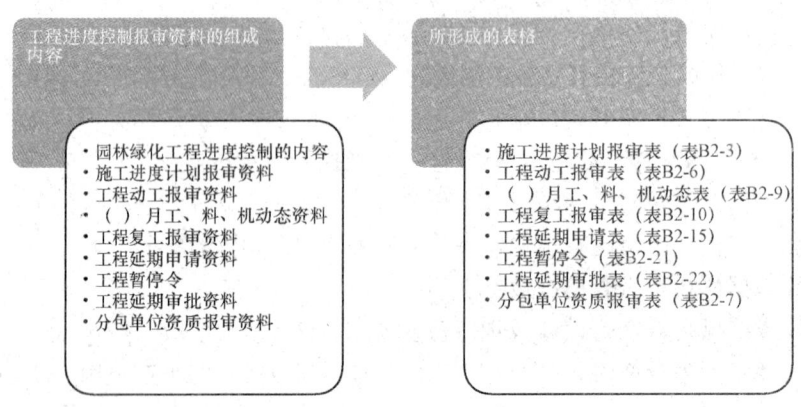

图3-3 工程进度控制报审资料的组成内容及所形成的表格

1. 园林绿化工程进度控制的内容

(1)编制施工进度控制工作细则,其主要内容如下:

1)施工进度控制的主要工作内容和深度。

2)施工进度控制人员的职责分工。

3)进度控制的方法(包括进度检查周期、数据采集方式、进度报表格式、统计方法等)。

4)进度控制的具体措施(包括组织措施、技术措施、经济措施及合同措施等)。

(2)审核承包单位编制的施工进度计划。承包单位依据施工承包合同约定的工期,应及时编制施工进度计划,跨年度的工程要编制年度进度计划、季度进度计划、月进度计划,项目监理部根据工程进展情况要求承包单位项目经理部编写周进度计划,工程所需人工、材料、机械、设备进场使用计划。各类进度计划均应填写《施工进度计划报审表》(表B2-3)报项目监理部审批。监理工程师审核的主要内容如下:

1)进度安排是否符合工程施工合同中开工、竣工日期的规定。

2)施工进度计划中的项目是否有遗漏,分期施工是否满足分批动工的需要和配套动工的要求。

3)施工顺序的安排是否符合施工工艺的要求。

4)劳动力、材料、构配件、设备及施工机具、水电等生产要素的供应计划是否能保证施工进度计划的实现,供应是否均衡。

5)对于建设单位负责提供的施工条件是否到位(包括资金、施工图纸、施工场地等),是否有导致工程延期和费用索赔的可能性。

(3)项目监理部依据园林绿化工程的规模、工艺技术复杂程度、质量要求、施工现场条件及施工队伍技术水平等因素,分析承包单位报审的各类工程进度计划文件之间的关系、合理性和可行性。

(4)监理工程师通过分析,指出进度计划在实施中可能出现的风险,提示承包单位制定防范性对策,保证经审议批准的工程进度计划的顺利实施。

(5)需修改的工程进度计划应限时要求承包单位重新编制申报,经项目监理部审查批准后报送建设单位。

(6)园林绿化工程进度控制的主要方法:

1)跟踪检查园林施工进展的实际情况。

2)要求承包单位按期书面报告实际完成工程进度。

3)在检查中发现实际进度偏离计划进度,签发监理通知要求承包单位及时采取措施,确保计划进度目标的实现;如实际进度严重滞后,采取措施后,经过努力确实不能实现原计划,则应要求承包单位提出调整进度计划,经总监理工程师审核后报建设单位,经建设单位批准后,使承包单位在合理的状态下进行施工。

4)要求承包单位及时报分阶段工、料、机动态表,并及时填写计划进度表、实际进度表通报各方。

2. 施工进度计划报审资料

(1)施工单位应根据建设工程施工合同的约定,按时编制施工总进度计划、季度进度计划、月进度计划,并按时填写《施工进度计划报审表》(表 B2-3)报项目监理部总监理工程师审批。

(2)填表注意事项。

1)"现报上____年____季____月"栏中应填写拟报审进度计划的年、季、月时间。

2)"附件"栏填写所报资料的名称及份数。

3)"承包单位名称"栏填写施工单位的全称,不可简化。

4)"项目经理(签字)"栏为施工单位工程项目负责人。

5)"审查意见"栏由监理工程师根据工程的条件(工程的规模、质量标准、复杂程度、施工的现场条件等)及施工队伍的条件,全面分析承包单位编制的施工进度计划的合理性、可行性,并签署意见。

6)"审批结论"栏的填写:

①所报施工进度计划符合合同工期及总控计划要求,有可实施性,同意实施时,在"同意"栏画"√"。

②所报计划有明显错误时,应限定修改日期,在"修改后再报"栏画"√"。

③所报计划与总控计划不符,需重新编制时,应限定重新编制日期,在"重新编制"栏画"√"。

(3)《施工进度计划报审表》(表 B2-3)由承包单位填报,建设单位、监理单位、承包单位各存一份。

(4)表格填写范例。《施工进度计划报审表》的填写参见表 B2-3。

表 B2-3　　　　　　　　　　　施工进度计划报审表

工程名称	××园林绿化工程	编　号	××××
地　　点	××××	日　期	××××

致：__××监理公司__（监理单位）
　　现报上__××__年__×__季__×__月工程施工进度计划请予以审查和批准。

　　附件：1.☐施工进度计划（说明、图表、工程量、资源配置）__1__份

承包单位名称:××园林园艺公司　　　项目经理（签字）:×××

审查意见：

经审查，本月编制的施工进度计划具有可行性和可操作性，本工程实际情况相符合，予以通过。

监理单位名称:××监理公司　　　监理工程师（签字）:×××　　　日期:××年×月×日

审批结论：　☑同意　　　☐修改后再报　　　☐重新编制

同意按此计划组织施工。

监理单位名称:××监理公司　　　总监理工程师（签字）:×××　　　日期:××年×月×日

3. 工程动工报审资料

（1）施工单位根据现场实际情况达到开工条件时，应向项目监理部申报《工程动工报审表》（表 B2-6）。由监理工程师审核，总监理工程师签署审批结论，并报建设单位。

（2）表格填写说明。

1）在"计划于___年___月___日"栏中填写计划开工的具体时间。

2）在已完成报审条件的选择框处画"√"。

3）"审查意见"栏由监理工程师填写。审查承包单位报送的工程动工资料是否齐全、有效，具备动工条件。

4）"审批结论"栏由总监理工程师签署，在"同意"或"不同意"选择框处画"√"并签字。

（3）《工程动工报审表》（表 B2-6）由承包单位填写，建设单位、监理单位、承包单位各保存一份。

（4）表格填写范例。《工程动工报审表》的填写参见表 B2-6。

表 B2-6　　　　　　　　　　　　　　　工程动工报审表

工程名称	××园林绿化工程	编　号	××××
地　　点	××××	日　期	××××

致：__××监理公司__（监理单位）

　　根据合同约定,建设单位已取得主管单位审批的开工证,我方也完成了开工前的各项准备工作,计划于 __××__ 年 __×__ 月 __×__ 日开工,请审批。
已完成报审的条件有:
1.☑园林行政主管部门批示文件(复印件)
2.☑施工组织设计(含主要管理人员和特殊工种资格证明)
3.☑施工测量放线成果
4.☑主要人员、材料、设备进场
5.☑施工现场道路、水、电、通信等已达到开工条件

承包单位名称:××园林园艺公司　　　项目经理(签字):×××

审查意见:

　　所报工程动工资料齐全、有效,具备动工条件。

　　　　　　　　　　　　　　监理工程师(签字):×××　　　　日期:××年×月×日

审批结论:	☑同意	□不同意

　　同意工程动工。

监理单位名称:××监理公司　　　总监理工程师(签字):×××　　　日期:××年×月×日

4.(　)月工、料、机动态资料

(1)施工单位每月 25 日前报送《(　)月工、料、机动态表》(表 B2-9)。主要施工设备进场并调试合格后应填写《(　)月工、料、机动态表》报送项目监理部。

(2)表格填写说明。

1)"人工"栏按施工现场实际工种情况填写并进行合计。

2)"主要材料"栏应填写工程使用主要材料,如水泥、钢筋,并填写相应材料的上月库存量、本月进场量、本月消耗量,以得出本月最终库存量。

3)"主要机械"栏按施工现场实际使用的主要机械填写,核准其生产厂家、规格型号、数量。

4)塔吊、外用电梯等的安检资料及计量设备检定资料应于开始使用的一个月内作为本表的附件,由施工单位报审,监理单位留存备案。

(3)《(　)月工、料、机动态表》(表 B2-9)由监理单位、承包单位各保存一份。工、料、机情

况应按不同施工阶段填报主要项目。

(4)表格填写范例。《( )月工、料、机动态表》的填写参见表B2-9。

表B2-9   ( )月工、料、机动态表

工程名称		××园林绿化工程			编号		××××	
地　　点		××××			日期		××××	
人工	工　种	混凝土	瓦工	木工	钢筋工	电工	其他	合计
	人　数	30	40	100	65	6	16	257
	持证人数	20	34	85	45	6	10	200
主要材料	名称	单位	上月库存量		本月进场量	本月消耗量		本月库存存量
	水泥	t	25.3		249.5	243.5		40.3
	钢筋	t	198.6		895.6	900		194.3
	木材	m³	321		43.8	260		104.8
	砌块	块	1800		10000	7800		4000
主要机械	名　称		生产厂家			规格型号		数量
	搅拌机		××机械厂			JZC-500		3
	卷扬机		××机械厂			JJK-1.5		3
	水泵		××泵厂			10kW		5
附件： 无								
施工单位名称：××园林园艺公司				项目经理(签字)：×××				

5. 工程复工报审资料

(1)表格填写说明。

1)填写《工程复工报审表》(表B2-10)时,应附下列书面材料一起报送项目监理部审核,由总监理工程师签署审批意见：

①承包单位对工程暂停原因的分析。

②工程暂停原因已消除的证据。

③避免再次出现类似问题的预防措施。

2)"附件"栏应详细说明具备复工的条件。
3)"审批意见"栏应由总监理工程师填写。
4)当同意复工时,在"审批结论"栏下的"具备复工条件,同意复工"处画"√",否则在"不具备复工条件,暂不同意复工"处画"√",并说明具体原因。
(2)《工程复工报审表》(表 B2-10)由施工单位填写,由监理单位签认。建设单位、监理单位、施工单位各保存一份。
(3)表格填写范例。《工程复工报审表》的填写参见表 B2-10。

表 B2-10　　　　　　　　　　工程复工报审表

工程名称	××园林绿化工程	编　号	××××
地　　点	××××	日　期	××××

致：　××监理公司　（监理单位）

　　__××园林绿化__工程,由总监理工程师签发的第(　×　)号工程暂停令指出的原因已消除,经检查已具备了复工条件,请予以审核并批准复工。
附件:具备复工条件的详细说明
　(无)

施工单位名称:××园林园艺公司　　　　　　项目经理(签字):×××

审查意见:

　工程暂停的原因已消除,证据齐全、有效。

审批结论:☑具备复工条件,同意复工。
　　　　　□不具备复工条件,暂不同意复工。

监理单位名称:××监理公司　　　　　总监理工程师(签字):×××　　　　日期:××年×月×日

6. 工程延期申请资料

(1)施工单位在合同约定的期限内,向项目监理部提交《工程延期申请表》(表 B2-15),总监理工程师在最终评估出延期天数,并与建设单位协商一致后,签发《工程延期审批表》(表 B2-22)。

(2)表格填写说明。

1)"根据合同条款_____条的规定"栏中填写施工合同有关工程延期的相关条款。

2)"由于_____的原因"栏填写工程延期的具体原因。

3)"工程延期的依据及工期计算"栏应详细说明工程延期的依据,并将工期延长的计算过程、结果列于表内。

4)"合同竣工日期"栏填写施工合同签订的工程竣工日期。

5)"申请延长竣工日期"栏填写由于相关原因施工单位申请延长的竣工日期。

6)"附"栏中填写相关的证明材料。

(3)《工程延期申请表》(表 B2-15)由施工单位填写,建设单位、监理单位、施工单位各保存一份。

(4)表格填写范例。《工程延期申请表》的填写参见表 B2-15。

表 B2-15   工程延期申请表

工程名称	××园林绿化工程	编号	××××
地　　点	××××	日　　期	××××

致: <u>　××监理公司　</u>(监理单位)

　　根据合同条款 <u>×</u> 条的规定,由于 <u>　设计单位提出工程变更单的要求　</u> 的原因,申请工程延期,请批准。
工程延期的依据及工期计算:
1. 依据工程变更单(编号:××)和施工图纸(图纸号:××)。
2. 整改和增加的施工项目在关键线路上。
　　工期计算:(略)

合同竣工日期:××××
申请延长竣工日期:××××
附:证明材料
　(略)

施工单位名称:××园林园艺公司　　项目经理(签字):×××　　日期:××年×月×日

7. 工程暂停令

(1)总监理工程师根据实际情况,按合同约定签发《工程暂停令》(表 B2-21)。无论由何方原因造成的工程暂停,在暂停原因消失,具备复工条件时,总监理工程师应要求施工单位及时填写《工程复工报审表》,并予以签批。

(2)表格填写说明。

1)"由于_____原因"栏中填写造成工程暂停的原因。

2)"现通知你方必须于_____年_____月_____日时起"栏中填写工程暂停的起始时间。

3)"对本工程的_____部位(工序)"栏中填写工程暂停的部位或工序名称。

4)"并按下述要求做好各项工作"栏由总监理工程师根据工程施工现场情况提出具体的工作要求。

(3)《工程暂停令》(表 B2-21)由监理单位签发,建设单位、监理单位、施工单位各保存一份。

(4)表格填写范例。《工程暂停令》的填写参见表 B2-21。

表 B2-21 工程暂停令

工程名称	××园林绿化工程	编　号	××××
地　点	××××	日　期	××××

致：__××园林园艺公司__（承包单位）

由于__基坑土钉护坡工程施工部分锚杆长度不达设计要求__原因,现通知你方必须于__××__年__×__月__×__日__×__时起,对本工程的__基坑土钉墙护坡工程南侧一3.2m__部位(工序)实施暂停施工,并按下述要求做好各项工作：

1. 对此侧锚杆进行全面检查并做好记录。
2. 对不符合设计长度的锚杆进行处理,但其符合设计要求。
3. 由于土质情况达不到设计长度的锚杆进行重新验算。由设计签发设计变更单报项目监理部签认。
4. 完成上述内容后填报《工程复工报审表》报项目监理部。

监理单位名称:××监理公司　　　总监理工程师(签字):×××　　　日期:××年×月×日

8. 工程延期审批资料

(1)表格填写说明。

1)监理单位应根据施工单位提交的《工程延期申请表》(表 B2-22)做出审批。

2)"说明"栏应填写总监理工程师就工程延期做出审批的具体意见。

(2)《工程延期审批表》(表 B2-22)由监理单位签发,建设单位、监理单位、施工单位各保存一份。

(3)表格填写范例。《工程延期审批表》的填写参见表 B2-22。

表 B2-22　　　　　　　　　　　工程延期审批表

工程名称	××园林绿化工程	编　号	××××
地　　点	××××	日　期	××××

致：　××监理公司　（承包单位）

　　根据施工合同条款　×　条的规定，我方对你方提出的第（　×　）号关于　××园林绿化　工程延期申请，要求延长工期　×　日历天，经过我方核评估：

☑同意工期延长　×　日历天，竣工日期(包括已指令延长的工期)从原来的　××　年　×　月　×　日延长到　××　年　×　月　×　日。请你方执行。

□不同意延长工期，请按约定竣工日期组织施工。

说明：
　　工程延期事件发生在被批准的网络进度计划的关键线路上，经甲乙方协商，同意延长工期。

监理单位名称:××监理公司　　　　总监理工程师(签字):×××　　　　日期:××年×月×日

9. 分包单位资质报审资料

（1）分包工程开工前，监理工程师审核承包单位报送的《分包单位资质报审表》（表 B2-7）和分包单位有关资质资料，由总监理工程师予以签认。

（2）表格填写说明。

1）分包单位资格报审是总承包单位在分包工程开工前，对分包单位的资格报项目监理机构审查确认。

2）未经总监理工程师确认，分包单位不得进场施工，总监理工程师对分包单位资格的确认不解除总承包单位应负的责任。

3）施工合同中已明确或经过招标确认的分包单位（即建设单位书面确认的分包单位），承包单位可不再对分包单位资格进行报审。

4）分包单位：按所报分包单位《企业法人营业执照》全称填写。

5）根据工程分包的具体情况，可在"附"栏中的"分包单位资质材料、分包单位业绩材料、中标通知书"相应的选择框处画"√"，并将所附资料随本表一同报验。

6）在"分包工程名称（部位）"栏中填写分包单位所承担的工程名称（部位）及计量单位、工程数量、其他说明。

7）监理工程师应审查分包单位的营业执照、企业资质等级证书、施工许可证、管理人员、技术人员资格（岗位）证书以及所获得的业绩材料的真实性、有效性。审查合格后，在"监理工程师审查意见"栏中填写审查意见,并予以签认。

8)总监理工程师审核后在"总监理工程师审批意见"栏中填写具体的审批意见,并予以签认。

(3)《分包单位资质报审表》(表B2-7)由承包单位填写,建设单位、监理单位、承包单位各保存一份。

(4)表格填写范例。《分包单位资质报审表》的填写参见表B2-7。

表 B2-7 分包单位资质报审表

工程名称	××园林绿化工程	编 号	××××
地 点	××××	日 期	××××

致: ××监理公司 (监理单位)

经考察,我方认为拟选择的 ××园林绿化工程公司 (分包单位)具有承担下列工程的施工资质和施工能力,可以保证本工程项目按合同的约定进行施工。分包后,我方仍然承担总承包单位的责任。请予以审查批准。

附:
1.☑分包单位资质材料
2.☑分包单位业绩材料
3.□中标通知书

分包工程名称(部位)	单位	工程数量	其他说明
种植工程	m²	5000	劳分承包

承包单位名称:××园林园艺公司　　　项目经理(签字):×××

监理工程师审查意见:

经审查,分包单位资质、业绩材料齐全、有效,具有承担分包工程施工资质。

监理工程师(签字):×××　　　日期:××年×月×日

总监理工程师审批意见:

同意。

监理单位名称:××监理公司　　　总监理工程师(签字):×××　　　日期:××年×月×日

四、工程质量控制资料

工程质量控制资料的组成内容及所形成的表格,如图 3-4 所示

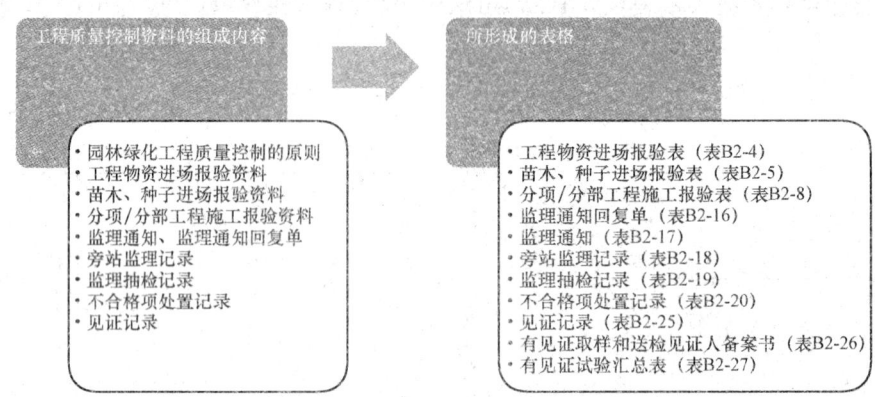

图 3-4 工程质量控制资料的组成内容及所形成的表格

1. 园林绿化工程质量控制的原则

(1)实施质量监理全过程中,以预控为重点,控制影响工程质量的不利因素,使工程项目符合设计要求及绿化工程施工技术规范要求的原则。

(2)坚持材料、构配件、设备不报验签认合格,不得使用于工程的原则。

(3)坚持本工序质量不合格或未经验收,监理工程师不予签认,下一道工序不得施工的原则。

2. 工程物资、苗木、种子进场报验资料

(1)施工单位应按有关规定对主要原材料进行复试,并将复试结果及备案资料、出厂质量证明等作为《工程物资进场报验表》(表 B2-4)、《苗木、种子进场报验表》(表 B2-5)的附件报项目监理部。施工单位应对拟采用的植物材料、构配件和设备进行检测、测试,合格后填写《工程物资进场报验表》(表 B2-4)、《苗木、种子进场报验表》(表 B2-5)报项目监理部,监理工程师签署审查结论。

(2)表格填写说明。

1)工程物资进场后,施工单位应进行检查(外观、数量及质量证明文件等),自检合格后填写《工程物资进场报验表》(表 B2-4),报请监理单位验收,监理工程师签署审查结论。

2)施工单位和监理单位应约定涉及结构安全、使用功能、建筑外观、环保要求的主要物资的进场报验范围和要求。

3)物资进场报验须附资料,应根据具体情况(合同、规范、施工方案等要求)由施工单位和物资供应单位预先协商确定。应附出厂合格证、商检证、进场复试报告等相关资料。

4)对未经监理人员验收或验收不合格的工程材料、构配件、设备,监理人员应拒绝签认,并应签发《监理通知》(表 B2-17),书面通知承包单位限期将不合格的物资撤出现场。

5)"关于_____工程"栏应填写专业工程名称,表中"物资名称、主要规格、单位、数量、选样报审表编号、使用部位"应按实际发生材料、设备项目填写,要明确、清楚,与附件中质量证明文件及进场检验和复试资料相一致。

6)"附件"栏应在相应选择框处画"√"并写明页数、编号。

7)"申报单位名称"栏应为施工单位名称,并由申报人签字。

8)"施工单位检验意见"栏应由项目技术负责人填写具体的检验内容和检验结果,并签字确认。

9)"验收意见"栏由监理工程师填写并签字,验收意见应明确。如验收合格,可填写:质量控制资料齐全、有效;材料试验合格。并在"审定结论"栏下相应选择框处画"√"。

(3)《工程物资进场报验表》(表 B2-4)、《苗木、种子进场报验表》(表 B2-5)由施工单位填写,建设单位、监理单位、施工单位各保存一份。

(4)表格填写范例。

1)《工程物资进场报验表》的填写参见表 B2-4。

表 B2-4   工程物资进场报验表

工程名称	××园林绿化工程		编 号		××××
地 点	××××		日 期		××××
现报上关于 __土建__ 工程的物资进场检验记录,该批物资经我方检验符合设计、规范及合同要求,请予以批准使用。					
物资名称	主要规格	单位	数量	选样报审表编号	使用部位
钢筋	⌀18,20.25	t	××	×××	地上1层结构
水泥	42.5(R)	t	××	×××	地上1层结构

附件: 名 称   页 数   编 号
1.☑ 出厂合格证   ×× 页
2.☑ 厂家质量检验报告   ×× 页
3.☐ 厂家质量保证书   ____ 页
4.☐ 商 验 证   ____ 页
5.☐ 进场检查记录   ____ 页
6.☑ 进场复试报告   ×× 页
7.☐ 备案情况   ____ 页

申报单位名称:××园林园艺公司   申报人(签字):××年×月×日

施工单位检验意见:
同意。
☐有/☐无　附页
施工单位名称:××园林园艺公司　　　技术负责人(签字):×××　　　审核日期:××年×月×日

验收意见:
质量控制资料齐全、有效,材料试验合格。
审定结论:　☑同意　　☐补报资料　　☐重新检验　　☐退场
监理单位名称:××监理公司　　　　监理工程师(签字):×××　　　验收日期:××年×月×日

2)《苗木、种子进场报验表》的填写参见表 B2-5。

表 B2-5　　　　　　　　　　　苗木、种子进场报验表

工程名称	××园林绿化工程	编　号	××××

现报上关于　××园林绿化　工程的苗木、种子进场检验记录,该批物资经我方检验符合设计、规范及合同要求,请予以批准使用。

序号	苗木/种子名称	来源(本地/外地)	单位	进场数量	检验日期
1	银杏	本地	××	100	××年×月×日

附件：　　　名　称　　　　　　　　　页　数　　　　　　编　号
1.☑ 苗木、种子进场检查记录　　　　 3 　页
2.☐ 种子发芽试验报告　　　　　　　 ＿＿　页
3.☐ 非本地苗木的检疫证明文件　　　 ＿＿　页
4.☑ 本地苗木出圃合格证明　　　　　 4 　页
5.☐ 其他附属文件　　　　　　　　　 ＿＿　页

施工单位名称:××园林园艺公司　　　　技术负责人:×××

验收意见：

　质量控制资料齐全、有效,验收合格。

审定结论:　☑同意　　☐补报资料　　☐重新检验　　☐退场
监理单位名称:××监理公司　　　监理工程师(签字):×××　　　验收日期:××年×月×日

3. 分项/分部工程施工报验资料

(1)施工单位在完成一个检验批的施工,经过自检和施工试验合格后,报监理工程师查验,监理工程师应对该检验批进行验收,并在《检验批质量验收记录》上签字。

(2)在完成分项工程后,施工单位应按分项工程进行报验,填写《分项/分部工程施工报验表》(表 B2-8),并附《＿＿＿＿分项工程质量验收记录》和相关附件。

(3)施工单位在完成分部工程施工,经过自检合格后,应填写《分项/分部工程施工报验表》并附《＿＿＿＿分部(子分部)工程质量验收记录》和相关附件,报项目监理部,总监理工程师应组织验收并签署意见。

(4)分项/分部工程施工报验文件可包括隐蔽工程检查记录、预检记录、施工记录、施工试验记录、检验批质量验收记录、分项工程质量验收记录和分部(子分部)工程质量验收记录等。

(5)《分项/分部工程施工报验表》中附件所列各项,监理单位应视报验的具体内容进行选项,凡在检验批验收中已查验过的各种记录可不列入,凡未经查验的记录应作为本表的附件。

(6)报验时所附附件,应在相应选择框处画"√",并填写页数及编号,随同本表一同报验。

(7)分包单位的资料,必须通过承包单位审核后,方可向监理单位报验,因此,质量检查员和技术负责人签字均应由承包单位的相应人员进行。

(8)监理单位在接到报验表后,应审查承包单位所报材料是否齐全,检查所报分项/分部工程实体质量是否符合设计和规范要求。

(9)《分项/分部工程施工报验表》(表B2-8)由施工单位填报,建设、监理、施工单位各存一份。如原属不合格的,分项、分部工程报验应填写《不合格项处置记录》(表B2-20),分部工程应由总监理工程师签字。

(10)表格填写范例。《分项/分部工程施工报验表》的填写参见表B2-8。

表 B2-8　　　　　　　　　　　分项/分部工程施工报验表

工程名称	××园林绿化工程	编　号	××××
地　点	××××	日　期	××××

现我方已完成　<u>种植工程、花卉种植</u>　部位的工程,经我方检验符合设计、规范要求,请予以验收。

附件:　　名　称　　　　　　　　　　　页　数　　　　编　号
1. ☑质量控制资料汇总表(适用于分部工程)　　<u>　2　</u>页
2. □隐蔽工程检查记录表　　　　　　　　　　　　　　页
3. □预检工程检查记录表　　　　　　　　　　　　　　页
4. ☑施工记录　　　　　　　　　　　　　　<u>　10　</u>页
5. □施工试验记录　　　　　　　　　　　　　　　　　页
6. □分项工程质量检验评定记录　　　　　　　　　　　页
7. ☑分部工程质量检验评定记录　　　　　　<u>　1　</u>页

施工单位名称:××园林园艺公司
质量检查员(签字):×××　　　　　　技术负责人(签字):×××

审查意见:
1. 所报资料齐全、有效。
2. 所报检验批实体工程质量符合规范和设计要求。

审查结论:　　☑合格　　　□不合格

监理单位名称:××监理公司　　(总)监理工程师(签字):×××　　日期:××年×月×日

4. 监理通知、监理通知回复单

(1)对施工中发现的问题应及时签发《监理通知》(表 B2-17),施工单位应将整改结果填写《监理通知回复单》(表 B2-16),报监理工程师进行复查。

(2)《监理通知回复单》(表 B2-16)填表注意事项。

1)施工单位落实《监理通知》后,报项目监理机构检查复核。

2)施工单位完成《监理通知回复单》中要求继续整改的工作后,仍用此表回复。

3)涉及应总监理工程师审批工作内容的回复单,应由总监理工程师审批。

4)"已按要求完成了_____工作"栏填写《监理通知》(表 B2-17)中相对应的内容。

5)"详细内容"栏应写明对《监理通知》中所提问题发生的原因分析、整改经过和结果及预防措施等。

6)"复查意见"一般应由《监理通知》(表 B2-17)的签发人进行复查验收并签字确认。当监理工程师不在现场或与总监理工程师意见不一致时,由总监理工程师签字生效。

7)《监理通知回复单》(表 B2-16)由施工单位填写,建设单位、监理单位、施工单位各保存一份。

(3)《监理通知》(表 B2-17)填表注意事项。

1)在监理工作中,项目监理机构按委托监理合同授予的权限,对施工单位发出指令、提出要求,除另有规定外,均应采用此表。监理工程师现场发出的口头指令及要求,也应采用此表予以确认。

2)监理通知,施工单位应签收和执行,并将执行结果用《监理通知回复单》(表 B2-16)报监理机构复核。

3)问题:是指通知事项的主题。

4)内容:在监理工作中,项目监理机构按委托监理合同授予的权限,对施工单位所发出的指令提出要求。针对施工单位在工程施工中出现的不符合设计要求、不符合施工技术标准、不符合合同约定的情况及偷工减料、使用不合格的材料、构配件和设备,纠正施工单位在工程质量、进度、造价等方面的违规、违章行为。

5)施工单位对监理工程师签发的监理通知中的要求有异议时,应在收到通知后 24 小时内向项目监理机构提出修改申请,要求总监理工程师予以确认,但在未得到总监理工程师修改意见前,施工单位应执行专业监理工程师下发的《监理通知》(表 B2-17)。

6)重要的《监理通知》(表 B2-17)应由总监理工程师签认,监理单位及有关单位各保存一份。

(4)表格填写范例。

1)《监理通知回复单》的填写参见表 B2-16。

表 B2-16　　　　　　　　　　　　　监理通知回复单

工程名称	××园林绿化工程	编　号	××××
地　　点	××××	日　期	××××

致：　××监理公司　（监理单位）

我方接到第(2007—001)号监理通知后,已按要求完成了　对树木种植工程质量问题的整改　工作,特此回复,请予以复查。

详细内容：

我项目部收到第(2007—001)号监理通知后,立即组织人员对现场已完成的工程进行全面质量检查,共发现 15 处,并立即整改、处理,并保证今后的施工中严格控制施工质量,确保工程质量目标的实现。

施工单位名称:××园林园艺公司　　　　　　　　项目经理(签字):×××

复查意见：

同意施工。

	监理工程师(签字):×××	日期:××年×月×日
监理单位名称:××监理公司	总监理工程师签字:×××	日期:××年×月×日

2)《监理通知》的填写参见表 B2-17。

表 B2-17　　　　　　　　　　　　监理通知

工程名称	××园林绿化工程	编　号	××××
地　　点	××××	日　期	××××

致：　××园林园艺公司　（承包单位）

问题：
　　关于树木种植工程的质量问题。

内容：
　　根据我项目经理部的监理人员的巡检发现，树木种植工程、种植歪斜、口头对现场施工人员提出要求，并未得到施工人员的重视。
　　为此特发通知，要求施工单位对此项目的质量进行认真复查，并将结果报项目监理部。

　　　　　　　　　　　　　　　　　　　　　监理工程师（签字）：×××　　　　日期：××年×月×日
监理单位名称：××监理公司　　　总监理工程师（签字）：×××　　　日期：××年×月×日

5. 旁站监理记录

(1) 监理人员在实施旁站监理时应填写《旁站监理记录》(表 B2-18)，并由旁站监理人员及施工单位现场质检员会签。

(2) 旁站监理记录是指监理人员在园林绿化工程施工阶段监理中，对关键部位、关键工序的施工质量，实施全过程现场跟班的监督活动所见证的有关情况的记录。

(3) 承包单位根据项目监理机构制定的旁站监理方案，在需要实施的关键部位、关键工序进行施工前 24h，书面通知项目监理机构。

(4) 凡旁站监理人员和承包单位现场质检人员未在旁站监理记录上签字的，不得进行下一道工序的施工。

(5) 凡规定的关键部位、关键工序未实施旁站监理或没有旁站监理记录的，专业监理工程师或总监理工程师不得在相应文件上签字。

(6) 填表注意事项。

1) "旁站监理的部位或工序"栏应填写具体旁站的部位或工序。

2) "施工情况"栏填写监理人员对旁站的部位或工序具体的施工内容与要求等。

3) "监理情况"栏填写对旁站监理的实施情况。

4) "发现问题"栏填写监理人员在旁站过程中所发现的各项问题。

5) "处理意见"栏填写针对监理人员所发现的问题提出的处理意见及整改措施等。

(7)表格填写范例。《旁站监理记录》的填写参见表 B2-18。

表 B2-18　　　　　　　　　　　旁站监理记录

工程名称	××园林绿化工程	编　号	××××
地　点	××××	日　期	××××

旁站监理的部位或工序：

苗木种植穴、槽⑤～⑩段。

旁站开始时间：	旁站结束时间：
×年×月×日×时×分	×年×月×日×时×分

施工情况：

监理情况：

检查穴、槽的位置、规格，符合规范要求，树种清楚摆放，符合要求。

发现问题：

好土、弃土、置放不清。

处理意见：

应将好土、弃土、置放清楚。

施工单位： ××园林园艺公司	监理单位： ××监理公司
质检员(签字)： ×××	旁站监理员(签字)： ×××
日期：××年×月×日	日期：××年×月×日

6. 监理抽检记录

(1) 当监理工程师对质量有怀疑时,可以随时进行抽检,并填写《监理抽检记录》(表 B2-19)。

(2)《监理抽检记录》(表 B2-19)主要用于监理合同约定对所有的平行检验,包括所有的试验或现场监理抽检。

(3) 监理抽检主要是依据监理合同中约定或是对工程的某些重要部位,或是对施工质量和材料有怀疑时,监理工程师所进行的抽查,并做记录。

(4) 凡有承包单位参加的检查,应要求其附原始记录并在该记录上签字。若是发生费用的检查,应征求建设单位的意见,并执行有关合同约定。

(5) 如检查结果合格,监理工程师在"处置意见"栏中签字。如检查结果不合格,按有关规定填写"处置意见",同时填写《不合格项处置记录》(表 B2-20),通知承包单位。

(6) 监理抽检的百分比由各单位根据工程实际和监理单位控制能力自行确定。

(7) 如是监理单位自行抽查和试验,"被委托单位"栏可以不填。

(8)《监理抽检记录》(表 B2-19)由监理单位填写,建设单位、监理单位、承包单位各保存一份。如不合格应填写《不合格项处置记录》(表 B2-20)。

(9) 表格填写范例。《监理抽检记录》的填写参见表 B2-19。

表 B2-19　　　　　　　　　　监理抽检记录

工程名称	××园林绿化工程	编　号	××××
地　点	××××	日　期	××××
检查项目:碎拼大理石工程			
检查部位:⑤~⑩大理石地面			
检查数量:			
被委托单位:××公司试验室			
检查结果:	☑合格	□不合格	
处置意见: 无			
	监理工程师(签字):×××		日期:××年×月×日
监理单位名称:××监理公司	总监理工程师签字:×××		日期:××年×月×日

7. 不合格项处置记录

(1) 监理工程师在隐蔽工程验收和检验批验收中,针对不合格的工程填写《不合格项处置记录》(表 B2-20)。

(2)《不合格项处置记录》(表 B2-20)由下达方填写,整改方填报整改结果。其适用于监理单位对项目监理部的考核工作。

(3) 填表注意事项。

1) "使你单位在_____施工中"栏填写不合格项发生的具体部位。

2) "发生严重□/一般□不合格项"栏根据不合格项的情况来判定其性质,当发生严重不合格项时,在"严重"选择框处画"√";当发生一般不合格项时,在"一般"选择框处画"√"。

3)"具体情况"栏由监理单位签发人填写不合格项的具体内容,并在"自行整改"或"整改后报我方验收"选择框处画"√"。

4)"签发单位名称"栏应填写监理单位名称。

5)"签发人"栏应填写签发该表的监理工程师或总监理工程师。

6)"不合格项整改措施和结果"栏由整改方填写具体的整改措施内容。

7)"整改责任人"栏一般为不合格项所在工序的施工负责人。

8)"单位负责人"栏为整改责任人所在单位或部门负责人。

9)"整改结论"栏根据不合格项整改验收情况由监理工程师填写。

10)"验收单位名称"为签发单位,即监理单位。

11)"验收人"栏为签发人,即监理工程师或总监理工程师。

(4)表格填写范例。《不合格项处置记录》的填写参见表 B2-20。

表 B2-20　　　　　　　　　　　　**不合格项处置记录**

工程名称	××园林绿化工程	编　　号	××××
地　　点	××××	发生/发现日期	××××

不合格项发生部位与原因: 致:　××园林园艺公司　(承包单位) 　　由于以下情况的发生,使你单位在　种植　施工中,发生严重□/一般☑不合格项,请及时采取措施及时整改。 具体情况: 　　为控制花卉种植的质量要求,种植深度应按规范的要求,经检查,局部花卉种植区、种植深度不够。 　　　　　　　　　　　□ 自行整改 　　　　　　　　　　　☑ 整改后报我方验收		
签发单位名称:××监理公司	签发人(签字):×××	日期:××年×月×日
不合格项整改措施和结果: 　　花卉种植深度按规范要求处理。 致:　××监理公司　(签发单位) 　　根据你方指示,我方已完成整改,请予以验收。		
整改责任人:×××	单位负责人(签字):×××	日期:××年×月×日
整改结论:　　☑同意验收　　□_____ 　　　　　　□继续整改　　□_____		
验收单位名称:××监理公司	验收人(签字):×××	日期:××年×月×日

8. 见证记录

(1)施工过程中,应由施工单位取样人员应在监理见证人员见证下现场进行原材料取样和试件制作,并在《见证记录》(表 B2-25)上签字。见证记录应分类收集、汇总整理,并填写《有见证试验汇总表》(表 B2-27)。

(2)有见证取样和送检的各项目,凡未按规定送检或送检次数达不到要求的,其工程质量应由有相应资质等级的检测单位进行检测确定。

(3)工程开工前应确定由具有资格的专业人员作为本工程的有见证取样和送检见证人,报质量监督机构和具备见证取样试验资质的试验室备案,填写《有见证取样和送检见证人备案书》(表 B2-26)。

(4)《见证记录》(表 B2-25)、《有见证取样和送检见证人备案书》(表 B2-26)、《有见证试验汇总表》(表 B2-27)均由建设(监理)单位填写,建设单位、监理单位、试验单位、见证单位、监督站、施工单位各保存一份。

(5)表格填写范例。

1)《见证记录》的填写参见表 B2-25。

表 B2-25　　　　　　　　见证记录

工程名称	××园林绿化工程		编　号	××××
施工单位	××园林园艺公司		取样部位	××
样品名称	××	样品规格	××	样品数量	××
取样地点	××		取样日期	××年×月×日
见证记录: ×× 				
有见证取样和送检印章	××			
取样人签字	×××			
见证人签字	×××			
送样日期	××年×月×日			

2)《有见证取样和送检见证人备案书》的填写参见表 B2-26。

表 B2-26　　　　　　　　　　有见证取样和送检见证人备案书

工程名称	××园林绿化工程	编　号	××××
监督站	××质量监督站		
试验室	××工程公司试验室		

我单位决定,由　××　同志担任　园林绿化　工程有见证取样和送检见证人。负责对涉及结构安全及主要功能的试件、试样、材料的见证取样和送检。

有关的印章和签字如下,请查收备案。

有见证取样和送检印章	见证人签字
×××	×××

建设单位名称(盖章):××建筑开发有限公司

监理单位名称(盖章):××监理公司

施工项目负责人(签字):×××

3)《有见证试验汇总表》的填写参见表 B2-27。

表 B2-27　　　　　　　　　　　有见证试验汇总表

工程名称	××园林绿化工程		编　　号	××××
施工单位	××园林园艺公司			
建设单位	××公司			
监理单位	××监理公司			
见证试验室名称	×××		见证人	×××
样品名称	样品规格	有见证试验组数	试验报告份数	备注
负责人	×××	填表人	×××	汇总日期	××年×月×日

五、工程造价控制资料

工程造价控制资料的组成内容及所形成的表格,如图3-5所示。

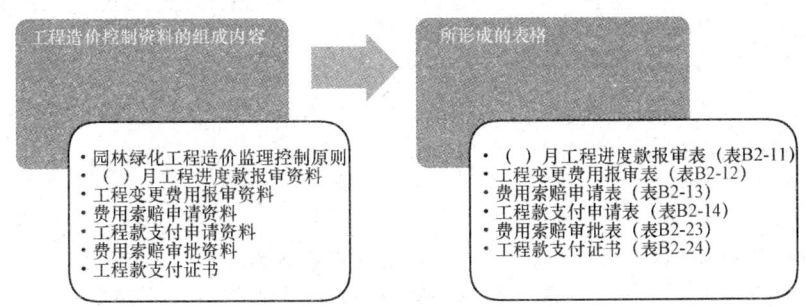

图3-5 工程造价控制资料的组成内容及所形成的表格

1. 园林绿化工程造价监理控制原则

(1)应严格执行园林绿化工程施工合同所约定的合同价款、单价,工程量计算规则和工程款支付方法。

(2)坚持对超出施工合同文件约定范围的工程量,报验资料不齐全或未经监理工程师质量验收合格的工程量不予计量和审核,总监理工程师拒签该部分工程款支付凭证。

(3)工程量及工程款的审核应在园林绿化工程施工合同所约定的时限内完成。

(4)由于工程变更和违约索赔引起的费用增减的处理,应坚持公正、合理的原则。

(5)对有争议的工程量计算和工程款支付,应与建设单位、承包单位进行协商,协商取得一致意见后,总监理工程师签发有关证书;协商无效时可由总监理工程师提出解决方案,若建设方或承包方对此仍有异议,可执行施工合同有关争议调解的基本程序。

2. ( )月工程进度款报审资料

(1)施工单位根据当月完成的工程量,按施工合同的约定计算月工程进度款,填写《( )月工程进度款报审表》(表B2-11)报项目监理部。

(2)施工单位应于每月26日前,根据工程实际进度及监理工程师签认的分项工程,上报月完成工程量。计量原则是每月计量一次,计量周期为上月26日至当月25日。

(3)月完成工作量统计报表(工作量统计报表含工程量统计报表)应作为附件与本报审表一并报送监理单位,工程量认定应有相应专业监理工程师的签字认可(监理单位应留存备查)。

(4)由负责造价控制的监理工程师审核,填写具体审核内容并签字;总监理工程师审核并签字,明确总监理工程师应承担的领导责任。

(5)《( )月工程进度款报审表》(表B2-11)由施工单位填写,由监理单位签认,建设单位、监理单位、施工单位各保存一份。

(6)表格填写范例。《( )月工程进度款报审表》的填写参见表B2-11。

表 B2-11　　　　　　　　　　（　　）月工程进度款报审表

工程名称	××园林绿化工程	编　号	××××
地　　点	××××	日　期	××××

致：＿＿××监理公司＿＿（监理单位）

兹申报＿×× 年 ×＿月份完成的工作量＿＿见附件＿＿，请予以核定。

附件：月完成工作量统计报表

承包单位名称：××园林园艺公司　　　　项目经理(签字)：×××

经审核以下项目工作量有差异，应以核定工作量为准。本月度认定工程进度款为：
承包单位申报数(675312.6)＋监理单位核定差别数(－865.34)＝本月工程进度款数(674447.26)

统计表序号	项目名称	单位	申报数			核定数		
			数量	单价(元)	合计(元)	数量	单价(元)	合计(元)
3	带形基础 C35	m³	45.00	315.97	14218.65	44.50	315.97	14060.67
6	直形墙 C40	m³	753.00	388.71	59472.63	153.00	385.50	68981.50
	小计				73691.28			73042.17
	取费				24563.62			24347.39
合计					98254.90			97389.56

监理单位名称：××监理公司	监理工程师(签字)：×××　　　　日期：××年×月×日 总监理工程师(签字)：×××　　　日期：××年×月×日

3. 工程变更费用报审资料

(1)实施工程变更发生增加或减少的费用，由施工单位填写《工程变更费用报审表》(表B2-12)报项目监理部。项目监理部进行审核并与施工单位和建设单位协商后，由总监理工程师签认，建设单位批准。

(2)施工单位在填写该表时，应明确《工程变更单》所列项目名称，变更前后的工程量、单价、合价的差别，以及工程款的增减额度。

(3)由负责造价控制的监理工程师对施工单位所报审的工程变更费用进行审核。审核内容为工程量是否符合所报工程实际；是否符合《工程变更单》所包括的工作内容；定额项目选用是否正确，单价、合价计算是否正确。

(4)在"监理工程师审核意见"栏，监理工程师签署具体意见并签字。监理工程师的审核意见不应签署"是否同意支付",因为工程款的支付应在相应工程验收合格后,按合同约定的期限,签署《工程款支付证书》。

(5)分包工程的工程变更应通过施工单位办理。

(6)《工程变更费用报审表》(表B2-12)由施工单位填写,建设单位、监理单位、施工单位各保存一份。

(7)表格填写范例。《工程变更费用报审表》的填写参见表B2-12。

表 B2-12　　　　　　　　　　工程变更费用报审表

工程名称	××园林绿化工程			编　号			××××
地　点	××××			日　期			××××
致：　××监理公司　(监理单位)							
根据第(×)号工程变更单,申请费用如下表:请审核。							
项目名称	变　更　前			变　更　后			工程款 增(+)减(-)	
	工程量(m³)	单价(元)	合价(元)	工程量(m³)	单价(元)	合价(元)	
矩形柱C30	173.00	604.07	104504.10	17850.00	604.07	107826.50	+3322.39
合计				10450.11			107826.50
施工单位名称:××园林园艺公司　　　　项目经理(签字):×××							
监理工程师审核意见: 同意施工单位提出变更费用申请。							
监理单位名称:××监理公司	监理工程师(签字):××× 总监理工程师(签字):×××					日期:××年×月×日 日期:××年×月×日	

4. 费用索赔申请资料

(1)费用索赔申请是施工单位向建设单位提出费用索赔,报项目监理机构审查、确认和批复。

(2)填表注意事项。

1)"根据施工合同第_____条款的规定":填写提出费用索赔所依据的施工合同条目。

2)"由于_____原因":填写导致费用索赔的事件。

3)"索赔的详细理由及经过":指索赔事件造成承包单位直接经济损失,索赔事件是由于非承包单位的责任发生等情况的详细理由及事件经过。

4)"索赔金额计算":指索赔金额计算书,索赔的费用内容一般包括人工费、设备费、材料费、管理费等。

5)"证明材料":指上述两项所需的各种证明材料,包括合同文件;监理工程师批准的施工进度计划;合同履行过程中的来往函件;施工现场记录;工地会议纪要;工程照片;监理工程师发布的各种书面指令;工程进度款支付凭证;检查和试验记录;汇率变化表;各类财务凭证;其他有关资料。

(3)《费用索赔申请表》(表 B2-13)由承包单位填写,建设单位、监理单位、承包单位各保存一份。

(4)表格填写范例。《费用索赔申请表》的填写参见表 B2-13。

表 B2-13　　　　　　　　　　费用索赔申请表

工程名称	××园林绿化工程	编　号	××××
地　点	××××	日　期	××××

致：　××监理公司　（监理单位）

根据施工合同第　10　条款的规定,由于　工程量变更单(007)的变更,致使我方造成额外费用增加　原因,我方要求索赔金额共计人民币(大写)　叁万陆仟　元,请批准。

索赔的详细理由及经过：

(1)三层工段①～⑨/④～⑤轴剪力墙柱钢筋安装验收已合格,需要 2/3 部分拆除重做。

(2)工程为数不多增加的合同外的施工项目的费用。

索赔金额计算：

(略)

附件:证明材料

(1)工程变更单及图纸。

(2)工程变更费用报审表。

承包单位名称：××园林园艺公司　　　项目经理(签字)：×××　　　日期：××年×月×日

5. 工程款支付申请资料

(1)施工单位根据施工合同中工程款支付约定,向项目监理机构申请开具工程款支付证书。

(2)申请支付工程款金额包括合同内工程款、工程变更增减费用、批准的索赔费用,扣除应扣预付款、保留金及施工合同中约定的其他费用。

(3)填表注意事项。

1)"我方已完成了_____工作":填写经专业监理工程师验收合格的工程;定期支付进度款的填写本支付期内经专业监理工程师验收合格工程的工作量。

2)"工程量清单":指本次付款申请中的经专业监理工程师验收合格工程的工程量清单统计报表。

3)"计算方法":指以专业监理工程师签认的工程量按施工合同约定采用的有关定额(或其他计价方法的单价)的工程价款计算。

(4)根据施工合同约定,需建设单位支付工程预付款的,也采用此表向监理机构申请支付。

(5)工程款支付申请中如有其他和付款有关的证明文件和资料时,应附有相关证明资料。

(6)《工程款支付申请表》(表B2-14)由施工单位填写,建设单位、监理单位、施工单位各保存一份。

(7)表格填写范例。《工程款支付申请表》的填写参见表B2-14。

表 B2-14　　　　　　　　　　　工程款支付申请表

工程名称	××园林绿化工程	编　号	××××
地　点	××××	日　期	××××

致:　××监理公司　(监理单位)

我方已完成了　种植工程　工作,按施工合同的规定,建设单位应在　××　年　×　月　×　日前支付该项工程款共计人民币(大写)　叁万贰仟伍佰元整　,小写　32500.00　,现报上　××园林绿化　工程付款申请表,请予以审查并开具工程款支付证书。

附件:
1. 工程量清单
2. 计算方法

施工单位名称:××园林园艺公司　　　　项目经理(签字):×××　　　　日期:××年×月×日

6. 费用索赔审批资料

(1)总监理工程师应在施工合同约定的期限内签发《费用索赔审批表》(表B2-23),或发出要求施工单位提交有关费用索赔的进一步详细资料的通知。

(2)填表注意事项。

1)"根据施工合同条款_____条款的规定":填写提出费用索赔所依据的施工合同条目。

2)"审查意见":专业监理工程师应首先审查索赔事件发生后,施工单位是否在施工合同规定的期限内(28d),向专业监理工程师递交过索赔意向通知,如超过此期限,专业监理工程师和建设单位有权拒绝索赔要求;其次,审核承包单位的索赔条件是否成立;再次,应审核施工单位报送的《费用索赔申请表》,包括索赔的详细理由及经过,索赔金额的计算及证明材料;如不满足索赔条件,专业监理工程师应在"不同意此项索赔"前"□"内画"√";如符合条件,专业监理工程师就初定的索赔金额向总监理工程师报告、由总监理工程师分别与承包单位及建设单位进行协商,达成一致或监理工程师公正地自主决定后,在"同意此项索赔"前"□"内画"√",并把确定金额写明,如承包人对监理工程师的决定不同意,则可按合同中的仲裁条款提交仲裁机构仲裁。

3)"同意/不同意索赔的理由":同意/不同意索赔的理由应简要列明。

4)"索赔金额的计算":指专业监理工程师对批准的费用索赔金额的计算过程及方法。

(3)表格填写范例。《费用索赔审批表》的填写参见表B2-23。

表 B2-23　　　　　　　　费用索赔审批表

工程名称	××园林绿化工程	编　号	××××
地　点	××××	日　期	××××

致：　××园林园艺公司　(承包单位)

根据施工合同第　10　条款的规定,你方提出的第(007)号关于　因工程变更增加额外　费用索赔申请,索赔金额共计人民币(大写)　叁万陆仟元整　(小写　36000.00　)。
经我方审核评估:

审查意见：
□ 不同意此项索赔。
☑ 同意此项索赔,金额为(大写)　叁万陆仟元整　。
同意/~~不同意~~索赔的理由：
1. 费用索赔事件属非承包单位原因。
2. 费用索赔的情况属实。

索赔金额的计算：
　(略)

	监理工程师(签字)：×××	日期：××年×月×日
监理单位名称：××监理公司	总监理工程师(签字)：×××	日期：××年×月×日

7. 工程款支付证书

(1)《工程款支付证书》(表B2-24)是项目监理机构在收到施工单位的《工程款支付申请表》(表B2-14),根据施工合同和有关规定审查复核后签署的应向施工单位支付工程款的证明文件。

(2)填表注意事项。

1)"施工单位申报款":指施工单位向监理机构申报《工程款支付申请表》(表B2-14)中申报的工程款额。

2)"经审核施工单位应得款":指经专业监理工程师对施工单位向监理机构填报《工程款

支付申请表》(表 B2-14)审核后,核定的工程款额。包括合同内工程款、工程变更增减费用、经批准的索赔费用等。

3)"本期应扣款":指施工合同约定本期应扣除的预付款、保留金及其他应扣除的工程款的总和。

4)"本期应付款":指经审核承包单位应得款额减本期应扣款额的余额。

5)"施工单位的工程付款申请表及附件":指施工单位向监理机构申报的《工程款支付申请表》(表 B2-14)及其附件。

6)"项目监理机构审查记录":指总监理工程师指定专业监理工程师,对施工单位向监理机构申报的《工程款支付申请表》(表 B2-14)及其附件的审查记录。

(3)总监理工程师指定专业监理工程师对工程款支付申请中包括合同内工作量、工程变更增减费用、经批准的费用索赔、应扣除的预付款、保留金及施工合同约定的其他支付费用等项目应逐项审核,并填写审查记录,提出审查意见报总监理工程师审核签认。

(4)表格填写范例。《工程款支付证书》的填写参见表 B2-24。

表 B2-24 工程款支付证书

工程名称	××园林绿化工程	编 号	××××
地 点	××××	日 期	××××

致:××建筑开发有限公司 (建设单位)

根据施工合同规定,经审核承包单位的付款申请和报表,并扣除有关款项,同意本期支付工程款共计(大写)__××××__。小写__××××__,请按合同规定及时付款。

其中:

1. 施工单位申报款:__××××__
2. 经审核承包单位应得款:__××××__
3. 本期应扣款:__××××__
4. 本期应付款:__××××__

附件:

1. 施工单位的工程付款申请表及附件
2. 项目监理机构审查记录

施工单位名称:××监理公司	总监理工程师(签字):×××	日期:××年×月×日

第三节 园林绿化工程竣工验收与其他资料

一、工程竣工验收资料

工程竣工验收资料的组成内容及所形成的表格,如图 3-6 所示。

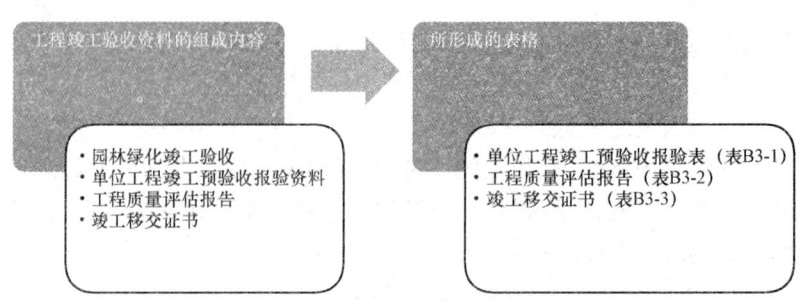

图 3-6 工程竣工验收资料的组成内容及所形成的表格

1. 园林绿化竣工验收

(1)竣工验收的依据。

1)有关主管部门对本工程的审批文件。

2)施工合同。

3)全部施工图纸及说明文件。

4)设计变更、工程洽商等文件。

5)材料等统计明细表及证明文件。

6)国家颁发的相关验收规范及其他相关质量评定的标准文件。

7)其他有关涉及竣工验收的文件。

(2)竣工预验收。

1)当工程施工达到基本验收条件时,项目监理部总监理工程师组织各专业监理工程师对各专业工程进行检查验收。如发现问题,向承包单位签发《监理通知》(表 B2-16),要求立即整改,并在整改后进行复检签认。

2)需要进行功能验收的工程项目,承包单位在建设单位、监理工程师在场的前提下进行试验,并报告试验结果,必要时请设计单位或设备厂家参加。

3)总监理工程师组织预验收。

①要求承包单位填写《单位工程竣工预验收报验表》(表 B3-1)并附相应竣工资料报送项目监理部,申请竣工预验收。

②总监理工程师组织项目监理部监理人员,对竣工资料进行核查,督促承包单位做到资料完善。

③总监理工程师组织监理工程师和承包单位,共同对工程项目进行检查预验收。工程竣工结算程序框图(图 3-7)。

④对预验收合格的工程,由总监理工程师签署《单位工程竣工预验收报验表》(表 B3-1)。

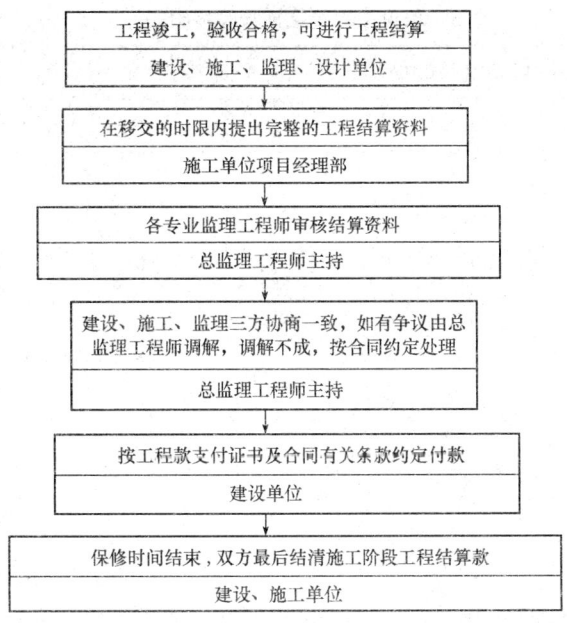

图 3-7 工程竣工结算程序框图

(3) 竣工验收移交。

1) 预验收合格后,经总监理工程师签署质量评估报告。报告主要内容是工程概况,承包单位基本情况,主要采取的施工方法,各类工程质量状况,施工中发生过的质量事故和主要质量问题及其原因分析和处理结果,总体综合评估意见。整理监理资料,书面通知建设单位可以组织正式竣工验收。

2) 参加建设单位组织的竣工验收。对验收中提出的整改问题,项目监理部应要求承包单位进行整改。工程质量符合质量要求后由总监理工程师会同参加验收各方签认。

3) 办理竣工结算手续。

4) 竣工验收后,总监理工程师和建设单位代表共同签署《竣工移交证书》(表 B3-2),监理单位和建设单位盖章后,送承包单位一份。

2. 单位工程竣工预验收报验资料

(1) 施工单位在单位工程完工,经自检合格并达到竣工验收条件后,填写《单位工程竣工预验收报验表》(表 B3-1),并附相应的竣工资料(包括分包单位的竣工资料)报项目监理部,申请工程竣工预验收。单位工程竣工资料应包括《分部(子分部)工程质量验收记录》、《单位(子单位)工程质量控制资料核查记录》、《单位(子单位)工程安全和功能检验资料核查及主要功能抽查记录》、《单位(子单位)工程观感质量检查记录》等。

(2) 总监理工程师组织项目监理部人员与承包单位根据现行有关法律、法规、工程建设标准、设计文件及施工合同,共同对工程进行检查验收。对存在的问题,应及时要求施工单位整改。整改完毕验收合格后由总监理工程师签署《单位工程竣工预验收报验表》。

(3) 《单位工程竣工预验收报验表》(表 B3-1)由施工单位填写,建设单位、监理单位、施工单位各保存一份。

(4) 表格填写范例。《单位工程竣工预验收报验表》的填写参见表 B3-1。

表 B3-1　　　　　　　　　单位工程竣工预验收报验表

工程名称	××园林绿化工程	编　号	××××
地　点	××××	日　期	××××

致：　××监理公司　（监理单位）

我方已按合同要求完成了　××园林绿化工程　，经自检合格，请予以检查和验收。
附件：
单位工程竣工资料

施工单位名称：××园林园艺公司　　　　　项目经理(签字)：×××

审查意见：

经预验收，该工程：
1. ☑符合 □不符合　我国现行法律、法规要求；
2. ☑符合 □不符合　我国现行工程建设标准；
3. ☑符合 □不符合　设计文件要求；
4. ☑符合 □不符合　施工合同要求。

综上所述，该工程预验收结论：　☑合格　　□不合格
可否组织正式验收：　　　　　　☑可　　　□否

监理单位名称：××监理公司　　　总监理工程师(签字)：×××　　日期：××年×月×日

3. 工程质量评估报告

(1)工程竣工预验收合格后，由项目总监理工程师向建设单位提交《工程质量评估报告》(表 B3-2)。《工程质量评估报告》(表 B3-2)包括工程概况、施工单位基本情况、主要采取的施工方法、工程地基基础和主体结构的质量状况、施工中发生过的质量事故和主要质量问题、原因分析和处理结果，以及对工程质量的综合评估意见。评估报告应由项目总监理工程师及监理单位技术负责人签认，并加盖公章。

(2)表格填写范例。《工程质量评估报告》的填写参见表 B3-2。

表 B3-2　　　　　　　　　　　　工程质量评估报告

工程名称	××园林绿化工程		编　　号	×××
种植面积	800m³	铺装面积　　30m³	构筑物面积	200m³
单位名称	××园林园艺公司			
单位地址	×××			
单位邮编	×××	联系电话		×××

质量验收意见： 合格。	
总监理工程师：××× 　　　　　　　　　　××年×月×日	
企业技术负责人：××× 　　　　　　　　　　××年×月×日	监理单位公章
企业法人代表：××× 　　　　　　　　　　××年×月×日	

4. 竣工移交证书

(1)工程竣工验收完成后,由项目总监理工程师及建设单位代表共同签署《竣工移交证书》(表 B3-3),并加盖监理单位、建设单位公章。

(2)建设单位、施工单位、监理单位、工程名称均应与施工合同所填写的名称一致。

(3)工程竣工验收合格后,《竣工移交证书》(表 B3-3)由监理单位负责填写,总监理工程师签字,加盖单位公章;建设单位代表签字并加盖建设单位公章。

(4)"附件":指《单位工程质量竣工验收记录》应由总监理工程师签字,加盖监理单位公章。

(5)日期应填写清楚,表明即日起该工程移交建设单位管理,并进入保修期。

(6)表格填写范例。《竣工移交证书》的填写参见表 B3-3。

表 B3-3 竣工移交证书

工程名称	××园林绿化工程	编　号	××××
地　　点	××××	日　期	××××

致：__××建筑开发有限公司__（建设单位）

　　兹证明承包单位__××园林园艺公司__施工的__××园林绿化__工程,已按施工合同的要求完成,并验收合格,即日起该工程移交建设单位管理,并进入保修期。

附件:单位工程质量验收记录

总监理工程师(签字)	监理单位(章)
××× 日期:××年×月×日	日期:××年×月×日
建设单位代表(签字)	建设单位(章)
××× 日期:××年×月×日	日期:××年×月×日

二、其他资料

1. 工作联系资料

(1)《工作联系单》(表 B4-1)是在施工过程中,与监理有关各方工作联系用表。即与监理有关的某一方需向另一方或几方告知某一事项,或督促某项工作,或提出某项建议等,对方执行情况不需要书面回复时均用此表。

(2)填表注意事项。

1)"事由":指需联系事项的主题。

2)"内容":指需联系事项的详细说明。要求内容完整、齐全,技术用语规范,文字简练明了。

(3)重要工作联系单应加盖单位公章,相关单位各保存一份。

(4)表格填写范例。《工作联系单》的填写参见表 B4-1。

表 B4-1　　　　　　　　　　　工作联系单

工程名称	××园林绿化工程	编　　号	××××
地　　点	××××	日　　期	××××

致：　××监理公司　（单位）

事由：
地上一层①~⑤/Ⓐ~Ⓙ轴框架柱、C35 混凝试配。

内容：
C35 混凝土配合比申请单、通知单已由××中心试验室签发,请予以审核和批准使用。

发出单位名称:××园林园艺公司　　单位负责人(签字):×××　　日期:××年×月×日

2. 工程变更资料

(1)在施工过程中,建设单位、承包单位提出工程变更要求报项目监理机构的审核确认。

(2)填表注意事项。

1)"由于＿＿＿＿的原因":填写引发工程变更的原因。

2)"兹提出＿＿＿＿工程变更":填写要求工程变更的部位和变更题目。

3)"附件":应包括工程变更的详细内容、变更的依据,工程变更对工程造价及工期的影响分析和影响程度,对工程项目功能、安全的影响分析,必要的附图等。

4)"提出单位名称":指提出工程变更的单位。

5)"一致意见":指项目监理机构经与有关方面协商达成的一致意见。

6)"建设单位代表":指建设单位派驻施工现场履行合同的代表。

7)"设计单位代表":指设计单位派驻施工现场的设计代表或与工程变更内容有关专业的原设计人员或负责人。

8)"监理单位代表":指项目总监理工程师。

9)"承包单位代表":指项目经理。承包单位代表签字仅表示对有关工期、费用处理结果的签认和工程变更单的收到。

(3)《工程变更单》(表B4-2)由提出单位填报,有关单位会签,并各保存一份。

(4)表格填写范例。《工程变更单》的填写参见表B4-2。

表 B4-2　　　　　　　　　　　　工程变更单

工程名称	××园林绿化工程	编　号	××××
地　点	××××	日　期	××××

致：__××监理公司__（监理单位） 　由于 __为增加基础底板防水功能,保证不渗漏__ 的原因,兹提出 __在原SBS管材防水层基础上增加一道卷材防水__ 工程变更(内容详见附件),请予以审批。 附件： 　工程洽商记录(编号×××)   提出单位名称:××园林园艺公司　　　　　　　提出单位负责人(签字):×××

一致意见： 　同意。

建设单位代表(签字): ××× 日期:××年×月×日	设计单位代表(签字): ××× 日期:××年×月×日	监理单位代表(签字): ××× 日期:××年×月×日	承包单位代表(签字): ××× 日期:××年×月×日

第四章 园林绿化工程施工资料

第一节 园林绿化工程施工管理资料

园林绿化工程施工管理资料的组成内容及所形成的表格,如图 4-1 所示。

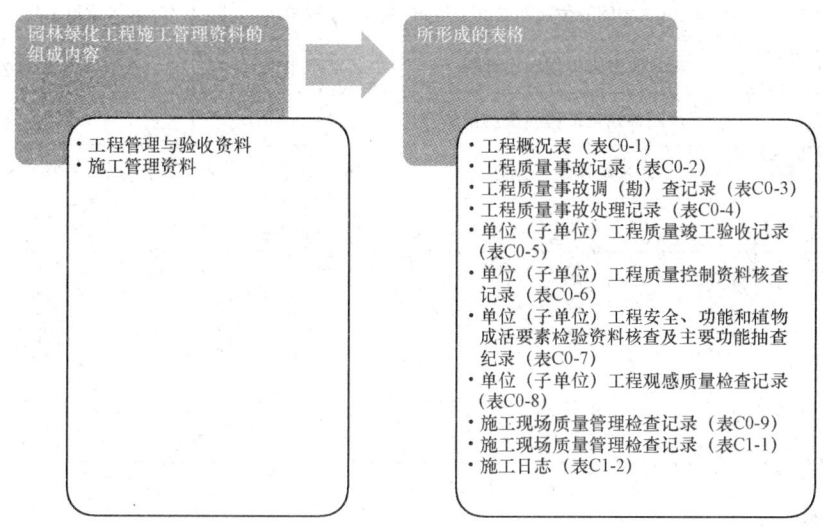

图 4-1 园林绿化工程施工管理资料的组成内容及所形成的表格

一、工程管理与验收资料

(一)工程概况

1. 工程概况表

(1)工程概况是指在施工程项目的基本情况。其主要内容包括:建设单位、设计单位、监理单位、施工单位、工程地点、工程总造价、施工条件、开竣工日期、建筑面积、结构形式等。

(2)施工单位根据实际情况,施工时应编制《工程概况表》(表 C0-1),本表应由施工单位填写。工程概况表是对工程基本情况的简述,应包括单位工程的一般情况、构造特征等。

2. 表格填写示例

(1)背景资料:××园林绿化工程,准备开始施工,由施工单位编写工程概况,对工程作个整体总结,以便以后施工供施工人员,查阅适用。

(2)用表说明:工程施工时,查阅施工面积、项目等。

(3)适用范围:适用于工程施工时的资料管理。

(4)填表注意事项:

1)《工程概况表》(表 C0-1)由施工单位填写,城建档案与施工单位各保存一份。

2)《工程概况表》是对工程基本情况的简述,应包括单位工程的一般情况、构造特征等。

3)表中工程名称应填写全称,与工程规划许可证、施工许可证及施工图纸中的工程名称一致。

《工程概况表》的填写参见表C0-1。

表 C0-1　　　　　　　　　　　　工程概况表

工程名称		××园林绿化工程		
建设地点		××市××区××路××号	工程造价	×××
开工日期		××年×月×日	计划竣工日期	××年×月×日
建设单位		××集团开发有限公司	勘察单位	××建设工程勘察设计院
设计单位		××风景园林规划设计院	监理单位	××监理公司
监督单位		××园林绿化工程质量监督站	监督编号	××××
施工单位	名　称	××园林园艺公司	单位负责人	×××
	项目负责人	×××	项目技术负责人	×××
工程内容		(略)		
备注		(略)		

(二)工程质量事故

1. 工程质量事故的分类

根据生产安全事故(以下简称事故)造成的人员伤亡或者直接经济损失,事故一般分为以下等级:

(1)特别重大事故,是指造成30人以上死亡,或者100人以上重伤(包括急性工业中毒,下同),或者1亿元以上直接经济损失的事故。

(2)重大事故,是指造成10人以上30人以下死亡,或者50人以上100人以下重伤,或者5000万元以上1亿元以下直接经济损失的事故。

(3)较大事故,是指造成3人以上10人以下死亡,或者10人以上50人以下重伤,或者1000万元以上5000万元以下直接经济损失的事故。

(4)一般事故,是指造成3人以下死亡,或者10人以下重伤,或者1000万元以下直接经济损失的事故。

2. 施工现场质量事故调查、勘查记录

(1)广义的工程质量管理,泛指建设全过程的质量管理。其管理的范围贯穿于工程建设的决策、勘察、设计、施工的全过程。

(2)施工单位的质量事故调查报告包含以下内容:

1)质量事故发生的时间、地点。

2)质量事故状况的描述。

3)质量事故发展变化的情况。

4)有关质量事故的观测记录、事故现场状态的照片或录像。

3. 工程质量事故处理程序

(1)事故调查。

(2)事故的原因分析。

(3)制订事故处理方案。

(4)事故处理。

(5)事故处理的鉴定验收。

(6)提交事故报告。

4. 表格填写示例

(1)《工程质量事故记录》的填写参见表 C0-2。

表 C0-2　　　　　　　　　　　工程质量事故记录

编号：×××

工程名称	××园林绿化工程	建设地点	××区××号
建设单位	××集团开发有限公司	设计单位	××风景园规划设计院
监理单位	××监理公司	施工单位	××园林园艺公司
主要工程量	××	事故发生时间	××年×月×日×时
预计经济损失	××元	报告时间	××年×月×日×时
质量事故概况:			
质量事故原因初步分析:			
质量事故发生后拟采取的处理措施:			
项目负责人	×××	记录人	×××

本表由施工单位填写、施工、监理、建设单位各保存一份。

(2)《建设工程质量事故调(勘)查记录》的填写参见表 C0-3。

表 C0-3　　　　　　　　　建设工程质量事故调(勘)查记录

工程名称	××园林绿化工程		日　　期	××年×月×日
调(勘)查时间	××年×月×日×时×分至××年×月×日×时×分			
调(勘)查地点	××区××号(工程项目所在地)			
参加人员	单位名称	姓名(签字)	职务	电话
调(勘)查人员	××园林园艺公司	×××	项目经理	×××××××
	×××	×××	质检员	×××××××
	×××	×××	质检员	×××××××
调(勘)查笔录	××年×月×日在花架廊架柱混凝土施工时,由于振捣工没有按照混凝土振捣操作规程操作致使花架廊架1—A轴交接处一根柱混凝土发生漏筋、孔洞等质量缺陷。			
现场证物照片	☑有　□无	共 5 张	共 4 页	
事故证据资料	☑有　□无	共 8 张	共 5 页	
调(勘)查负责人(签字)	×××	被调查单位负责人(签字)	×××	

本表由调查单位填写,建设单位、监理单位、施工单位保存(笔录可另附页)。

(3)《工程质量事故处理记录》的填写参见表 C0-4。

表 C0-4　　　　　　　　　　工程质量事故处理记录

编号：×××

工程名称	××园林绿化工程		
施工单位	××园林园艺公司		
事故处理编号	×××	经济损失(万元)	××元
事故处理情况	×××		
事故造成永久缺点情况	×××		
事故责任分析	×××		
对事故责任者的处理	×××		
调查负责人	×××	填报人 ×××	填表日期 ×××

(三)验收资料

1. 填写注意事项

(1)《单位(子单位)工程质量控制资料核查记录》。各专业只需要检查该表内对应于本专业的那部分相关内容，不需要全部检查表内所列内容，也未要求在分部工程验收时填写该表。

核查时，应对资料逐项核对检查，应核查下列几项：

1)查资料是否齐全，有无遗漏；
2)查资料的内容有无不合格项；
3)查资料横向是否相互协调一致，有无矛盾；
4)查资料的分类整理是否符合要求，案卷目录、份数页数及装订等有无缺漏；
5)查各项资料签字是否齐全。

(2)安全和功能检验项目，是指按规定或约定需要在竣工时进行抽样检测的项目。

在核查时，要检查开工之前确定的检测项目是否全部进行了检测。要逐一对每份检测报告进行核查，主要核查每个检测项目的检测方法、程序是否符合有关标准规定；检测结论是否达到规范的要求；检测报告的审批程序及签字是否完整等。

如果每个检测项目都通过审查，施工单位即可在检查评定栏内画"√"或标注"检查合格"。由项目经理送监理单位或建设单位验收，监理单位总监理工程师或建设单位项目技术负责人组织审查，认为符合要求后，在"验收意见"栏内签注"验收合格"意见。

(3)对观感质量的评判只作定性评判，不再作量化打分。观感质量等级分为"好"、"一般"、"差"共3档。"好"、"一般"均为合格；"差"为不合格，需要修理或返工。

观感质量检查的主要方法是观察。但除检查外观外,还应对能启动、运转或打开的部位进行启动或打开检查,并注意应尽量做到全面检查,对屋面、地下室及各类有代表性的房间、部位都应查到。

观感质量检查首先由施工单位项目经理组织施工单位人员进行现场检查,检查合格后填表,由项目经理签字后交监理单位验收。

监理单位总监理工程师或建设单位项目专业负责人组织对观感质量进行验收,并确定观感质量等级。认为达到"好"或"一般",均视为合格。

2. 表格填写示例

(1)《单位(子单位)工程质量竣工验收记录》的填写参见表 C0-5。

表 C0-5　　　　　　　　　单位(子单位)工程质量竣工验收记录

编号:＿＿×××＿＿

工程名称	××园林绿化工程	结构类型	—	层数/建筑面积	—	—
施工单位	××园林园艺公司	技术负责人	×××	开工日期	××年×月×日	
项目经理	×××	项目技术负责人	×××	竣工日期	××年×月×日	

序号	项目	验收记录	验收结论
1	分部工程	共 __9__ 分部, 经查符合标准及设计要求 __9__ 分部	合格
2	质量控制资料核查	共 __20__ 项,经要审符合要求 __25__ 项, 经核定符合规范要求 __25__ 项	合格
3	安全和主要使用功能核查及抽查结果	共核查 __20__ 项,符合要求 __20__ 项, 共抽查 __20__ 项,符合要求 __20__ 项, 经返工处理符合要求 ＿＿＿＿ 项	合格
4	观感质量验收	共抽查 __23__ 项,符合要求 __23__ 项, 不符合要求 __0__ 项	合格
5	综合验收结论	验收合格。	

参加验收单位	建设单位	监理单位	施工单位	设计单位
	(公章)	(公章)	(公章)	(公章)
	单位(项目)负责人: 年　月　日	总监理工程师: 年　月　日	单位负责人: 年　月　日	单位(项目)负责人: 年　月　日

(2)《单位(子单位)工程质量控制资料核查记录》的填写参见表C0-6。

表C0-6　　　　　　单位(子单位)工程质量控制资料核查记录

工程名称		××园林绿化工程		施工单位	××园林园艺公司
序号	项目	资料名称	份数	核查意见	核查人
1	绿化种植	图纸会审、设计变更、洽商记录	4	洽商记录齐全	×××
2		工程定位测量、放线记录	4.1	测量准确	
3		栽植土检测报告	3	检测报告齐全	
4		肥料合格证	2	合格证齐全	
5		苗木出圃单、植物检疫证	4	检疫证齐全	
6		检验批、分项、设计变更、洽商记录	14	洽商记录齐全	
1	园林建筑及附属设施	图纸会审、设计变更、洽商记录	4	洽商记录齐全	×××
2		工程定位测量、放线记录	12	测量准确	
3		原材料出厂合格证及进场检验报告	20	合格证齐全	
4		施工试验报告及见证检验报告	18	检验报告齐全	
5		石料产地证明(包括假山叠石)	5	证明手续齐全	
6		施工记录、隐藏工程验收记录	20	验收记录齐全	
7		预制构件、预拌合格证	9	合格证齐全	
8		地基基础、主体结构检验及抽检资料	5	检验资料齐全	
9		检验批、分项、分部工程质量验收记录	20	验收资料齐全	
1	园林给排水	材料、构配件出厂合格证及进场试验报告	10	试验报告齐全	×××
2		盛水、泼水、通水、通球试验记录	9	试验记录齐全	
3		管道设备强度试验、严密性试验	4	试验记录齐全	
4		隐蔽工程验收记录	10	验收记录齐全	
5		施工记录	20	施工记录齐全	
6		检验批、分项、分部工程质量验收记录	20	验收记录合格	
1	园林用电	材料、设备出厂合格证及进场检验报告	10	检验报告齐全	×××
2		接地、绝缘电阻测试记录	15	测试记录齐全	
3		隐蔽工程验收记录,施工记录,检验批、分项、分部工程质量验收记录	20	验收记录齐全	
结论: 通过工程质量控制资料核查,工程资料齐全、有效,同意验收。 施工单位:××× 项目经理:××× 　　　　　　　　　　××年×月×日				总　　监:××× (建设单位项目负责人) 　　　　　　　　××年×月×日	

(3)《单位(子单位)工程安全、功能和植物成活要素检验资料核查及主要功能抽查记录》的填写参见表 C0-7。

表 C0-7　单位(子单位)工程安全、功能和植物成活要素检验资料核查及主要功能抽查记录

工程名称		××园林绿化工程	施工单位		××园林园艺公司	
序号	项目	安全和功能检查项目	份数	核查意见	抽查结果	核查（抽查人）
1	园林建筑及附属设施	假山叠石搭接情况记录	3	记录齐全	合格	×××
2		屋面淋水试验记录	3	试验记录齐全	合格	
3		地下室防水效果检查记录	6	记录齐全	合格	
4		有防水要求的地面蓄水试验记录	19	防水记录齐全	合格	
5		建筑物垂直度、标高、全高测量记录	4	符合测量规定要求	合格	
6		建筑物沉降观测测量记录	1	符合规范要求	合格	
7						
1	园林给排水	给水管道通水试验记录	20	记录齐全	合格	×××
2		卫生器具满水试验记录	27	记录齐全	合格	
3		排水管道通球试验记录	19	记录齐全	合格	
4						
1	园林用电	照明全负荷试验记录	5	符合要求	合格	×××
2		大型灯具牢固性试验记录	10	符合要求	合格	
3		避雷接地电阻测试记录	3	符合要求	合格	
4		线路、插座、开关、接地检验记录	30	符合要求	合格	
5						

结论：
对工程安全、功能资料进行核查，基本符合要求，对单位工程的主要功能进行抽样检查，检查合格，同意竣工验收。

施工单位项目经理：×××　　　　　　　　　　　　　　总监工程师：×××
　　　　　××年×月×日　　　　　　　　　　　　　　（建设单位项目负责人）
　　　　　　　　　　　　　　　　　　　　　　　　　　××年×月×日

注：抽查项目由验收组协商确定。

(4)《单位(子单位)工程观感质量检查记录》的填写参见表 C0-8。

表 C0-8　　　　　　　　　单位(子单位)工程观感质量检查记录

工程名称			××园林绿化工程							施工单位			××园林园艺公司		
序号	项目		抽查质量状况										质量评价		
													好	一般	差
1	栽植土	外观(土色及紧实度)	✓	✓	✓	✓	✓	○	✓	✓	✓	✓	✓		
2		地形(平整度、造型和排水坡度)	✓	✓	○	✓	✓	✓	✓	✓	✓	✓	✓		
3		杂物	✓	○	✓	✓	○	✓	✓	✓	✓	○		✓	
4		边口线(与道路、挡土侧石)	✓	✓	✓	✓	✓	✓	✓	✓	○	✓	✓		
5	树木	姿态和生长势	✓	○	✓	✓	✓	✓	○	✓	○			✓	
6		病虫害	○												
7		放样定位、定向及排列	✓	✓	✓	✓	○	✓	✓	✓	✓				
8		栽植深度	✓	✓	✓	✓	✓	○	✓	✓					
9		土球包装物、培土	✓	✓	✓	✓	✓	✓	✓	✓					
10		垂直度支撑和裹杆	✓	✓	✓	✓	✓	○	✓	✓					
11		修剪(剥芽)	✓	✓	○	✓	✓	✓	✓						
12	草坪	生长势	✓	○	✓	✓	✓	✓	✓						
13		切草边	✓	✓	✓	✓	✓	○	✓						
14		花　坛	✓	○	✓	✓	✓	○	✓	✓				✓	
15		地　被	✓	✓	✓	✓	✓	✓	✓	○	✓				
观感质量综合评价(各方商定)			好												
检查结论(由监理或建设单位填写)		工程观感质量综合评价为好,验收合格。 施工单位技术负责人:×××　　　　　　　　　　　总监工程师:××× 施工单位项目经理:×××　　　　　　　　　　　(建设单位项目负责人) 　　×× 年 × 月 × 日　　　　　　　　　　　　　　××年×月×日														
参加检查人员签字		×××　　×××　　××× 　　　　　　　　　　　　　　　　　　　　　　　　××年×月×日														

(5)《工程质量竣工报告》见表C0-9。

表C0-9　　　　　　　　　　工程质量竣工报告

工程名称					
种植面积		铺地面积		构筑物面积	
单位名称					
单位地址					
单位邮编			联系电话		
质量验收意见：					
项目负责人：　　年　月　日				施工企业公章	
企业质量负责人：　年　月　日					
企业技术负责人：　年　月　日					
企业法人代表：　　年　月　日					

二、施工管理资料

1. 施工现场质量管理检查记录

(1)园林绿化工程项目经理部应建立质量责任制度及现场管理制度；健全质量管理体系；制定施工技术标准；审查资质证书、施工图、地质勘察资料和施工技术文件等。

(2)施工单位应按规定填写《施工现场质量管理检查记录》(表C1-1)，报项目总监理工程师(或建设单位项目负责人)检查，并做出检查结论，签字盖章。

(3)当项目管理有重大调整时，应重新填写。

2. 施工日志

施工日志也叫施工日记，是在建筑工程整个施工阶段的施工组织管理、施工技术等有关施工活动和现场情况变化的真实的综合性记录，也是处理施工问题的备忘录和总结施工管理经验的基本素材，是工程交竣工验收资料的重要组成部分。

(1)施工日志是施工活动的原始记录，是编制施工文件、积累资料、总结施工经验的重要依据，由项目技术负责人具体负责。

(2)施工日志应以单位工程为记载对象。从工程开工起至工程竣工止，按专业指定专人负责逐日记载，并保证内容真实、连续和完整。

(3)施工日志可以采用计算机录入、打印，也可按规定样式手工填写，并装订成册，必须保证字迹清晰、内容齐全,由各专业负责人签字。

(4)填写施工日记的要求:

1)施工日记应按单位工程填写。

2)记录时间:从开工到竣工验收时止。

3)逐日记载不许中断。

4)按时、真实、详细记录,中途发生人员变动,应当办理交接手续,保持施工日记的连续性、完整性。施工日记应由栋号工长记录。

(5)施工日记基本内容:

1)日期、星期、气象、平均温度。气象按上午和下午分别记录。

2)施工部位。施工部位应将分部、分项工程名称和轴线、楼层等写清楚。

3)出勤人数、操作负责人。出勤人数一定要分工种记录,并记录工人的总人数,以及工人和机械的工程量。

(6)施工日记工作内容:

1)当日施工内容及实际完成情况。

2)施工现场有关会议的主要内容。

3)有关领导、主管部门或各种检查组对工程施工技术、质量、安全方面的检查意见和决定。

4)建设单位、监理单位对工程施工提出的技术、质量要求、意见及采纳实施情况。

(7)施工日记检验内容:

1)隐蔽工程验收情况。应写明隐蔽的内容、楼层、轴线、分项工程、验收人员、验收结论等。

2)试块制作情况。应写明试块名称、楼层、轴线、试块组数。

3)材料进场、送检情况。应写明批号、数量、生产厂家以及进场材料的验收情况,以后补上送检后的检验结果。

(8)施工日记检查内容:

1)质量检查情况:当日混凝土浇筑及成型、钢筋安装及焊接、砖砌体、模板安拆、抹灰、屋面工程、楼地面工程、装饰工程等的质量检查和处理记录;混凝土养护记录,砂浆、混凝土外加剂掺用量;质量事故原因及处理方法,质量事故处理后的效果验证。

2)安全检查情况及安全隐患处理(纠正)情况。

3)其他检查情况,如文明施工及场容场貌管理情况等。

(9)施工日记其他内容:

1)设计变更、技术核定通知及执行情况。

2)施工任务交底、技术交底、安全技术交底情况。

3)停电、停水、停工情况。

4)施工机械故障及处理情况。

5)冬雨期施工准备及措施执行情况。

6)施工中涉及的特殊措施和施工方法、新技术、新材料的推广使用情况。

3. 表格填写示例

(1)《施工现场质量管理检查记录》的填写参见表 C1-1。

表 C1-1　　　　　　　　　　施工现场质量管理检查记录

编号：　×××　

工程名称		××园林绿化工程			
开工日期		××年×月×日	施工许可证(开工证)		××××××
建设单位		××集团开发有限公司	项目负责人		×××
设计单位		××风景园林规划设计院	项目负责人		×××
监理单位		××监理公司	总监理工程师		×××
施工单位		××园林园艺公司	项目经理	×××	项目技术负责人	×××
序号	项目		内容		
1	现场质量管理制度		质量例会制度；月评比及奖罚制度；三检及交接检制度；质量与经济挂钩制度		
2	质量责任制		岗位责任制；设计交底会制；技术交底制；挂牌制度。		
3	主要专业工种操作上岗证书		测量工、钢筋工、起重工、木工、混凝土工、电焊工、架子工有证		
4	分包方资质与分包单位的管理制度				
5	施工图审查情况		审查报告及审查批准书××设××号		
6	地质勘察资料		地质勘探报告		
7	施工组织设计、施工方案及审批		施工组织设计编制、审核、批准齐全		

(2)《施工日志》的填写参见表 C1-2。

表 C1-2　　　　　　　　　　　　　　施工日志

编号：×××

时间	天气状况	风力	最高/最低温度	备注
白天	晴	2～3 级	24℃/19℃	
夜间	晴	1～2 级	17℃/8℃	

生产情况纪录：(施工部位、施工内容、机械作业、班组工作、生产存在问题等)

地下二层：
(1) Ⅰ段(①～⑬/Ⓐ～Ⓙ轴)顶板钢筋绑扎，埋件固定，塔吊作业，型号××，钢筋班组 15 人，组长：×××。
(2) Ⅱ段(⑭～⑲/Ⓐ～Ⓙ轴)梁开始钢筋绑扎，塔吊作业，型号××，钢筋班组 18 人。
(3) Ⅲ段(⑲～㉘/Ⓑ～Ⓕ轴)该部位施工图纸由设计单位提出修改，待设计通知单下发后，组织相关人员施工。
(4) Ⅳ段(㉘～㊶/Ⓑ～Ⓖ轴)剪力墙、柱模板安装，塔吊作业，型号××，木工班组 21 人。
(5) 发现问题：Ⅰ段顶板(①～⑬/Ⓐ～Ⓙ轴)钢筋保护层厚度不够，马镫铁间距未按要求布置。

技术质量安全工作纪录：(技术质量安全活动、检查评定验收、技术质量安全问题等)

(1)建设单位、设计、监理、施工单位在现场召开技术质量安全工作会议，参加人员：×××(职务)等。
会议决定：
1) ±0.000 以下结构于×月×日前完成。
2) 地下三层回填土×月×日前完成，地下二层回填土×月×日前完成。
3) 对施工中发现问题(××××××××××××××问题)，立即返修，整改复查，符合设计、规范要求。
(2)安全生产方面：由安全员带领 3 人巡视检查，主要是"三宝、四边、五邻边"，检查全面到位，无隐患。
(3)检查评定验收：各施工班组施工工序合理、科学，Ⅱ段(⑭～⑲/Ⓐ～Ⓙ轴)梁、Ⅳ段(㉘～㊶/Ⓑ～Ⓖ轴)剪力墙、柱予以验收，实测误差达到规范要求。
参加验收人员：
监理单位：×××(职务)等
施工单位：×××(职务)等

记录人	×××	日期	××年×月×日	星期×

第二节　园林绿化工程施工技术资料

园林绿化工程施工技术资料的组成内容及所形成的表格，如图4-2所示。

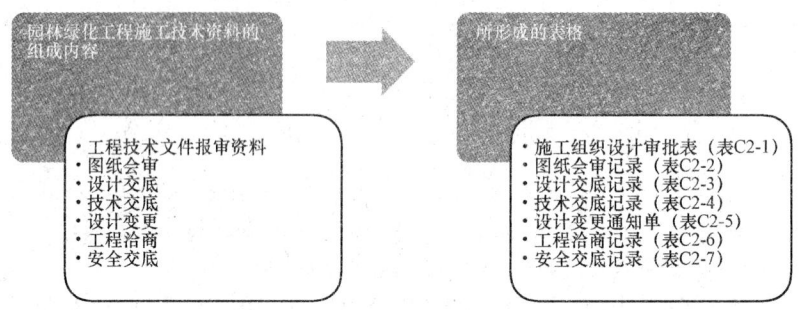

图4-2　园林绿化工程施工技术资料的组成内容及所形成的表格

一、工程技术文件报审资料

1. 施工组织设计审批表

（1）施工组织设计（项目管理规划）是统筹计划施工、科学组织管理、采用先进技术保证工程质量，安全文明生产，环保、节能、降耗，实现设计意图，指导施工生产的技术性文件。单位工程施工组织设计应在施工前编制，并应依据施工组织设计编制部位、阶段和专项施工方案。

（2）施工组织设计编制的内容主要包括：工程概况、工程规模、工程特点、工期要求、参建单位等；施工平面布置图；施工部署及计划；施工总体部署及区段划分；进度计划安排及施工计划网络图；各种工、料、机、运计划表；质量目标设计及质量保证体系；施工方法及主要技术措施（包括非正常种植季节施工措施和冬、雨期施工措施及采用的新技术、新工艺、新材料、新产品等）。各分部分项工程的主要施工方案；施工放线的施工方案；地形调整的施工方案；苗木种植工程施工方案；大树移植施工方案；时令花卉栽植施工方案；草坪建植施工方案；管道工程的施工方案；电缆敷设施工方案；土建铺装的施工方案；园林景观构筑物及其他造景工程的施工方案；养护管理期的施工；苗木病虫害防治方案等。

（3）施工组织设计还应编写安全、文明施工、环保以及节能、降耗措施。

（4）施工方案是施工组织设计的核心内容，是工程施工技术指导文件。

（5）施工组织设计填写《施工组织设计审批表》（表C2-1），并经施工单位有关部门会签、主管部门归纳汇总后，提出审核意见，报审批人进行审批，施工单位盖章方为有效，审批内容一般应包括：内容完整性、施工指导性、技术先进性、经济合理性、实施可行性等方面，各相关部门根据职责把关；审批人应签署审查结论、盖章。在施工过程中如有较大的施工措施或方案变动时，还应有变动审批手续。

2. 表格填写范例

《施工组织设计审批表》的填写参见表C2-1。

表 C2-1　　　　　　　　　　　　施工组织设计审批表

编号：×××

工程名称		××园林绿化工程		
施工单位		××园林园艺公司		
编制单位（章）		××园林园艺公司	编制人	×××
项目部有关部门会签意见	××监理公司	我方已根据施工合同的有关规定完成了＿×××＿工程施工组织设计（方案）的编制，并经我单位上级技术负责人审查批准，请予以审查。 附件：施工组织设计（方案） 签字：×××　　　　　××年×月×日		
		签字：　　　　　　年　月　日		
		签字：　　　　　　年　月　日		
		签字：　　　　　　年　月　日		
主管部门审核意见		施工组织设计（方案）合理、可行，且审批手续齐全，拟同意承包单位按该施工组织设计（方案）组织施工，请总监理工程师审核。 若不符合要求，专业监理工程师审查意见应简要指出不符合要求之处，并提出修改补充意见后签署"暂不同意（部分或全部应指明）承包单位按该施工组织设计（方案）组织施工，待修改完善后再报，请总监理工程师审核"。 负责人签字：××× ××年×月×日		
审批结论		同意专业监理工程师审查意见，同意承包单位按该施工组织设计（方案）组织施工。 如不同意专业监理工程师的审查意见，应简要指明与专业监理工程师审查意见中的不同之处，签署修改意见；并签认最终结论"不同意承包单位按该施工组织设计（方案）组织施工（修改后再报）"。 审批人签字：××× ××年×月×日	审批单位（章）	

二、图纸会审

1. 图纸会审记录

(1)《图纸会审记录》（表C2-2）由施工单位整理、汇总后转签，建设单位、监理单位、设计单位、施工单位、城建档案馆各保存一份。

(2) 相关规定与要求。

1) 监理单位、施工单位应将各自提出的图纸问题及意见,按专业整理、汇总后报建设单位,由建设单位提交设计单位做交底准备。

2) 图纸会审应由建设单位组织设计、监理单位和施工单位技术负责人及有关人员参加。设计单位对各专业问题进行交底,施工单位负责将设计交底内容按专业汇总、整理,形成图纸会审记录。

3) 图纸会审记录应由建设单位、设计单位、监理单位和施工单位的项目相关负责人签认,形成正式图纸会审记录。不得擅自在会审记录上涂改或变更其内容。

(3) 注意事项。图纸会审记录应根据专业(绿化种植、园林建筑及附属设施、园林给排水、园林用电等)汇总、整理。图纸会审记录一经各方签字确认后即成为设计文件的一部分,是现场施工的依据。

(4) 其他。

1) 图纸会审记录应根据图纸专业(绿化种植、园林建筑及附属设施、园林给排水、园林用电等)汇总、整理。

2) 设计单位应由专业设计负责人签字,其他相关单位应由项目技术负责人或相关专业负责人签认。

2. 表格填写范例

《图纸会审记录》的填写参见表 C2-2。

表 C2-2　　　　　　　　　　图纸会审记录

编号：×××

工程名称	××园林绿化工程	日　期	××年×月×日
地　点	××××	专业名称	园林建筑及附属设施

序号	图号	图纸问题	图纸问题交底
1	结—1	结构说明3中,混凝土材料:地下室底板外墙使用抗渗混凝土,未给出抗渗等级。	抗渗等级为P8。
2	结—3,结—5	地下一层顶板③~⑤/ⓒ~ⓔ轴分布筋未标注。	分布筋双向双排,均为φ8@200。
3	结—10	Z14中标高为25.20~28.00m与剖面图不符。	Z14标高应改为21.50~28.00mm。
4	建—1,结—3,结—12	地下室外墙防水层使用SBSⅡ型防水卷材,是否需加砌砖墙做防水保护层。砌120mm厚砖墙做保护层。	砌120厚砖墙做保护层。

签字栏	建设单位	监理单位	设计单位	施工单位
	×××	×××	×××	×××

三、设计交底

1. 设计交底记录

(1)设计交底由建设单位组织并整理、汇总设计交底要点及研讨问题的纪要,填写《设计交底记录》(表 C2-3)。

(2)《设计交底记录》(表 C2-3)各单位主管负责人会签,并由建设单位盖章,形成正式设计文件。

(3)《设计交底记录》(表 C2-3)由建设单位、监理单位、施工单位各保存一份。

2. 表格填写范例

《设计交底记录》的填写参见表 C2-3。

表 C2-3　　　　　　　　　　设计交底记录

编号：×××

工程名称	××园林绿化工程		
交底日期	××年×月×日	共1页　第1页	
交底要点及纪要： (1)路口的竖向设计图纸由甲方提供,路口有等高线按图纸做。 (2)设计路与现况路高差差少的以接顺为主。 (3)地基处理:处理时由现场定,但要求按施工规范做。			
单位名称		签　字	
建设单位	××集团开发有限公司	×××	（建设单位章）
设计单位	××风景园林规划设计院	×××	
监理单位	××监理公司	×××	
施工单位	××园林园艺公司	×××	

四、技术交底

1. 技术交底记录

(1)《技术交底记录》(表 C2-4)由施工单位填写,交底单位与接受交底单位各保存一份,并应报送监理(建设)单位。

(2)相关规定与要求。

1)技术交底记录应包括施工组织设计交底、专项施工方案技术交底、分项工程施工技术交底、"四新"(新材料、新产品、新技术、新工艺)技术交底和设计变更技术交底。各项交底应有文字记录,交底双方签认应齐全。

2)重点和大型工程施工组织设计交底应由施工企业的技术负责人把主要设计要求、施工措施以及重要事项对项目主要管理人员进行交底。其他工程施工组织设计交底应由项目技术负责人进行交底。

3)专项施工方案技术交底应由项目专业技术负责人负责,根据专项施工方案对专业工长进行交底。

4)分项工程施工技术交底应由专业工长对专业施工班组(或专业分包)进行交底。

5)"四新"技术交底应由项目技术负责人组织有关专业人员编制。

6)设计变更技术交底应由项目技术部门根据变更要求,并结合具体施工步骤、措施及注意事项等对专业工长进行交底。

(3)注意事项。交底内容应有可操作性和针对性,能够切合实际地指导施工,不允许出现"详见×××规程"之类的语句。

(4)当作分项工程施工技术交底时,应填写"分项工程名称"栏,其他技术交底可不填写。

2. 表格填写范例

《技术交底记录》的填写参见表 C2-4。

表 C2-4　　　　　　　　　技术交底记录

编号:×××

工程名称	××园林绿化工程		
分部工程名称	××绿化种植	分项工程名称	××整理绿化用地
施工单位	××园林园艺公司	交底日期	××年×月×日
交底内容: 　××绿化用地,原为建筑垃圾堆积处,现在把建筑垃圾作深埋处理,表层换成种植土,现整改完成。			
审核人	交底人		接受交底人
×××	×××		×××

五、设计变更

1. 设计变更通知单

(1)《设计变更通知单》(表 C2-5)由设计单位发出,签认后,建设单位、监理单位、施工单位、城建档案馆各保存一份。

(2)相关规定与要求。设计单位应及时下达设计变更通知单,内容翔实,必要时应附图,并逐条注明应修改图纸的图号。设计变更通知单应由设计专业负责人以及建设、监理和施工单位的相关负责人签认。

(3)注意事项。设计变更是施工图纸的补充和修改的记载,是现场施工的依据。由建设单位提出设计变更时,必须经设计单位同意。不同专业的设计变更应分别办理,不得办理在同一份设计变更通知单上。

(4)其他。

1)涉及图纸修改的必须注明应修改图纸的图号。

2)不可将不同专业的设计变更办理在同一份变更上。

3)"专业名称"栏应按专业填写,如绿化种植、园林建筑及时附属设施、园林给排水、园林用电等。

2. 表格填写范例

《设计变更通知单》的填写参见表 C2-5。

表 C2-5　　　　　　　　　　　设计变更通知单

编号:×××

工程名称	××园林绿化工程	专业名称	花架结构
地　点	××设计院	日　期	××年×月×日
序号	图号	变更内容	
1	结施—2、3	DL1、DL2 梁底标高—2.000 改为—1.800,切 DL1 上挑耳取消。	
2	结施—14	Z10 中配筋 ϕ18 改为 ϕ20,根数不变。	
3	结施—30	KL—42,44 的梁高 700 改为 900。	
4	结施—40	二层梁顶 LL—18 梁高出板面 0.55 改为 0.60。	
签字栏	建设单位	监理单位	设计单位	施工单位
	×××	×××	×××	×××

六、工程洽商

1. 工程洽商记录

(1)《工程洽商记录》(表 C2-6)由施工单位、建设单位或监理单位其中一方发出,经各方签认后存档。

(2)相关规定与要求。

1)工程洽商记录应分专业办理,内容翔实,必要时应附图,并逐条注明应修改图纸的图号。工程洽商记录应由设计专业负责人以及建设、监理和施工单位的相关负责人签认。

2)设计单位如委托建设(监理)单位办理签认,应办理委托手续。

(3)注意事项。不同专业的洽商应分别办理,不得办理在同一份上。签字应齐全,签字栏内只能填写人员姓名,不得另写其他意见。

(4)其他。

1)《工程洽商记录》(表 C2-6)由建设单位、监理单位、施工单位、城建档案馆各保存一份。

2)涉及图纸修改的必须注明应修改图纸的图号。

3)不可将不同专业的工程洽商填在同一份洽商表上。

4)"专业名称"栏应按专业填写,如绿化种植、园林建筑及附属设施、园林给排水、园林用电等。

2. 表格填写范例

《工程洽商记录》的填写参见表 C2-6。

表 C2-6　　　　　　　　　　工程洽商记录

编号:×××

工程名称	××110kV 变电站工程	专业名称	建筑
提出单位名称	×××	日期	××年×月×日
内容摘要	关于主变间、地下电缆夹层装修做法		

序号	图号	洽商内容
1	建—1	主变间、主变间夹层、地下电缆夹层,原设计顶棚为喷大白浆,现改为耐擦洗涂料。
2	建—1	主变间内墙、地下电缆夹层墙面,原设计为 1:3 石灰膏砂浆打底,纸筋灰罩面,现改为水泥砂浆打底、压光。
3	建—1	主变间内墙、地下电缆夹层内墙、面层原设计为喷大白浆,现改为耐擦洗涂料。

签字栏	建设单位	监理单位	设计单位	施工单位
	×××	×××	×××	×××

七、安全交底

1. 安全交底记录

(1)《安全交底记录》(表 C2-7),包括工程概况及施工部位;工程特点及安全点的设置;安全注意事项,这是交底的重点内容,要求列出本分项工程安全施工的重点,施工注意事项等;安全用品的使用。

(2)《安全交底记录》(表 C2-7)由施工单位填写并保存,一式三份,班组一份、安全员一份、交底人一份。

2. 表格填写范例

《安全交底记录》的填写参见表 C2-7。

表 C2-7　　　　　　　　　　　安全交底记录

编号:＿×××＿

工程名称	××园林绿化工程		
施工单位	××园林园艺公司		
交底项目(部位)	混凝土浇筑	交底日期	××年×月×日

交底内容(安全措施及注意事项):

(1)进入施工现场后必须佩戴安全帽,施工现场严禁吸烟、酒后上岗。
(2)使用电动振捣器、振捣棒必须穿绝缘鞋,戴绝缘手套。
(3)施工现场内的电气设备机械,无关人员严禁动用。
(4)塔吊运转和落钩时,作业面施工人员要远离吊运点,待吊钩物体停稳后再进行施工作业。
(5)施工作业人员必须听从信号工的统一指挥和安排,严禁违章作业、违章指挥。
(6)如天气有变化,5级以上大风塔吊应停止作业。

交底人	×××	接受交底班组长	×××	接受交底人数	20

第三节　园林绿化工程施工物资资料

园林绿化工程施工物资资料的组成内容及所形成的表格，如图 4-3 所示。

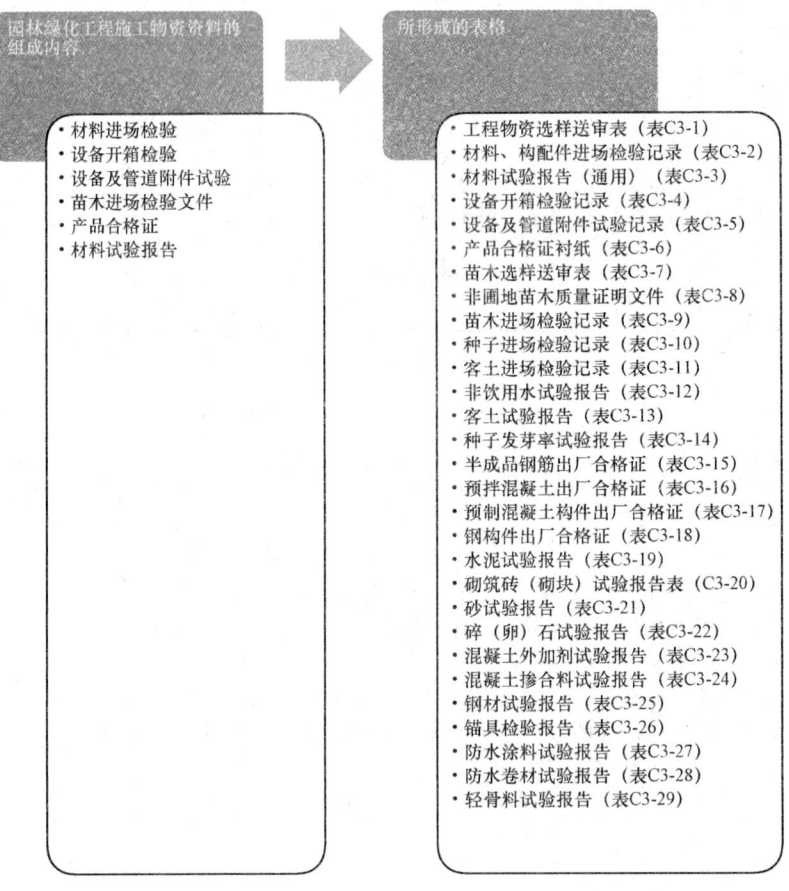

图 4-3　园林绿化工程施工物资资料的组成内容及所形成的表格

一、材料进场检验

1. 工程物资选样送审表

（1）若合同或其他文件约定，在工程物资订货或进场之前应履行工程物资选样审批手续时，施工单位应填写《工程物资选样送审表》（表 C3-1），报请审定，由建设单位、监理单位、施工单位各保存一份。

（2）表格填写范例。《工程物资选样送审表》的填写参见表 C3-1。

表 C3-1		工程物资选样送审表	

编号：×××

工程名称	××园林绿化工程
施工单位	××园林园艺公司

致___××监理公司___（监理/建设单位）：
现报上本工程下列物资选样文件，为满足工程进度要求，请在___××___年___×___月___×___日之前予以审批。

物资名称	规格型号	生产厂家	拟使用部位
闸阀	××	××构件厂	喷泉
蝶阀	××	××构件厂	喷泉

附件：
☑生产厂家资质文件　　__4__页　　☑报价单　　　　__5__页
☑产品性能说明书　　　__7__页　　☐　　　　　　　___页
☑质量检验报告　　　　__4__页　　☐　　　　　　　___页
☑质量保证书　　　　　__6__页　　☐　　　　　　　___页

技术负责人：×××　　　　　申报人：×××　　　　　申报日期：××年×月×日

施工单位审核意见： ☑有/☐无　附页 审核人：×××	审核日期：××年×月×日

监理单位审核人意见： 同意使用。 监理工程师：×××　　日期：××年×月×日	设计单位审核人意见： 同意使用。 设计负责人：×××　　日期：××年×月×日

建设单位审定意见： ☑同意使用　　☐规格修改后再报　　☐重新选样 技术负责人：×××　　　　　　　　　　　　　　　　　　　日期：××年×月×日

2. 材料、构配件进场检验记录

(1)《材料、构配件进场检验记录》(表 C3-2)由直接使用所检查的材料及苗木的施工单位填写，随相应的《工程物资选样送审表》(表 C3-1)进入资料流程。

(2)附件收集。

1)材料、苗木进场报验须附资料应根据具体情况(合同、规范、施工方案等要求)由监理单位、施工单位和材料、苗木供应单位预先协商确定。

2）由施工单位负责收集附件（包括产品出厂合格证、性能检测报告、出厂试验报告、进场复试报告、材料构配件进场检验记录、产品备案文件、进口产品的中文说明和商检证等）。

（3）相关规定与要求。工程材料、苗木进场后，施工单位应及时组织相关人员检查外观、数量及供货单位提供的质量证明文件等，合格后填写本表。

（4）《材料、构配件进场检验记录》（表C3-2）由施工单位填写并保存。

（5）填表注意事项。

1）工程名称填写应准确、统一，日期应准确。

2）材料或苗木名称、规格、数量、检验项目和结果等填写应规范、准确。

3）检验结论及相关人员签字应清晰可辨认，严禁其他人代签。

4）按规定应进场复试的工程物资，必须在进场检查验收合格后取样复试。

（6）表格填写范例。《材料、构配件进场检验记录》的填写参见表C3-2。

表C3-2　　　　　　　　　材料、构配件进场检验记录

编号：×××

工程名称		××园林绿化工程		检验日期	××年×月×日	
序号	名称	规格型号	进场数量	生产厂家 / 合格证号	检验项目	检验结果	备注
1	银杏	15cm	30	××	种类、规格、数量	合格	
2	悬铃木	18cm	40	××	种类、规格、数量	合格	
检验结论： 苗木符合设计要求。							
监理（建设）单位			施工单位				
			技术负责人		质检员		
×××			×××		×××		

3. 材料试验报告

（1）凡按规范要求应做进场复试的物资，且本标准未规定专用复试表格的，应使用《材料试验报告（通用）》（表 C3-3）。

（2）《材料试验报告（通用）》（表 C3-3）由试验单位提供，建设单位保存。

（3）表格填写范例。《材料试验报告（通用）》的填写参见表 C3-3。

表 C3-3　　　　　　　　　　　材料试验报告（通用）

编号：×××

工程名称	××园林绿化工程	编　号	××
		试验编号	××
		委托编号	××
		见证记录编号	××
		试样编号	××
施工单位	××园林园艺公司	委托人	×××
材料名称	草坪种植土壤	产地、厂别	×××

试验项目及说明：
土壤酸碱度，含水量。

试验结果：
合格。

结论：
符合种植草坪草的要求。

批准人	审核人	试验人
×××	×××	×××
报告日期	××年×月×日（章）	

二、设备开箱检验

（1）设备进场后，由建设（监理）单位、施工单位、供货单位共同开箱检验和做记录，并填写《设备开箱检查记录》（表 C3-4）。

（2）相关规定与要求。

1) 设备必须具有中文质量合格证明文件,规格、型号及性能检测报告应符合国家技术标准或设计要求,进场时应做检查验收。
2) 主要器具和设备必须有完整的安装使用说明书。
3) 在运输、保管和施工过程中,应采取有效措施防止损坏或腐蚀。
(3)《设备开箱检查记录》(表C3-4)由施工单位填写并保存。
(4)填表注意事项。
1) 对于检验结果出现的缺损附件、备件要列出明细,待供应单位更换后重新验收。
2) 测试情况的填写应依据专项施工及验收规范相关条目,如"离心水泵"可参照《风机、压缩机、泵安装工程施工及验收规范》(GB 50275—2010)。
(5)表格填写范例。《设备开箱检查记录》的填写参见表C3-4。

表C3-4　　　　　　　　　　　　　设备开箱检查记录

编号：×××

工程名称		××园林绿化工程		
施工单位		××园林园艺公司		
设备(配件)名称		离心水泵	检查日期	××年×月×日
规格型号		×××	总数量	××台
装箱单号		×××	检查数量	××台
检查记录	包装情况	包装完整良好,无损坏,标识明确。		
	随机文件	设备装箱单1份,安装使用说明书1份。		
	质量证明文件	中文质量合格证明1份。		
	备件与配件	配套法兰、螺栓、螺母等齐全。		
	外观情况	外观良好,无损坏锈蚀现象。		
	检查、测试情况	良好。		
缺、损配(备)件明细表				
序号	名　　称	规格型号	单位	数量	备注

结论：
设备包装、外观状况、测试情况良好,随机文件、备件与附件齐全,符合设计及施工质量验收规范要求。
☑合格
□不合格

监理(建设)单位	供应单位	施工单位	
		质检员	材料员
××监理公司	××设备厂	×××	×××

三、设备及管道附件试验

1. 设备及管道附件试验

(1)设备、阀门、密闭水箱(罐)等设备安装前,均应按规定进行强度试验和做记录,并填写《设备及管道附件试验记录》(表C3-5)。

(2)相关规定与要求。

1)阀门安装前,应做强度和严密性试验。试验应在每批(同牌号、同型号、同规格)数量中抽查10%,且不少于一个。对于安装在主干管上起切断作用的闭路阀门,应逐个做强度和严密性试验。

2)敞口水箱的满水试验和密闭水箱(罐)的水压试验必须符合设计与相关规定。

(3)填表注意事项。

1)若设计要求与规范规定不一致时,应及时向设计单位提出由设计单位做出决定,也可选用相对严格的要求。

2)阀门型号要与铭牌保持一致。

3)每批(同牌号、同型号、同规格)数量中抽查10%,每一个阀门的试验情况均应填写到表格中,编号不同。

4)试验时,需严格执行试验压力和停压时间的规定,避免试压对阀门造成破坏;试验前要核对好阀门承压能力,确保无误。

5)电控、电动等构造复杂的特种阀门,试压前要取得供应单位的认可,并严格按其规定做法进行试压。

6)表格中凡需填写的地方,均按实际试验情况如实填写。

(4)《设备及管道附件试验记录》(表C3-5)由施工单位填写,建设单位、施工单位各保存一份。

(5)表格填写范例。《设备及管道附件试验记录》的填写参见表C3-5。

表C3-5　　　　　　　　　设备及管道附件试验记录

编号:×××

工程名称	××园林绿化工程				使用部位		给水系统	
设备/管道附件名称	型号	规格	编号	介质	强度试验		严密性试验(MPa)	试验结果
					压力(MPa)	停压时间		
闸阀	×××	DN65	×××	水	2.4	60s	1.76	合格
蝶阀	×××	DN50	×××	水	2.4	15s	1.76	合格
施工单位	××园林园艺公司		试验人		×××	试验日期		××年×月×日

2. 产品合格证衬纸

(1)施工单位在整理产品质量证明文件时,应将非 A4 幅面大小的产品质量证明文件粘贴在《产品合格证衬纸》(表 C3-6)上。同产品、同规格、同型号、同厂家、同出厂批次的可以用一个合格证代表(合格证应正反粘贴),但应注明所代表的数量。

(2)《产品合格证衬纸》(表 C3-6)由施工单位提供,建设单位、施工单位各保存一份。

(3)表格填写范例。《产品合格证衬纸》的填写参见表 C3-6。

表 C3-6　　　　　　　　　　　产品合格证衬纸

编号:　×××

工程名称	××园林绿化工程	
施工单位	××园林园艺公司	
合格证		代表数量
(粘贴处)		
粘贴人	×××	日期	××年×月×日

四、苗木进场检验文件

1. 苗木选样送审表

(1)用于重要景区的大规格珍贵树种,应在移植前进行选样,填写《苗木选样送审表》(表 C3-7),报请审定。

(2)《苗木选样送审表》(表 C3-7)由施工单位填写,施工单位、建设单位各保存一份。

(3)表格填写范例。《苗木选样送审表》的填写参见表 C3-7。

表 C3-7　　　　　　　　　　　　　苗木选样送审表

编号：×××

工程名称	××园林绿化工程		
施工单位	××园林园艺公司		

致　__××监理公司__　（监理/建设单位）：
现报上本工程下列苗木选样文件，为满足工程进度要求，请在　__××__　年　__×__　月　__×__　日之前予以审批。

苗木名称	规格	苗木所在地	拟使用区域
银杏	10cm	××	××
白玉兰	13cm	××	××
樱花	15cm	××	××

附件：
☑种苗经营许可文件　　　　　__4__　页
☑苗木检验检疫证明文件　　　__6__　页
☑报价单　　　　　　　　　　__5__　页
☑苗木实物照片　　　　　　　__8__　页

技术负责人：×××	申报人：×××	申报日期：××年×月×日

施工单位审核意见：
符合设计要求。
☑有/□无　附页

审核人：×××　　　　　　　　　　　　　　　　　　　审核日期：××年×月×日

监理单位审核人意见： **符合设计要求。** 监理工程师：×××　　日期：××年×月×日	设计单位审核人意见： **符合设计要求。** 设计负责人：×××　　日期：××年×月×日

建设单位审定意见：
符合设计要求。
☑同意使用　　□规格修改后再报　　□重新选样

技术负责人：×××　　　　　　　　　　　　　　　　　日期：××年×月×日

2. 非圃地苗木质量证明文件

（1）施工单位应按规定选择苗木，非苗圃地种植的苗木进场时要出具《非圃地苗木质量证明》（表 C3-8）。

（2）《非圃地苗木质量证明》包括编号、工程名称、施工单位、苗木名称、来源、数量、单位、树木移（伐）许可证编号及产权证明文件等。设计单位应在文件中填写设计意见。此表由建设单位、施工单位各保存一份。

(3)表格填写范例。《非圃地苗木质量证明》的填写参见表 C3-8。

表 C3-8　　　　　　　　　　　非圃地苗木质量证明

编号：×××

工程名称	××园林绿化工程			
施工单位	××园林园艺公司			
序号	苗木名称	来源	单位	数量
1	银杏	××	××公司	30
2	悬铃木	××	××公司	35
3	馒头柳	××	××公司	49
树木移(伐)许可证编号		×××		

设计单位意见：
☑该施工单位以上移植苗木，符合设计要求，建议采用。
☐该施工单位以上移植苗木，不符合设计要求，不建议采用。
☐_____。

项目设计负责人(签字)：×××

设计单位	施工单位	
项目负责人	技术负责人	质检员
×××	×××	×××

3. 进场检验记录

(1)施工单位应根据规定对进场的苗木、种子、客土、种植基质等进行检验，并填写《苗木进场检验记录》(表 C3-9)、《种子进场检验记录》(表 C3-10)、《客土进场检验记录》(表 C3-11)。进场检验记录各表均由施工单位填写并保存。

(2)表格填写范例。

1)《苗木进场检验记录》的填写参见表 C3-9。

表 C3-9　　　　　　　　　　　　　　　苗木进场检验记录

编号：×××

工程名称	××园林绿化工程		
施工单位	××园林园艺公司		
供应单位	××园林苗圃公司	起苗日期	××年×月×日
		种子采集年份	××年×月×日

标准要求：按设计要求。

品种	检查内容														
	高度	胸径	土球	苗龄	冠径	分枝点	主枝数	主枝长	根系	竹鞭长	幼芽	携土厚	病虫	损伤度	纯净度	蓬径
银杏	7m	10cm	40cm	2年	5m	4m	5支	3m	发达	30cm	3	20cm	无	I	I	×

检查数量	10	检查方法	观察

检查结论：
☑合格
□不合格

监理(建设)单位	施工单位	
	技术负责人	质检员
××监理公司	×××	×××

2)《种子进场检验记录》的填写参见表 C3-10。

表 C3-10　　　　　　　　　　　种子进场检验记录

编号：×××

工程名称	××园林绿化工程				
供应单位	××园林园艺公司				
检验数量	15kg				
使用部位	×××				
检验内容					
出厂合格证	××				
生产厂家资质文件	××				
产品性能说明书	××				
发芽率试验报告	××				
外观	××				
检查结论： ☑合格 □不合格					
监理(建设)单位	施工单位	
---	---	---
	技术负责人	质检员
××监理公司	×××	×××

3)《客土进场检验记录》的填写参见表 C3-11。

表 C3-11　　　　　　　　　　　客土进场检验记录

编号：　×××　

工程名称	××园林绿化工程	
供应单位	××园林园艺公司	
检验数量	××	
使用部位	××	
外观检查		
序号	检查内容	检查结果
1	直径大于 2cm 的渣砾	无
2	沥青	无
3	混凝土	无
4	对植物生长有害的污染物	无
结论： ☑合格 □不合格		
监理(建设)单位	施工单位	
	技术负责人	质检员
××监理公司	×××	×××

4. 材料试验报告

(1)对非饮用水、客土、种子，按相关规定和有关检测项目进行复试，并填写《非饮用水试验报告》(表 C3-12)、《客土试验报告》(表 C3-13)、《种子发芽率试验报告》(表 C3-14)。材料试验报告表均由试验单位提供，建设单位、施工单位各保存一份。

(2)表格填写范例。

1)《非饮用水试验报告》的填写参见表 C3-12。

表 C3-12　　　　　　　　　　　　非饮用水试验报告

工程名称	××园林绿化工程	编　号	×××
		试验编号	×××
		委托编号	×××
		见证记录编号	×××
		试样编号	×××
委托单位	××园林园艺公司	试验委托人	×××
品种	×××	产地	×××
代表数量	×××	来样日期	××年×月×日	试验日期	××年×月×日

试验结果	试验项目	试验结果
	悬浮物	无
	异味	无
	pH 值	7
	总磷	0.2mg/L
	总氮	1.5mg/L
	全盐(溶解性总固体)	1500mg/L

结论:按　《地表水环境质量标准》(GB 3838—2002)　标准评定:

☑合格
☐不合格

批准人	核准人	试验人
×××	×××	×××

报告日期	××年×月×日
	(章)

2)《客土试验报告》的填写参见表 C3-13。

表 C3-13　　　　　　　　　　　客土试验报告

工程名称	××园林绿化工程	编　　号	×××
		试验编号	×××
		委托编号	×××
		见证记录编号	×××
		试样编号	×××
委托单位	××园林园艺公司	试验委托人	×××
品种	×××	产地	×××
代表数量	×××	来样日期	××年×月×日	试验日期	××年×月×日

试验结果	试验项目	试验结果
	pH 值	
	含盐量	
	非毛管孔隙度	
	有机质	
	全氮含量	
	速效磷含量	
	速效钾含量	
	容重	
	湿容重	
	机械组成	

结论:按_____标准评定:

□合格
□不合格

批准人	核准人	试验人
×××	×××	×××

报告日期	××年×月×日
	（章）

3)《种子发芽率试验报告》的填写参见表 C3-14。

表 C3-14　　　　　　　　　　种子发芽率试验报告

工程名称	××园林绿化工程	编　　号	×××
		试验编号	×××
		委托编号	×××
		见证记录编号	×××
		试样编号	×××
委托单位	××园林园艺公司	试验委托人	×××
种类	××	产地	×××
代表数量	100 粒	来样日期	××年×月×日	试验日期	××年×月×日

试验结果	试验项目	试验结果
	水温	30℃
	室温	22℃
	相对湿度	55℃
	出芽天数	7 天
	出芽数量	96 棵

结论：按　《林木种子检验规程》(GB 2772)　标准评定：

☑合格
☐不合格

批准人	核准人	试验人
×××	×××	×××

报告日期	××年×月×日
	(章)

五、产品合格证

(1) 填表注意事项。

设备、原材料、半成品和成品的质量必须合格，供货单位应按产品的相关技术标准、检验要求提供出厂质量合格证明或试验单，凡属于承压容器或设备(如锅炉)等，必须在出厂质量证明文件中提供焊缝无损探伤检测报告。必须采取技术措施的,应满足有关规范标准规定,并经有关技术负责人批准(有批准手续方可使用)。

合格证、试(检)验单的抄件(复印件)应注明原件存放处,并有抄件人、抄件(复印)单位的签字和盖章。

各供货单位应按表 C3-15～表 C3-18 提供《半成品钢筋出厂合格证》、《预拌混凝土出厂合格证》、《预制混凝土构件出厂合格证》、《钢构件出厂合格证》。

其他产品合格证或质量证明书的形式,以供货方提供的为准。

(2)《半成品钢筋出厂合格证》(表 C3-15)由半成品钢筋供应单位提供,建设单位、施工单位各保存一份;《预拌混凝土出厂合格证》(表 C3-16)由预拌混凝土供应单位提供,建设单位、施工单位各保存一份;《预制混凝土构件出厂合格证》(表 C3-17)由预制混凝土构件单位提供,建设单位、施工单位各保存一份;《钢构件出厂合格证》(表 C3-18)由钢构件供应单位提供,建设单位、施工单位各保存一份。

(3)表格填写范例。

1)《半成品钢筋出厂合格证》的填写参见表 C3-15。

表 C3-15　　　　　　　　　　　　　半成品钢筋出厂合格证

编号：×××

工程名称			××园林绿化工程			
委托单位			××园林园艺公司		合格证编号	×××－017
供应总量			100t	加工日期	××年×月×日	供货日期	××年×月×日
序号	级别规格	供应数量(t)	进货日期	生产厂家	原材报告编号	复试报告编号	使用部位
1	Φ20	25	××年×月×日	××加工厂	×××－01940	×××－0175	桥墩
2	Φ25	50	××年×月×日	××加工厂	×××－01551	×××－0176	桥墩
3	Φ10	25	××年×月×日	××加工厂	×××－02337	×××－0177	桥墩
结论及备注： 　　合格。							
技术负责人			填表人			加工单位 (盖章)	
×××			×××				
出厂日期：			××年×月×日				

2)《预拌混凝土出厂合格证》的填写参见表 C3-16。

表 C3-16　　　　　　　　　　　　预拌混凝土出厂合格证

编号：×××

订货单位	××园林园艺公司				
工程名称	××园林绿化工程		浇筑部位		电力直埋管垫层
强度等级	C10	抗渗等级	供应数量		4.0m³
供应日期	××年×月×日		配合比编号		×××－2966
原材料名称	水泥	砂	石	掺合料	外加剂
品种及规格	P.O 42.5	中砂	碎石 5～25	粉煤灰Ⅱ级	防冻剂
试验编号	C××－093	S××－181	G××－195	F××－060	A××－054
每组抗压强度值（MPa）	试验编号	强度值	试验编号	强度值	备注：
	××－03704	17.2			
每组抗折强度值（MPa）					
抗冻试验	试验编号	抗冻等级	试验编号	抗冻等级	
抗渗试验	试验编号	抗渗等级	试验编号	抗渗等级	
抗压强度统计结果					结论：该批混凝土质量合格。
组数 n	平均值（MPa）		最小值（MPa）		
1	17.2		17.2		
技术负责人		填表人			供货单位名称：×××（章）
×××		×××			
填表日期：	××年×月×日				

3)《预制混凝土构件出厂合格证》的填写参见表 C3-17。

表 C3-17　　　　　　　　　　　　预制混凝土构件出厂合格证

编号：×××

工程名称及使用部位		××园林绿化工程		合格证编号		×××—135
构件名称	预应力圆孔板		型号规格	YK13-3	供应数量	××
制造厂家		××		企业登记证		××
标准图号或设计图纸号		××		混凝土设计强度等级		××
混凝土浇筑日期		××年×月×日		构件出厂日期		××年×月×日
混凝土抗压强度		××		钢筋类型		主筋
达到设计强度		试验编号		力学性能		工艺性能
××		××		××		××
外观						
质量状况				规格尺寸		
××				××		
结构性能						
承载力		挠度		抗裂检验		裂缝宽度
××		××		××		××

备注： 外观检查：表面无蜂窝、麻面，构件几何尺寸合格。 结构性能：试件结构各项性能指标检验均达到规范要求。	结论： 该批预制构件检测合格。
供应单位技术负责人	填表人	供应单位名称：××× （章）
×××	×××	
填表日期：	××年×月×日	

4)《钢构件出厂合格证》的填写参见表 C3-18。

表 C3-18　　　　　　　　　　　钢构件出厂合格证

编号：×××

工程名称		××园林绿化工程		合格证编号		×××—135	
委托单位		××公司		焊药型号		××	
钢材材质		××	防腐状况	××	焊条与焊丝型号		××
供应总量		××	加工日期	××年×月×日	出厂日期		××年×月×日
序号	构件名称及编号	构件数量		构件单重(kg)	原材报告编号	复试报告编号	使用部位
1	1#钢柱 GZ-1	12		85	××	××	园桥
2	1#桁架 GL-1	3		30	××	××	园桥
备注：该批钢构件合格。							
供应单位技术负责人		填表人			供应单位名称：××× （章）		
×××		×××					
填表日期：		××年×月×日					

六、材料试验报告

(1)材料试验报告由具备相应资质等级的检测单位出具,作为各种相关材料的附件进入资料流程。

(2)相关规定与要求。

1)对于不需要进场复试的物资,由供货单位直接提供。供货单位应提供《水泥性能检测报告》、《钢材性能检测报告》、《木结构材料检测报告》、《防水材料性能检测报告》。

2)对于需要进场复试的物资,由施工单位及时取样后送至规定的检测单位,检测单位根据相关标准进行试验后填写材料试验报告并返还施工单位。

3)水泥应有质量证明文件。水泥生产单位应在水泥出厂7d内提供28d强度以外的各项试验结果,28d强度结果应在水泥发出日起32d内补报。用于承重结构的水泥;使用部位有强度等级要求的水泥;水泥出厂超过三个月(快硬硅酸盐水泥为一个月)和进口水泥使用前应进行复试,有《水泥试验报告》(表C3-19)。

4)对砂石、钢材、碎(卵)石,按相关规定和有关检测项目进行复试,并填写《砂试验报告》(表C3-21)、《碎(卵)石试验报告》(表C3-22)、《钢材试验报告》(表C3-25)。

5)木材试验报告应由有相应资质的试验单位提供。

6)防水材料应有出厂质量合格证、有相应资质等级检测部门出具的检测报告、产品性能和使用说明书。防水材料进场后应进行外观检查,合格后按规定取样复试,并实行有见证取样和送检,填写《防水卷材试验报告》(表C3-28)。

7)园林用电工程物资应有出厂合格证、生产许可证、"CCC"认证标志和认证证书复印件及试验记录,主要设备的安装技术文件。

8)园林给排水工程物资应有产品质量证明文件及检测报告,水表应有计量检定证书,安全阀、减压阀应有调试报告及定压合格证书,主要设备、器具应有安装使用说明书。

(3)注意事项。

1)工程名称、使用部位及代表数量应准确并符合规范要求(对应检测单位告之的准确内容)。

2)返还的试验报告应重点保存。

3)本书仅列数种材料试验的专用表格,凡按规范要求须做进场复试的物资,应按其相应专用复试表格填写,未规定专用复试表格的。

(4)《水泥试验报告》(表C3-19)、《砌筑砖(砌块)试验报告》(表C3-20)、《砂试验报告》(表C3-21)、《碎(卵)石试验报告》(表C3-22)、《混凝土外加剂试验报告》(表C3-23)、《钢材试验报告》(表C3-25)、《防水涂料试验报告》(表C3-27)、《防水卷材试验报告》(表C3-28)均由检测单位提供,建设单位、施工单位、城建档案馆各保存一份。《混凝土掺合料试验报告》(表C3-24)、《锚具检验报告》(表C3-26)、《轻骨料试验报告》(表C3-29)均由检测单位提供,施工单位、建设单位各保存一份。

(5)表格填写范例。

1)《水泥试验报告》的填写参见表C3-19。

表 C3-19　　　　　　　　　　　　　水泥试验报告

编号：×××
试验编号：××—0666
委托编号：××—06379

工程名称	××园林绿化工程　墙体砌筑		试样编号	×××	
委托单位	××园林园艺公司		试验委托人	×××	
品种及强度等级	P·S·A 42.5	出厂编号及日期	××年×月×日	厂别牌号	×××
代表数量(t)	200	来样日期	××年×月×日	试验日期	××年×月×日
试验结果	一、细度	1. 80μm方孔筛余量		8%	
		2. 比表面积		320m³/kg	
	二、标准稠度用水量(P)		25.4%		
	三、凝结时间	初凝	03 h　30 min	终凝	05 h　25 min
	四、安定性	雷氏法	mm	饼法	—
	五、其他	—	—	—	—
	六、强度(MPa)				
	抗折强度		抗压强度		
	3d	28d	3d		28d	
	单块值	平均值	单块值	平均值	单块值	平均值	单块值	平均值
	4.5		8.7		23.0		52.5	
					23.8		53.2	
	4.3	4.4	8.8	8.7	23.2	23.5	52.7	53.1
					24.1		53.8	
	4.3		8.7		23.8		53.2	
					22.9		53.1	

结论：

依据《通用硅酸盐水泥》(GB 175—2007/XG1—2009)标准，符合P·S·A 42.5水泥强度要求，安定性合格，凝结时间合格。

批准人	×××	审核人	×××	试验人	×××
试验单位	××工程公司试验室				
报告日期	××年×月×日				

2)《砌筑砖(砌块)试验报告》的填写参见表C3-20。

表 C3-20　　　　　　　　　砌筑砖(砌块)试验报告

编号：×××
试验编号：××－0011
委托编号：××－00736

工程名称	××园林绿化工程　墙体砌筑			试样编号	012
委托单位	××园林园艺公司			试验委托人	×××
种类	烧结普通砖			生产厂	××砖厂
强度等级	MU10	密度等级	—	代表数量	16万
试件处理日期	××年×月×日	来样日期	××年×月×日	试验日期	××年×月×日

<table>
<tr><td rowspan="11">试验结果</td><td colspan="5">烧结普通砖</td></tr>
<tr><td colspan="2">抗压强度平均值 f（MPa）</td><td colspan="2">变异系数 $\delta \leqslant 0.21$
强度标准值 f_k(MPa)</td><td>变异系数 $\delta > 0.21$
单块最小强度值 f_k(MPa)</td></tr>
<tr><td colspan="2">16</td><td colspan="2">14.8</td><td>—</td></tr>
<tr><td colspan="5">轻骨料混凝土小型空心砌块</td></tr>
<tr><td colspan="3">砌块抗压强度(MPa)</td><td colspan="2" rowspan="2">砌块干燥表观密度(kg/m³)</td></tr>
<tr><td colspan="2">平均值</td><td>最小值</td></tr>
<tr><td colspan="2"></td><td></td><td colspan="2"></td></tr>
<tr><td colspan="5">其他种类</td></tr>
<tr><td colspan="3">抗压强度(MPa)</td><td colspan="2">抗折强度(MPa)</td></tr>
<tr><td rowspan="2">平均值</td><td rowspan="2">最小值</td><td>大面</td><td>条面</td><td rowspan="2">平均值</td><td rowspan="2">最小值</td></tr>
<tr><td>平均值　最小值</td><td>平均值　最小值</td></tr>
</table>

结论：

根据《烧结普通砖》(GB/T 5101—2003)标准,符合MU10砖抗压强度要求。

批准	×××	审核	×××	试验	×××
试验单位	××建筑工程公司试验室				
报告日期	××年×月×日				

3)《砂试验报告》的填写参见表 C3-21。

表 C3-21　　　　　　　　　　　　　砂试验报告

编号：×××
试验编号：××—0018
委托编号：××—01480

工程名称	××园林绿化工程　园桥桥面		试样编号	012
委托单位	××园林园艺公司		试验委托人	×××
种类	中砂		产地	×××
代表数量	600t	来样日期 ××年×月×日	试验日期	××年×月×日
试验结果	一、筛分析	1. 细度模数（μf）	2.7	
		2. 级配区域	Ⅱ　区	
	二、含泥量	2.6		%
	三、泥块含量	0.5		%
	四、表观密度	—		kg/m³
	五、堆积密度	1460		kg/m³
	六、碱活性指标	—		
	七、其他	云母含量 1.5%，轻物质含量 0.05%		

结论：

依据《普通混凝土用砂、石质量及检验方法标准》（JGJ 52—2006）标准，含泥量合格，泥块含量合格，属Ⅱ区中砂。

批准人	×××	审核人	×××	试验人	×××
试验单位	××工程公司试验室				
报告日期	××年×月×日				

4)《碎(卵)石试验报告》的填写参见表 C3-22。

表 C3-22　　　　　　　　　　　　　碎(卵)石试验报告

编号：×××
试验编号：××-0078
委托编号：××-09420

工程名称	××园林绿化工程		试样编号	008
委托单位	××园林园艺公司		试验委托人	×××
种类、产地	卵石　×××		公称粒径	5～10mm
代表数量	600t	来样日期　××年×月×日	试验日期	××年×月×日
试验结果	一、筛分析	级配情况	☑连续粒级　　□单粒级	
		级配结果	符合 5～10mm 卵石连续级配	
		最大粒径	10.0mm	
	二、含泥量	0.2		%
	三、泥块含量	0.1		%
	四、针、片状颗粒含量	4		%
	五、压碎指标值	8		%
	六、表观密度	—		kg/m^3
	七、堆积密度	—		kg/m^3
	八、碱活性指标	—		
	九、其他	硫化物及硫酸盐含量 0.05%		

结论：

依据《普通混凝土用砂、石质量及检验方法标准》(JGJ 52—2006)标准，含泥量，泥块含量，针、片状含量合格，符合 5～10mm 卵石连续级配，累计筛余 0。

批准人	×××	审核人	×××	试验人	×××
试验单位	××工程公司试验室				
报告日期	××年×月×日				

5)《混凝土外加剂试验报告》的填写参见表 C3-23。

表 C3-23　　　　　　　　　　　混凝土外加剂试验报告

编号：×××
试验编号：××-0036
委托编号：××-01460

工程名称	××园林绿化工程		试样编号	009
委托单位	××园林园艺公司		试验委托人	×××
产品名称	缓凝减水剂	生产厂	××厂	生产日期	××年×月×日
代表数量	30kg	来样日期	××年×月×日	试验日期	××年×月×日
试验项目		必试项目		

	试验项目	试验结果
试验结果	(1)钢筋锈蚀	无锈蚀作用
	(2)凝结时间差	初凝 165min，终凝 205min
	(3)28d 抗压强度比	116%
	(4)减水率	21.3%

结论：

依据《混凝土外加剂》(GB 8076—2008)标准，所检项目达到合格品指标要求，对钢筋无锈蚀。

批准	×××	审核	×××	试验	×××
试验单位	××工程公司试验室				
报告日期	××年×月×日				

6)《混凝土掺合料试验报告》的填写参见表C3-24。

表C3-24　　　　　　　　　　　混凝土掺合料试验报告

编号：×××
试验编号：××－0015
委托编号：××－01480

工程名称	××园林绿化工程		试样编号	002
委托单位	×××		试验委托人	×××
掺合料种类	粉煤灰	等级	Ⅱ级	产地	××一热电厂
代表数量	200t	来样日期	××年×月×日	试验日期	××年×月×日
试验结果	一、细度	1.0.045mm方孔筛筛余	17.4	%
		2.80μm方孔筛筛余	—	%
	二、需水量比		99	%
	三、吸铵值		—	%
	四、28d水泥胶砂抗压强度比		128	%
	五、烧失量		7.5	%
	六、其他		—	

结论：

依据《用于水泥和混凝土中的粉煤灰》(GB/T 1596—2005)标准，符合Ⅱ级粉煤灰要求。

批准	×××	审核	×××	试验	×××
试验单位	××工程公司试验室				
报告日期	××年×月×日				

7)《钢材试验报告》的填写参见表 C3-25。

表 C3-25　　　　　　　　　　　　钢材试验报告

编号：×××
试验编号：××－0324
委托编号：××－09384

工程名称	××园林绿化工程　园桥			试件编号	010
委托单位	××园林园艺公司			试验委托人	×××
钢材种类	热轧带肋	规格或牌号	HRB335ф25	生产厂	××钢铁集团公司
代表数量	20t	来样日期	××年×月×日	试验日期	××年×月×日
公称直径（厚度）	25.00mm			公称面积	490.0mm^2

试验结果	力学性能试验结果							弯曲性能	
	屈服点（MPa）	抗拉强度（MPa）	伸长率（%）	$\sigma_{b实}/\sigma_{s实}$	$\sigma_{s实}/\sigma_{b标}$	弯心直径	角度	结果	
	385	605	26	1.57	1.15	75	180	合格	
	385	605	26	1.57	1.15	75	180	合格	

化学分析							
分析编号	化　学　成　分　（％）						其他
	C	Si	Mn	P	S	C_{eq}	

结论：

依据《钢筋混凝土用钢　第 2 部分：热轧带肋钢筋》(GB 1499.2—2007)标准，符合热轧带肋 HRB335 级力学性能。

批准人	×××	审核人	×××	试验人	×××
试验单位	××构件厂(中心试验室)				
报告日期	××年×月×日				

8)《锚具检验报告》的填写参见表C3-26。

表C3-26　　　　　　　　　　　　　　　锚具检验报告

编号：×××
试验编号：××—0806
委托编号：××—0765

工程名称	××园林绿化工程		
委托单位	××园林园艺公司		
产品规格	B&S ZP15	材　质	
合格证号	×××—75	生产厂家	××配件公司
检验项目	检验内容与质量标准要求		检验结果
夹　片	硬度		合　格
锚　具	硬度		合　格
连接器	硬度		合　格
静载锚固性能试验	效率系数：$\eta \geq 0.95$ 实测极限拉力：$\varepsilon > 2.0\%$		合　格
结论： 被检挤压锚具 ZP15 静载锚固性能满足要求。			
批准人	审核人		试验人
×××	×××		×××
报告日期	××年×月×日(章)		

9)《防水涂料试验报告》的填写参见表 C3-27。

表 C3-27　　　　　　　　　　　防水涂料试验报告

编号：×××
试验编号：××－0144
委托编号：××－01756

工程名称及部位		××园林绿化工程　卫生间,地下室积水坑		试件编号	001
委托单位		××园林园艺公司		试验委托人	×××
种类、型号		聚氨酯防水涂料 1∶1.5		生产厂	××防水材料厂
代表数量		300kg	来样日期	××年×月×日	试验日期	××年×月×日
试验结果	一、延伸性	—			mm
	二、拉伸强度	3.83			MPa
	三、断裂伸长率	556			%
	四、粘结性	0.7			MPa
	五、耐热度	温度(℃)	110	评定	合格
	六、不透水性	1. 压力 0.3MPa;2. 恒压时间 30min,不透水,合格			
	七、柔韧性(低温)	温度(℃)	－30	评定	2h 无裂纹,合格
	八、固体含量	95.5			%
	九、其他	有见证试验			

结论：

依据《聚氨酯防水涂料》(GB/T 19250)标准,符合聚氨酯防水涂料合格品要求。

批准	×××	审核	×××	试验	×××
试验单位	××工程公司试验室				
报告日期	××年×月×日				

10)《防水卷材试验报告》的填写参见表 C3-28。

表 C3-28　　　　　　　　　　　　　　防水卷材试验报告

编号：　×××　
试验编号：××－0096　
委托编号：××－10476　

工程名称及部位	××园林绿化工程　地下室底板、外墙防水层			试件编号	004	
委托单位	××园林园艺公司			试验委托人	×××	
种类、等级、牌号	弹性体沥青防水卷材Ⅰ类复合胎			生产厂	××防水材料有限公司	
代表数量	250卷	来样日期	××年×月×日	试验日期	××年×月×日	
试验结果	一、拉力试验	1. 拉力	纵	536.0N	横	510.0N
		2. 拉伸强度	纵	7MPa	横	7MPa
	二、断裂伸长率(延伸率)		纵	9.6%	横	9.4%
	三、耐热度	温度(℃)		评定		
	四、不透水性	1. 压力0.2MPa；2. 恒压时间30min；3. 评定：合格				
	五、柔韧性(低温柔性、低温弯折性)	温度(℃)	－15	评定	合格	
	六、其他	有见证试验				

结论：

依据《弹性体改性沥青防水卷材》(GB 18242—2008)标准,符合Ⅰ类复合胎弹性体沥青防水卷材质量标准。

批准人	×××	审核人	×××	试验人	×××
试验单位	××工程公司试验室				
报告日期	××年×月×日				

11)《轻骨料试验报告》的填写参见表 C3-29。

表 C3-29　　　　　　　　　　　轻骨料试验报告

编号：×××
试验编号：××－006
委托编号：××－0135

工程名称	××园林绿化工程　墙体砌筑		试样编号	002
委托单位	××园林园艺公司		试验委托人	×××
种类	黏土颗粒	密度等级	轻粗骨料 700	产地	××
代表数量		来样日期	××年×月×日	试验结果	××年×月×日

试验结果	一、筛分析	1. 细度模数(细骨料)	—	
		2. 最大粒径(粗骨料)	20	mm
		3. 级配情况	☑连续粒级	□单粒级
	二、表观密度		1190	kg/m³
	三、堆积密度		678	kg/m³
	四、筒压强度		5.1	MPa
	五、吸水率(1h)		4.2	%
	六、粒型系数		—	
	七、其他		含泥量:0.4%　孔隙率 43%	

结论：

依据《轻集料及其试验方法 第 1 部分:轻集料》(GB/T 17431.1—2010)、《轻集料及其试验方法 第 2 部分:轻集料试验方法》(GB/T 17431.2—2010)标准,该黏土颗粒符合要求,颗粒级配 10～20mm,密度等级 700,含泥量小于 1.0%。

批准	×××	审核	×××	试验	×××
试验单位	××工程公司试验室				
报告日期	××年×月×日				

第四节　园林绿化工程施工测量记录

园林绿化工程施工测量记录资料的组成内容及所形成的表格，如图 4-4 所示。

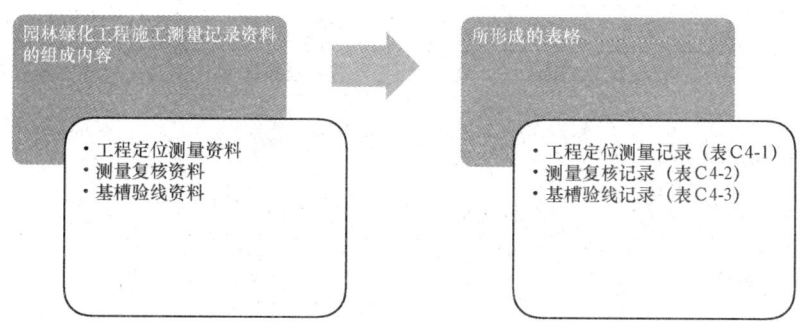

图 4-4　园林绿化工程施工测量记录资料的组成内容及所形成的表格

一、工程定位测量资料

(1)《工程定位测量记录》(表 C4-1)由施工单位填写，随相应的《施工测量定点放线报验表》进入资料流程。

(2)相关规定与要求。

1)《工程定位测量纪录》(表 C4-1)的内容包括建筑物位置线、现场标准水准点、坐标点(包括场地控制网或建筑物控制网、标准轴线桩等)。

2)测绘部门根据建设工程规划许可证(附件)批准的建筑工程位置及标高依据，测定出建筑的红线桩。

3)施工测量单位应依据测绘部门提供的放线成果、红线桩及场地控制网(或建筑物控制网)，测定建筑物位置、主控轴线及尺寸、建筑物±0.000 绝对高程，并填写《工程定位测量记录》(表 C4-1)报监理单位审核。

4)工程定位测量完成后，应由建设单位报请政府具有相关资质的测绘部门申请验线，填写《建设工程验线申请表》报请政府测绘部门验线。

(3)填写注意事项。

1)"委托单位"填写建设单位或总承包单位。

2)"平面坐标依据"、"高程依据"由测绘院或建设单位提供，应以规划部门钉桩坐标为标准，在填写时应注明点位编号，且与交桩资料中的点位编号一致。

(4)《工程定位测量纪录》(表 C4-1)由建设单位、监理单位、施工单位、城建档案馆各保存一份。

(5)表格填写范例。《工程定位测量纪录》的填写参见表 C4-1。

表 C4-1 　　　　　　　　　　工程定位测量纪录

编号：×××

工程名称	××园林绿化工程	委托单位	××园林园艺公司
图纸编号	×××	施测日期	××年×月×日
平面坐标依据	××—036 A、方 1、D	复测日期	××年×月×日
高程依据	测××—036 BMG	使用仪器	DS1 96007
允许误差	±13mm	仪器校验日期	××年×月×日

定位抄测示意图：

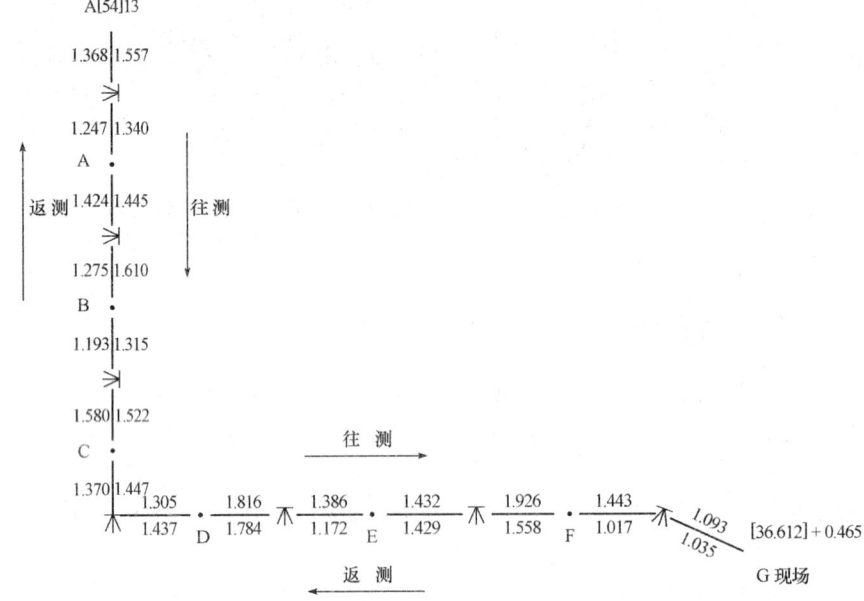

复测结果：

$h_{往} = \sum 后 - \sum 前 = +0.273\text{m}$

$h_{返} = \sum 后 - \sum 前 = -0.281\text{m}$

$f_{测} = \sum 后 + \sum 前 = -8\text{m}$

$f_{允} = \pm 5\text{mm} \quad \sqrt{N} = \pm 5\text{mm} \quad$ 允许误差±13mm＞$f_{测}$ 精度合格

高差 $h = +0.277\text{m}$

建设（监理）单位	施工（测量）单位	××建筑工程公司	测量人员岗位证书号	027—001038
	专业技术负责人	测量负责人	复测人	施测人
×××	×××	×××	×××	×××

二、测量复核资料

(1)测量复核记录指施工前对施工测量放线的复测。应填写《测量复核记录》(表 C4-2)的部位：
1)构筑物（桥梁、道路、各种管道、水池等）位置线。
2)基础尺寸线，包括基础轴线、断面尺寸、标高（槽底标高、垫层标高等）。

3) 主要结构的模板,包括几何尺寸、轴线、标高、预埋件位置等。

4) 桥梁下部结构的轴线及高程,上部结构安装前的支座位置及高程等。

(2)《测量复核记录》(表 C4-2)由施工单位填写并保存。

(3) 表格填写范例。《测量复核记录》的填写参见表 C4-2。

表 C4-2 测量复核记录

编号: ×××

工程名称	××园林绿化工程		
施工单位	××园林园艺公司		
复核部位	××——036A、方1、D	仪器型号	DS1 96007
复核日期	××年×月×日	仪器检定日期	××年×月×日
复核内容(文字及草图): 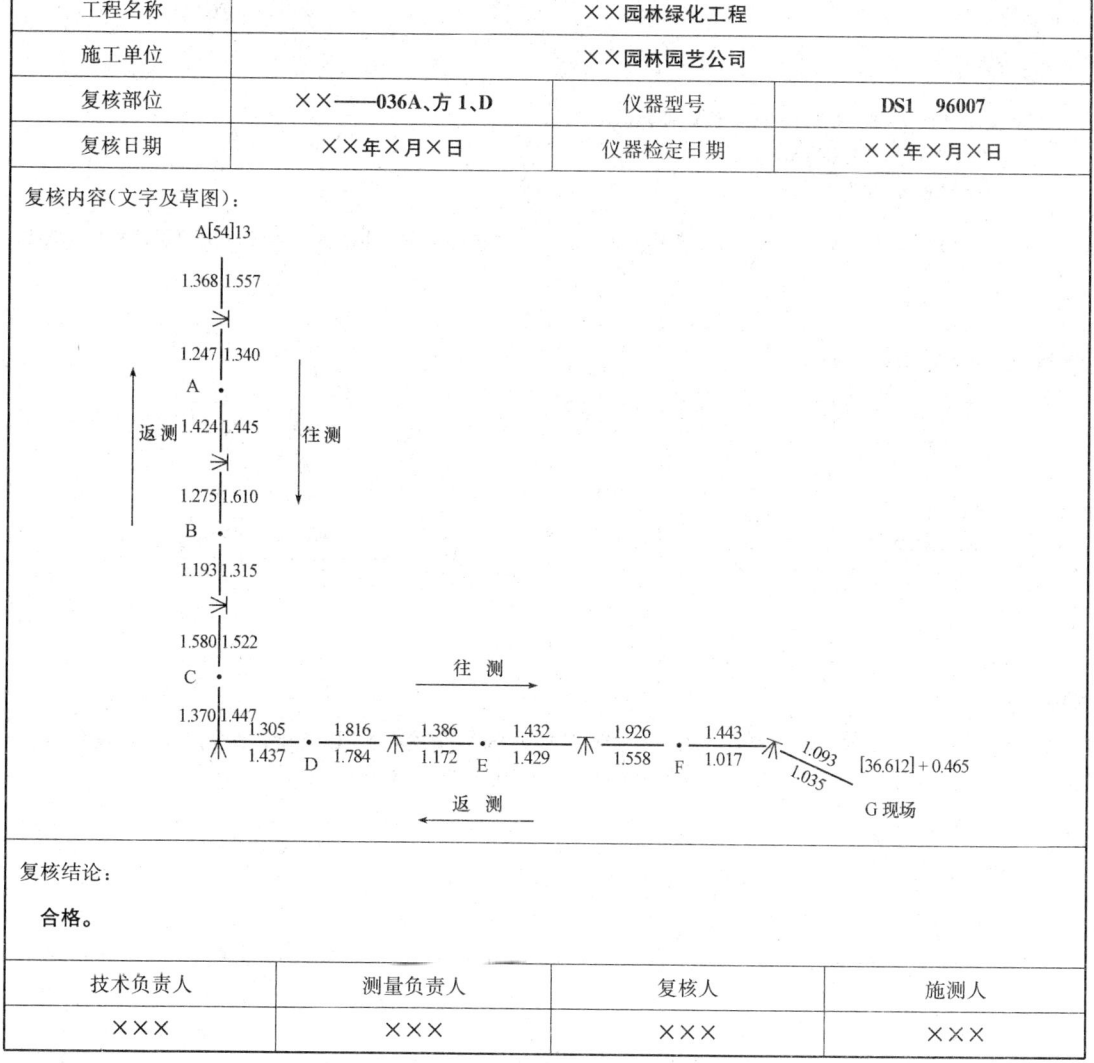			
复核结论: **合格。**			
技术负责人	测量负责人	复核人	施测人
×××	×××	×××	×××

三、基槽验线资料

(1)《基槽验线记录》(表 C4-3),由施工单位填写,随相应的《施工测量定点放线报验表》进入资料流程。

(2) 相关规定与要求:指施工测量单位应根据主控轴线和基槽底平面图,检验建筑物基底外轮廓线、垫层底标高(高程)、基槽断面尺寸和坡度等,填写《基槽验线记录》(表 C4-3)并报监理单位审核。

(3) 注意事项:指重点工程或大型工业厂房应有测量原始记录。

(4)《基槽验线记录》(表 C4-3)由建设单位、施工单位、城建档案馆各保存一份。

(5) 表格填写范例。《基槽验线记录》的填写参见表 C4-3。

表 C4-3　　　　　　　　　　基槽验线记录

编号:×××

工程名称	××园林绿化工程	日期	××年×月×日
验线依据及内容: 依据:(1)施工图纸(图号××)设计变更/洽商(编号××)。 　　　(2)本工程《施工测量方案》。 　　　(3)定位轴线控制网。 内容:根据主控轴线和基底平面图,检验建筑物基底外轮廓线、集水坑(电梯井坑)、垫层标高、基槽断面尺寸及边坡坡度(1:0.5)等。			
基槽平面、剖面简图(单位:mm): 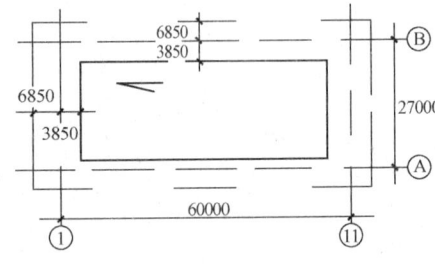 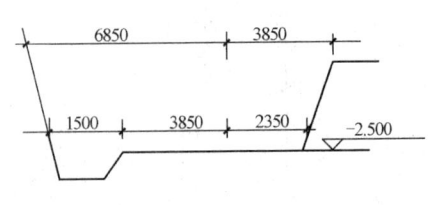			
检查意见: 经检查:①~⑪/Ⓐ~Ⓑ轴为基底控制轴线,垫层标高(误差:-1mm),基槽开挖的断面尺寸(误差:+2mm),坡度边线、坡度等各项指标符合设计要求及本工程《施工测量方案》规定,可进行下道工序施工。			
建设(监理)单位	施工测量单位	××园林园艺公司	
^	专业技术负责人	专业质检员	施测人
×××	×××	×××	×××

第五节　园林绿化工程施工记录

一、施工通用记录

园林绿化工程施工通用记录的组成内容及所形成的表格,如图 4-5 所示。

1. 施工检查记录

(1)《施工检查记录(通用)》(表 C5-1)由施工单位填写并保存。

第四章　园林绿化工程施工资料　　　·149·

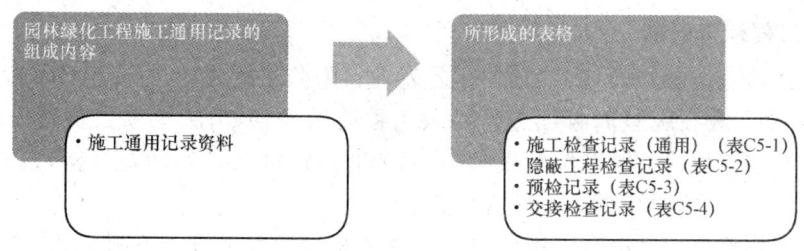

图 4-5　园林绿化工程施工通用记录的组成内容及所形成的表格

(2)按照现行规范要求应进行施工检查的重要工序,且无与其相适应的施工记录表格的,施工检查记录(通用)适用于各专业。

(3)施工检查记录应附有相关图表、图片、照片及说明文件等。

(4)填表注意事项。对隐蔽检查记录和预检记录不适用的其他重要工序,应按照现行规范要求进行施工质量检查,填写《施工检查记录(通用)》。

(5)表格填写范例。《施工检查记录(通用)》的填写参见表 C5-1。

表 C5-1　　　　　　　　　　施工检查记录(通用)

编号：×××

工程名称	××园林绿化工程	检查项目	砌筑
检查部位	①～⑫/Ⓐ～Ⓟ轴墙体	检查日期	××年×月×日

检查依据：
(1)施工图纸建－1,建－5。 (2)《砌体结构工程施工质量验收规范》(GB 50203—2011)。

检查内容：
(1)瓦工班 15 人砌筑①～⑫/Ⓐ～Ⓟ轴填充墙,并于当日全部完成。 (2)质检员检查时发现一处填充墙砌筑不合格(①/Ⓑ～Ⓒ轴卧室)并责令瓦工班进行返工处理。 (3)试验员制作两组砌筑砂浆试块,强度等级 M7.5。

检查结论：
经检查,①/Ⓑ～Ⓒ轴卧室处填充墙返工重新砌筑,检查内容已整改完成,符合设计及《砌体结构工程施工质量验收规范》(GB 50203—2011)规定。

复查意见：
检查合格,同意继续施工。 复查人：×××　　　　　　　　　　　　　　　　　　　　　　　　复查日期：

施工单位	××园林园艺公司	
专业技术负责人	专业质检员	专业工长
×××	×××	×××

2. 隐蔽工程检查记录

《隐蔽工程检查记录》(表 C5-2)适用于各专业。隐蔽工程是指被下道工序施工所隐蔽的工程项目。隐蔽工程在隐蔽前必须进行隐蔽工程质量检查,由施工项目负责人组织施工人员、质检人员并请监理(建设)单位代表参加,必要时请设计人员参加,建(构)筑物的验槽,基础、主体结构的验收,应通知质量监督站参加。

(1)隐蔽工程检查记录由施工单位填写后随各相应检验批进入资料流程,无对应检验批的直接报送监理单位审批后各相关单位存档。

(2)《隐蔽工程检查记录》(表 C5-2)由施工单位填报,建设单位、施工单位、城建档案馆各保存一份。

(3)填表注意事项。

1)工程名称、隐检项目、隐检部位及日期必须填写准确。

2)隐检依据、主要材料名称及规格型号应准确,尤其对设计变更、洽商等容易遗漏的资料应填写完全。

3)隐检内容应填写规范,必须符合各种规程、规范的要求。

4)签字应完整,严禁他人代签。

5)审核意见应明确,将隐检内容是否符合要求表述清楚。

6)复查结论主要是针对上一次隐检出现的问题进行复查,因此,要对质量问题整改的结果描述清楚。

(4)表格填写范例。《隐蔽工程检查记录》的填写参见表 C5-2。

表 C5-2　　　　　　　　　　　隐蔽工程检查记录

编号：×××

工程名称	××园林绿化工程		
隐检项目	钢筋绑扎	隐检日期	××年×月×日
隐检部位	地下二层	①~⑫/Ⓐ~Ⓗ轴线-2.95~0.10 标高	

隐检依据：施工图图号　　结施-3,结施-4,结施-11,结施-12　　,设计变更/洽商(编号　×××　)及有关国家现行标准等。

主要材料名称及规格/型号：　　钢筋,绑扎丝

$\phi 12, \phi 14$

隐检内容：

(1)墙厚 300mm,钢筋双向双层,水平筋 $\phi 12@200$,在内侧,竖向筋 $\phi 14@150$,在外侧。

(2)墙体的钢筋搭接绑扎,搭接长度 $42d(\phi 12:405mm/\phi 14:588mm)$接头纵横错开 50%,接头净距 50mm。

(3)墙体筋定位筋采用 $\phi 12$ 竖向梯子筋,每跨 3 道,上口设水平梯子筋与主筋绑牢。

(4)竖向筋起步距柱 50mm,水平筋起步距梁 50mm,间距排距均匀。

(5)绑扎丝为双铅丝,每个相交点八字扣绑扎,丝头朝向混凝土内部。

(6)墙外侧保护层 35mm,内侧 20mm,采用塑料垫块间距 600mm 梅花形布置。

(7)钢筋均无锈污染已清理干净,如钢筋原材做复试,另附钢筋原材复试报告,试验编号(××)。

隐检内容已做完,请予以检查。

申报人：×××

续表

检查意见：
经检查： (1)地下二层，①~⑫/Ⓐ~Ⓚ轴墙钢筋品种、级别、规格、配筋数量、位置、间距符合设计要求。 (2)钢筋绑扎安装质量牢固，无漏扣现象，观感符合要求，搭结长度 42d。 (3)墙体定位梯子筋各部位尺寸间距准确与主筋绑扎。 (4)保护层厚度符合要求，采用塑料垫块绑扎牢固，间距 600mm，梅花形布置。 (5)钢筋无锈蚀无污染，近场复试合格，符合《混凝土结构工程施工质量验收规范》(GB 50204—2002)规定。
检查结论：　☑同意隐蔽　　□不同意，修改后进行复查
复查结论： 　　检查合格。 复查人：×××　　　　　　　　　　复查日期：

建设(监理)单位	施工单位	××园林公司	
	专业技术负责人	专业质检员	专业工长
×××	×××	×××	×××

3. 预检记录

(1)《预检记录》(表 C5-3)由施工单位填写，随相应检验批进入资料流程。

(2)依据现行施工规范，对于其他涉及工程结构安全、实体质量及人身安全须做质量预控的重要工序，做好质量预控，做好预检记录。

(3)《预检记录》(表 C5-3)由施工单位保存。

(4)预检记录是对施工重要工序进行的预先质量控制检查记录，为通用施工记录，适用于各专业，预检项目及内容见表 4-1。

表 4-1　　　　　　　　　　预检项目及内容

项　目	内　容
模板工程	几何尺寸、轴线、标高、预埋件及预留孔位置、模板牢固性、接缝严密性、起拱情况、清扫口留置、模内清理、脱模剂涂刷、止水要求等；节点做法，放样检查
设备基础和预制构件安装	设备基础位置、混凝土强度、标高、几何尺寸、预留孔、预埋件等
地上混凝土结构施工缝	留置方法、位置和接槎的处理等
管道预留孔洞	预留孔洞的尺寸、位置、标高等
管道预埋套管(预埋件)	预埋套管(预埋件)的规格、形式、尺寸、位置、标高等

(5)填表注意事项。

1)检查意见应明确，一次验收未通过的要注明质量问题，并提出复查要求。

2)复查意见主要是针对上一次验收的问题进行的，因此，应把质量问题改正的情况表述清楚。

(6)表格填写范例。《预检记录》的填写参见表 C5-3。

表 C5-3 预检记录

编号：×××

工程名称	××园林绿化工程	预检项目	模板
预检部位	墙体①~⑩/Ⓐ~Ⓗ轴	检查日期	××年×月×日

依据：施工图纸（施工图纸号 _____结施—6_____）、设计变更/洽商（编号 _____×××_____）和有关规范、规程。

主要材料或设备：_____钢模板，木模板，架管等_____

规格/型号：_____

预检内容：

(1)模板清理干净，隔离剂涂刷均匀，擦拭光亮。
(2)清扫口留设、模内清理。
(3)模板方案支模，支撑系统的承载能力、刚度和稳定性。
(4)模板几何尺寸、轴线位置、垂直度、平整度、板间接缝。
(5)模板下口海绵条粘贴严密。
(6)模板采用 12 厚覆膜竹胶板，模板支撑木方间距 25mm。水平支撑间距 600mm。
(7)板厚：30mm。
(8)模板标高：—4.15m。

预检内容均已做完，请予检查。

检查意见：

经检查：模板几何尺寸、轴线位置、预埋件、预留洞位置尺寸符合设计要求，标高传递准确，模板清理干净。脱模剂涂刷均匀、无遗漏、模内清理到位。板间接缝采用 1cm 成品海绵条，防止漏浆。按模板方案支撑系统的承载能力，刚度和稳定性。模板的垂直度，平整度均符合《混凝土结构工程施工质量验收规范》(GB 50204—2002)规定，可进行下道工序施工。

复查意见：

合格。

复查人：×××   复查日期：××年×月×日

施工单位	××园林园艺公司		
专业技术负责人	专业质检员		专业工长
×××	×××		×××

4. 交接检查记录

(1)《交接检查记录》(表式 C5-4)由施工单位填写。

(2)相关规定与要求：分项（分部）工程完成，在不同专业施工单位之间应进行工程交接，并进行专业交接检查，填写《交接检查记录》。移交单位、接收单位和见证单位共同对移交工程进行验收,并对质量情况、遗留问题、工序要求、注意事项、成品保护、注意事项等进行记录,填写《交接检查记录》(表 C5-4)。

(3)填表注意事项。

1)"见证单位名称"栏内应填写施工总承包单位质量技术部门,参与移交及接受的部门不得作为见证单位。

2)见证单位应根据实际检查情况,汇总移交和接收单位的意见并形成见证单位意见。

(4)《交接检查记录》(表 C5-4)由移交、接收和见证单位各保存一份。

(5)表格填写范例。《交接检查记录》的填写参见表 C5-4。

表 C5-4　　　　　　　　　　　交接检查记录

编号：×××

工程名称	××园林绿化工程		
移交单位名称	××公司	接收单位名称	××公司
交接部位	设备基础	检查日期	××年×月×日
交接内容： 　按《建筑给水排水及采暖工程施工质量验收规范》(GB 50242—2002)第 4.4.1 条、第 13.2.1 条和《通风与空调工程施工质量验收规范》(GB 50243—2002)第 7.1.4 条规定及施工图纸××要求,设备就位前对其基础进行验收。 　内容包括:混凝土强度等级(C25)、坐标、标高、几何尺寸及螺栓孔位置等。			
检查结果： 　经检查,设备基础混凝土强度等级达到设计强度等的 132%,坐标、标高、螺栓孔位置准确,几何尺寸偏差最大值 －1mm,符合设计和《建筑给水排水及采暖工程施工质量验收规范》(GB 50242—2002)、《通风与空调工程施工质量验收规范》(GB 50243—2002)要求,验收合格,同意进行设备安装。			
复查意见：合格。 复查人：×××　　　　　　　　　　　　　　　　　　　　　　复查日期：			
见证单位意见： 　符合设计及和《建筑给水排水及采暖工程施工质量验收规范》(GB 50242—2002)、《通风与空调工程施工质量验收规范》(GB 50243—2002)要求,同意交接。			
见证单位名称	××公司××工程项目质量部		
移交单位	接收单位		见证单位
×××	×××		×××

二、绿化种植工程

园林绿化种植工程施工记录的组成内容及所形成的表格,如图 4-6 所示。

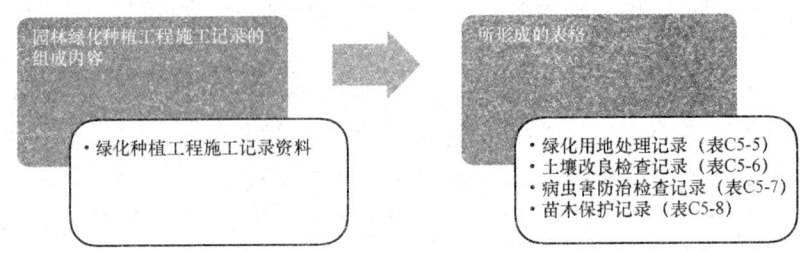

图 4-6　园林绿化种植工程施工记录的组成内容及所形成的表格

1. 绿化用地处理记录

(1)施工前或施工中遇不能按计划进行种植的特殊情况,如不适宜种植的土层、坟墓、垃圾堆、井、坑、巨石、结构层等,应当进行处理,并填写《绿化用地处理记录》(表 C5-5)。

(2)《绿化用地处理记录》(表 C5-5)由施工单位填写并保存。

(3)表格填写范例。《绿化用地处理记录》的填写参见表 C5-5。

表 C5-5　　　　　　　　　　绿化用地处理记录

编号：×××

工程名称	××园林绿化工程	施工单位	××园林公司
处理时间	××年×月×日		
处理范围	××公园,大面积种植草坪区		
出现问题: 该地区土壤含大量建筑垃圾堆。			
解决方法: 需要做深埋、表层换土处理。			
结论: 同意换土。			
建设(监理)单位	施工单位		
	技术负责人	质检员	施工员
×××	×××	×××	×××

2. 土壤改良检查记录

(1)对不适宜所栽植植物生长的土壤进行更换或原土物理改良和化学改良,并填写《土壤改良检查记录》(表 C5-6)。

(2)《土壤改良检查记录》(表 C5-6)由施工单位填写并保存。

(3)表格填写范例。《土壤改良检查记录》的填写参见表 C5-6。

表 C5-6　　　　　　　　　　土壤改良检查记录

编号：×××

工程名称	××园林绿化工程	施工单位	××园林公司
检测单位	××检测所	检测报告编号	×××
改良时间	××年×月×日	改良区域	草坪区

原土理化性状(依据检测报告填写)
pH 值：<8.5 偏碱性。

改良方法：
换土处理。

改良后土壤情况：
pH 值：<7 中性。

结论：
准予种植草坪草。

监理单位	施工单位		
	项目技术负责人	专业质检员	施工员
×××	×××	×××	×××

3. 病虫害防治检查记录

（1）在苗木栽植后进行的物理防治、化学防治、生物防治，应对防治方法、药物浓度、防治区域等进行记录，并填写《病虫害防治检查记录》(表 C5-7)。

（2）《病虫害防治检查记录》(表 C5-7)由施工单位填写并保存。

（3）表格填写范例。《病虫害防治检查记录》的填写参见表 C5-7。

表 C5-7　　　　　　　　　　　　病虫害防治检查记录

编号：　×××

工程名称	××园林绿化工程		
施工单位	××园林园艺公司	检查日期	××年×月×日
检查方式	观察		
检查内容： 检查苗木的枝、茎、叶等。			
检查结果： 叶不全，表面泛黄等。			
处理意见： 苗木栽植后进行化学防治。			
监理单位	施工单位		
	专业技术负责人		质检员
×××	×××		×××

4. 苗木保护记录

(1)应填写《苗木保护记录》(表 C5-8),记录苗木栽植前进行的吊装、运输、假植等保护措施。

(2)《苗木保护记录》(表 C5-8)由施工单位填写并保存。

(3)表格填写范例。《苗木保护记录》的填写参见表 C5-8。

表 C5-8　　　　　　　　　　　苗木保护记录　　　　　　　　　编号：×××

工程名称	××园林绿化工程		
施工单位	××园林园艺公司	施工日期	××年×月×日
保护方式	吊装		
1	银杏		
2			
3			
4			
5			
施工内容： 栽植大球银杏。			
检查结果： 包装完好。			
质量问题及处理意见： 同意吊装。			
监理单位	施工单位		
		质检员	记录人
×××		×××	×××

三、园林铺地、园林景观构筑物及其他造景工程施工记录

园林铺地、园林景观构筑物及其他造景工程施工记录的组成内容及所形成的表格,如图 4-7 所示。

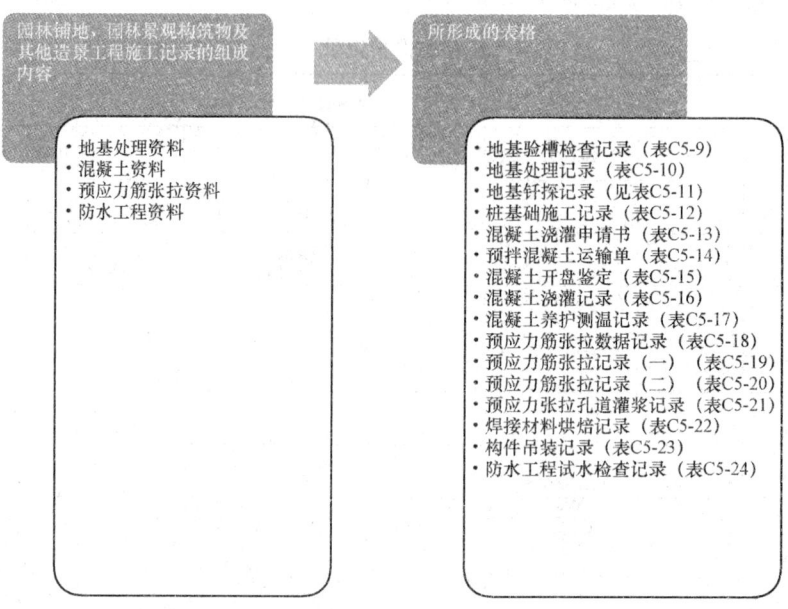

图 4-7 园林铺地、园林景观构筑物及其他造景工程施工记录
的组成内容及所形成的表格

(一)地基处理资料

1. 地基验槽检查记录

(1)《地基验槽检查记录》(表 C5-9)由总包单位填报,经各相关单位转签后存档。

(2)附件收集:相关设计图纸、设计变更洽商及地质勘察报告等。

(3)相关规定与要求。

1)新建建筑物应进行施工验槽,检查内容包括基坑位置、平面尺寸、持力层核查、基底绝对高程标高(和相对标高和绝对高程)、持力层核查、基坑土质及地下水位等,有基础桩、桩支护或桩基的工程还应有工程桩的检查。

2)《地基验槽检查记录》(表 C5-9)应由建设、勘察、设计、监理、施工单位共同验收签认。

3)地基需处理时,应由勘察、设计部门提出处理意见。

(4)《地基验槽检查记录》(表 C5-9)由施工单位填写,建设单位、施工单位、城建档案馆各保存一份。

(5)填表注意事项。对于进行地基处理的基槽,还应再进行一次地基验槽检查记录,并将地基处理的洽商编号、处理方法等注明。

(6)表格填写范例。《地基验槽检查记录》的填写参见表 C5-9。

表 C5-9　　　　　　　　　　　　　地基验槽检查记录

编号：×××

工程名称	××园林绿化工程	验槽日期	××年×月×日
验槽部位	①~⑩/Ⓐ~Ⓟ轴基槽		

依据：施工图纸(施工图纸号_____结—1,结—3_____)、设计变更/洽商
　　　(编号_____)及有关规范、规程。

验槽内容：

1. 基槽开挖至勘探报告第_____×_____层,持力层为_____×_____层。
2. 基底绝对高程和相对标高_____××m_____-8.70m_____。
3. 土质情况_____2类黏土_____基底为老土层,均匀密实_____
　　(附件：☑　钎探记录及钎探点平面布置图)

　　　　　　　　　　　　　　　　　　　　　　　　　　　　　申报人：×××

检查意见：

槽底土均匀密实,与地质勘探报告(编号××)相符,基槽平面位置、几何尺寸、基槽底标高、定位符合设计要求。
地下水情况：槽底地下水位上1.5m,无坑、穴洞。

检查结论：
☑无异常,可进行下道工序　　　　　　□需要地基处理

建设单位	监理单位	设计单位	勘察单位	施工单位
×××	×××	×××	×××	×××

2. 地基处理记录

(1)《地基处理记录》(表 C5-10)由总承包单位填报,经各相关单位转签后存档。

(2)附件收集：指相关设计图纸、设计变更洽商及地质勘察报告等。

(3)相关规定与要求：指地基需处理时,应由勘察、设计部门提出处理意见,施工单位应依据勘察、设计单位提出的处理意见进行地基处理,完工后填写《地基处理记录》(表 C5-10),内容包括地基处理方式、处理部位、深度及处理结果等。地基处理完成后,应报请勘察、设计、监理部门复查。

(4)《地基处理记录》(表 C5-10)由施工单位填写,建设单位、施工单位、城建档案馆各保存一份。

(5)填表注意事项。

1)当地基处理范围较大、内容较多、用文字描述较困难时,应附简图示意。

2)如勘察单位、设计单位委托监理单位进行复查时,应有书面的委托记录。

(6)表格填写范例。《地基处理记录》的填写参见表 C5-10。

表 C5-10　　　　　　　　　　　地基处理记录

编号：×××

工程名称	××园林绿化工程
施工单位	××园林园艺公司
处理依据	(1)《建筑地基基础工程施工质量验收规范》(GB 50202—2002)。 (2)《建筑地基处理技术规范》(JGJ 79—2012)。 (3)本工程《地基基础施工方案》。 (4)设计变更/洽商(编号××)及钎探记录。

处理部位(或简图)：

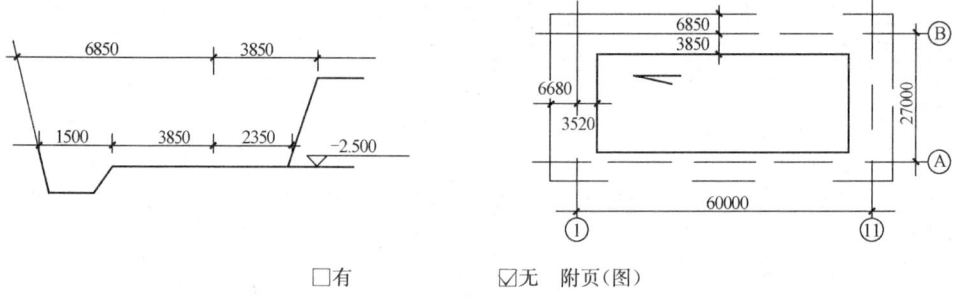

□有　　　　☑无　附页(图)

处理过程简述：

填级配石厚 200mm。

(1)先将基底松土及橡皮土清至老土层。
(2)按设计要求两侧钉好水平桩标高控制在 $-2.2\mathrm{m}$ 为回填级配石上平。
(3)回填级配石的粒径不大于 10cm,且无草根、垃圾等有机物。
(4)填好基配石后用平板振动器振捣遍数不少于三遍。
(5)排水沟内填卵石,不含有沙子,标高至基底上表面。
(6)级配石的运输方法：用钉好的溜槽投料,严禁将配石由上直接投入槽中。

检查意见：

经复验,已按洽商要求施工完毕,符合质量验收规范要求,可以进行下道工序施工。
(由勘察、设计单位签署复查意见)

监理(建设)单位	勘察单位	设计单位	施工单位
×××	×××	×××	×××

3. 地基钎探记录

(1)《地基钎探记录》(表 C5-11)由施工单位填写,并附钎探点布置图,建设单位、施工单位、城建档案馆各保存一份。

(2)相关规定与要求。钎探记录用于检验浅土层(如基槽)的均匀性,确定基槽的容许承载力及检验填土质量。钎探前应绘制钎探点平面布置图,确定钎探点布置及顺序编号。按照钎探图及有关规定进行钎探并记录。

(3)填表注意事项。地基钎探记录必须真实有效,严禁弄虚作假。

(4)表格填写范例。《地基钎探记录》的填写参见表C5-11。

表C5-11　　　　　　　　　　　地基钎探记录

编号：×××

工程名称	×× 园林绿化工程					
施工单位	××园林园艺公司					
套锤重	12kg	自由落距	60cm	钎径	φ35	钎探日期	××年×月×日
顺序号	各 步 锤 数					
	0～30cm	31～60cm	61～90cm	91～120cm	121～150cm	151～180cm
1	15	39	72	85	25	72
2	14	15	78	57	28	35
3	18	48	89	29	16	18
4	14	40	83	99	35	36
5	18	55	89	40	25	42
6	18	81	92	58	47	39
7	17	57	91	38	34	75
8	15	56	63	32	26	82
9	12	34	67	31	29	57
10	18	65	75	48	18	29
11	24	63	88	88	20	36
12	16	60	87	66	26	44
13	16	58	93	42	41	67
14	21	59	84	30	26	44
15	25	68	90	42	25	31
16	17	61	76	70	19	90
17	15	54	80	63	19	23
18	16	56	92	80	41	93
技术负责人		施工员		质检员		记录人
×××		×××		×××		×××

4. 桩基施工记录

(1)桩基包括预制桩、现制桩等,应按规定填写《桩基础施工记录》(表 C5-12),附布桩、补桩平面示意图,并注明桩编号。桩基检测应按国家有关规定进行成桩质量检查(含混凝土强度和桩身完整性)。由分承包单位承担桩基施工的,完工后应将记录移交总包单位。

(2)《桩基础施工记录》(表 C5-12)由施工单位填写并保存。

(3)表格填写范例。《桩基础施工记录》的填写参见表 C5-12。

表 C5-12　　　　　　　　　　桩基础施工记录

编号：×××

工程名称	××园林绿化工程			施工单位	××园林园艺公司	
桩基类型	×××	孔位编号	×××	轴线位置	×××	
设计桩径	×××	设计桩长	×××	桩顶标高	×××	
钻机类型	×××	护壁方式	×××	泥浆比重	×××	
开钻时间	×××			终孔时间	×××	
钢筋笼	笼　长	×××		主　筋		
	下笼时间			箍　筋		
孔深计算	钻台标高			浇注前孔深		实际桩长
	终孔深度			沉渣厚度		
混凝土设计强度等级				坍落度		
混凝土理论浇筑量				实际浇筑量		
施工问题记录：						
监理(建设)单位	施工单位					
	技术负责人		施工员		质检员	
×××	×××		×××		×××	
记录日期	××年×月×日					

(二)混凝土资料

1. 混凝土浇筑申请书

(1)《混凝土浇筑申请书》(表 C5-13)。由施工单位填写并保存,在浇筑混凝土之前报送监理单位备案。

(2)相关规定与要求:正式浇筑混凝土前,施工单位应检查各项准备工作(如钢筋、模板工程检查;水电预埋检查;材料、设备及其他准备等),自检合格填写《混凝土浇筑申请书》(表C5-13)报监理单位后方可浇筑混凝土。

(3)填表注意事项:"技术要求"栏应依据混凝土施工合同的具体要求填写。

(4)《混凝土浇筑申请书》(表C5-13)由施工单位填报并保存,并交给监理单位一份备案。

(5)表格填写范例。《混凝土浇筑申请书》的填写参见表C5-13。

表 C5-13　　　　　　　　　　　混凝土浇筑申请书

编号:×××

工程名称	××园林绿化工程	申请浇筑日期	××年×月×日×时
申请浇筑部位	①~⑩/Ⓐ~Ⓙ轴柱	申请方量(m³)	—
技术要求	坍落度170mm,初凝时间2.3h	强度等级	C35
搅拌方式 (搅拌站名称)	××混凝土公司	申请人	×××

依据:施工图纸(施工图纸号_____结施-3_____)、设计变更/洽商
(编号_____—_____)和有关规范、规程。

施 工 准 备 检 查	专业工长 (质量员)签字	备 注
1. 隐检情况: ☑已 □未完成隐检。	×××	
2. 预检情况: ☑已 □未完成预检。	×××	
3. 水电预埋情况: ☑已 □未完成并未经检查。	×××	
4. 施工组织情况: ☑已 □未完备。	×××	
5. 机械设备准备情况: ☑已 □未准备。	×××	
6. 保温及有关准备: ☑已 □未准备。	×××	

审批意见:

原材料、机械设备及施工人员已就位。
施工方案及技术交底工作已落实。
计量设备已准备完毕。
各种隐预检、水电预埋工作已完成。

审批结论:　☑同意浇筑　　□整改后自行浇筑　　□不同意,整改后重新申请
审批人:×××
施工单位名称:××园林园艺公司　　　　　　　　　审批日期:××年×月×日

2. 预拌混凝土运输单

(1)《预拌混凝土运输单》(表 C5-14)由施工单位填写并保存。
(2)表中各项都应根据实际情况填写清楚,签字齐全。
(3)表格填写范例。
《预拌混凝土运输单》的填写参见表 C5-14。

表 C5-14　　　　　　　　　　　预拌混凝土运输单(正本)

编号：×××

合同编号	×××		任务单号		×××	
供应单位	××混凝土公司		生产日期		××年×月×日	
工程名称及施工部位	××园林绿化工程　⑥~⑫/Ⓑ~Ⓖ轴墙体					
委托单位	×××	混凝土强度等级		C30	抗渗等级	—
混凝土输送方式	泵送	其他技术要求			—	
本车供应方量(m³)	30	要求坍落度(mm)		140~160	实测坍落度(mm)	150
配合比编号	××-0012	配合比比例		C:W:S:G=1.0:0.49:2.42:3.17		
运距(km)	20	车号	×××	车次	16	司机 ×××
出站时间	13:38	到场时间		14:28	现场出罐温度(℃)	20
开始浇筑时间	14:36	完成浇筑时间			现场坍落度(mm)	150
签字栏	现场验收人		混凝土供应单位质量员		混凝土供应单位签发人	
	×××		×××		×××	

表 C5-14　　　　　　　　　　　预拌混凝土运输单(副本)

编号：×××

合同编号	×××		任务单号		×××	
供应单位	××混凝土公司		生产日期		××年×月×日	
工程名称及施工部位	××园林绿化工程　⑥~⑫/Ⓑ~Ⓖ轴墙体					
委托单位	×××	混凝土强度等级		C30	抗渗等级	—
混凝土输送方式	泵送	其他技术要求			—	
本车供应方量(m³)	30	要求坍落度(mm)		140~160	实测坍落度(mm)	150
配合比编号	××-0012	配合比比例		C:W:S:G=1.0:0.49:2.42:3.17		
运距(km)	20	车号	×××	车次	16	司机 ×××
出站时间	13:38	到场时间		14:28	现场出罐温度(℃)	20
开始浇筑时间	14:36	完成浇筑时间			现场坍落度(mm)	150
签字栏	现场验收人		混凝土供应单位质量员		混凝土供应单位签发人	
	×××		×××		×××	

3. 混凝土开盘鉴定

(1)《混凝土开盘鉴定》(表 C5-15)由施工单位填写并保存。

(2)相关规定与要求:采用预拌混凝土的,应对首次使用的混凝土配合比在混凝土出厂前,由混凝土供应单位自行组织相关人员进行开盘鉴定。采用现场搅拌混凝土的,应由施工单位组织监理单位、搅拌机组、混凝土试配单位进行开盘鉴定工作,共同认定试验室签发的混凝土配合比确定组成材料是否与现场施工所用材料相符,以及混凝土拌合物性能是否满足设计要求和施工需要。

(3)填表注意事项:表中各项都应根据实际情况填写清楚、齐全,要有明确的鉴定结果和结论,签字齐全。

(4)表格填写范例。《混凝土开盘鉴定》的填写参见表 C5-15。

表 C5-15　　　　　　　　　　混凝土开盘鉴定

编号:＿＿×××＿＿

工程名称及部位	××园林绿化工程①~⑤/Ⓐ~Ⓟ轴框架柱			鉴定编号	××××	
施工单位	××园林公司			搅拌方式	强制式搅拌机	
强度等级	C35			要求坍落度	160~180mm	
配合比编号	××-0682			试配单位	××混凝土公司试验室	
水灰比	0.46			砂率(%)	42	
材料名称	水泥	砂	石	水	外加剂	掺合料
每 1m³ 用料(kg)	323	773	1053	180	8.7	91
调整后每盘用料(kg)	砂含水率		5.4%	石含水率		0.2%
	646	1629	2110	272	17.4	182

鉴定结果	鉴定项目	混凝土拌合物性能			混凝土试块抗压强度(MPa)	原材料与申请单是否相符
		坍落度	保水性	粘聚性		
	设计	160~180mm			42.2	相符
	实测	170mm	良好	良好		

鉴定结论:

同意 C35 混凝土开盘鉴定结果,鉴定合格。

建设(监理)单位	混凝土试配单位负责人	施工单位技术负责人	搅拌机组负责人
×××	×××	×××	×××
鉴定日期	××年×月×日		

4. 混凝土浇筑记录

(1)《混凝土浇筑记录》(表 C5-16)由施工单位填写并保存。

凡现场浇筑 C20(含 C20)强度等级以上混凝土,须按规定填写《混凝土浇筑记录》。

(2)表格填写范例。《混凝土浇筑记录》的填写参见表 C5-16。

表 C5-16 **混凝土浇筑记录**

编号: ×××

<table>
<tr><td colspan="2">工程名称</td><td colspan="5">××工程</td></tr>
<tr><td colspan="2">施工单位</td><td colspan="5">××园林园艺公司</td></tr>
<tr><td colspan="2">浇筑部位</td><td colspan="3">①~⑧/Ⓑ~Ⓗ轴柱</td><td>设计强度等级</td><td>C25</td></tr>
<tr><td colspan="2">浇筑开始时间</td><td colspan="2">××年×月×日×时</td><td>浇筑完成时间</td><td colspan="2">××年×月×日×时</td></tr>
<tr><td colspan="2">天气情况</td><td>晴</td><td>室外气温</td><td>8℃</td><td>混凝土完成数量</td><td>30m³</td></tr>
<tr><td rowspan="3">混凝土来源</td><td rowspan="2">预拌混凝土</td><td>生产厂家</td><td colspan="2">××混凝土公司</td><td>供料强度等级</td><td>C25</td></tr>
<tr><td>运输单编号</td><td colspan="4">Y2002－150</td></tr>
<tr><td colspan="2">自拌混凝土开盘鉴定编号</td><td colspan="4">××××</td></tr>
<tr><td colspan="2">实测坍落度</td><td>160mm</td><td>出盘温度</td><td>10℃</td><td>入模温度</td><td>9℃</td></tr>
<tr><td colspan="3">试件留置种类、数量、编号</td><td colspan="4">抗渗试件 1 组 D—6;抗压试件 1 组 D—5</td></tr>
<tr><td colspan="2">混凝土浇筑中出现的问题及处理情况</td><td colspan="5">未发生问题,一切正常。</td></tr>
<tr><td colspan="2">施工负责人</td><td colspan="2">×××</td><td>填表人</td><td colspan="2">×××</td></tr>
</table>

5. 混凝土养护测温记录

当需要对混凝土进行养护测温(如大体积混凝土和冬期、高温季节混凝土施工)时,应按规定填写混凝土养护测温记录。

(1)《混凝土养护测温记录》(表C5-17)由施工单位填写并保存。

(2)相关规定与要求。

1)大体积混凝土施工应有混凝土入模时大气温度、养护温度的记录、内外温差记录和裂缝进行检查记录。

2)大体积混凝土养护测温应附测温点布置图,包括测温点的布置位置、深度等。

(3)填表注意事项:大体积混凝土养护测温记录应真实、及时,严禁弄虚作假。

(4)表格填写范例。《混凝土养护测温记录》的填写参见表C5-17。

表 C5-17　　　　　　　　　　混凝土养护测温记录

编号:×××

工程名称			××园林绿化工程				施工单位			××园林园艺公司	
测温部位			①~⑤/Ⓐ~Ⓙ轴				测温方式	隔离测温	养护方法	浇水覆盖	
测温时间			大气温度(℃)	入模温度(℃)	孔号	各测温孔温度(℃)		$t_{中}-t_{上}$(℃)	$t_{中}-t_{下}$(℃)	$t_{气}-t_{上}$(℃)	内外最大温差记录(℃)	裂缝宽度(mm)
月	日	时										
×	×	10	29		1#	上	32.5	6	4	−3.5		
						中	38.5					
						下	34.5					
×	×	12	30		2#	上	32.0	13	9	−2		
						中	45.0					
						下	36.0					
×	×	14	32		3#	上	33.0	12	5	−1		
						中	45.0					
						下	40.0					
×	×	16	30		4#	上	30.0	13	7	0		
						中	43.0					
						下	38.0					
						上						
						中						
						下						

续表

审核意见:		
混凝土测温点布置及测温措施控制,各项数据符合设计、规范要求。		
专业技术负责人	专业工长	测温员
×××	×××	×××

(三)预应力筋张拉资料

1. 预应力筋张拉记录

(1)预应力筋张拉记录包括《预应力筋张拉数据记录》(表 C5-18)、《预应力筋张拉记录(一)》(表 C5-19)、《预应力筋张拉记录(二)》(表 C5-20)、《预应力张拉孔道灌浆记录》(表 C5-21)。

(2)相关规定与要求。

1)预应力筋张拉记录:应由专业施工人员负责填写。《预应力筋张拉记录(一)》(表 C5-19)包括预应力施工部位、预应力筋规格、平面示意图、张拉程序、应力记录、伸长量等。《预应力筋张拉记录(二)》(表 C5-20)要对每根预应力筋的张拉实测值进行记录。后张法预应力张拉施工应执行见证管理,按规定要求做见证张拉记录。

2)有粘结预应力结构灌浆记录:后张法有粘结预应力筋张拉后应及时灌浆,并做灌浆记录,记录内容包括灌浆孔状况、水泥浆配比状况、灌浆压力、灌浆量,并有灌浆点简图和编号等。

3)预应力张拉原始施工记录应归档保存。

4)预应力工程施工记录由相应资质的专业施工单位负责提供。

(3)预应力筋张拉记录表均由施工单位填写,建设单位、施工单位、城建档案馆各保存一份。

(4)表格填写范例。

1)《预应力筋张拉数据记录》的填写参见表 C5-18。

第四章 园林绿化工程施工资料

表C5-18

预应力筋张拉数据记录

工程名称	××园林绿化工程							施工单位						××园林园艺公司			编号：×××
部位	预应力钢筋种类	预应力钢筋编号	规格		张拉方式	抗拉标准强度(MPa)	张拉控制应力(MPa)	超张控制应力(MPa)	张拉初始应力(MPa)	控制张拉力(kN)	超张张拉力(kN)	张拉初始力(kN)	孔道累计转角θ(rad)	孔道长度X(m)	钢材弹性模量E	孔道摩擦系数μ	孔道偏差系数k	计算伸长值ΔL(cm)
			直径(mm)	根数	截面面积(mm²)													
16m屋架	钢绞线	N₁-1	φⱼ15.24	3	139	两端	1860	19.08 / 19.08		2.25 / 2.12	585.9		117.2	14°	17.069	196×10³	0.19	0.0015	118
	钢绞线	N₁-2	φⱼ15.24	3	139	两端	1860	19.08 / 19.05		2.25 / 2.12	585.9		117.2	14°	17.069	196×10³	0.19	0.0015	118
	钢绞线	N₂-1	φⱼ15.24	3	139	两端	1860	19.08 / 19.05		2.25 / 2.12	585.9		117.2	2°	16.96	196×10³	0.19	0.0015	120
	钢绞线	N₂-2	φⱼ15.24	3	139	两端	1860	19.08 / 19.05		2.25 / 2.12	585.9		117.2	2°	16.96	196×10³	0.19	0.0015	120

监理(建设)单位	技术负责人	施工单位	张拉负责人	记录人	张拉日期
×××	×××		×××	×××	××××年×月×日

2)《预应力筋张拉记录(一)》的填写参见表 C5-19。

表 C5-19　　　　　　　　　预应力筋张拉记录(一)

编号：×××

工程名称	××园林绿化工程	张拉日期	××年×月×日
施工部位	预应力 9#屋架	预应力筋规格及抗拉强度	ϕ^s 1570N/m³

预应力张拉程序及平面示意图：

□有　☑无附页

张拉端锚具类型		固定端锚具类型	
设计控制应力	305kN	实际张拉力	308kN
千斤顶编号	1# (表号 498)	压力表编号	20.1
	2# (表号 457)		20.3
混凝土设计强度	C50	张拉时混凝土实际强度	75MPa

预应力筋计算伸长值：

$$\Delta L = \frac{E_p \cdot L}{AP \cdot E_s} \quad \frac{308 \times 27400}{15 \times 19.63 \times 200} = 143 \text{mm}$$

预应力筋伸长值范围：

136～157mm

施工单位	××园林园艺公司		
专业技术负责人		专业质检员	记录人
×××		×××	×××

3)《预应力筋张拉记录(二)》的填写参见表 C5-20。

表 C5-20　　　　　　　　　　预应力筋张拉记录(二)

编号：×××

张拉顺序编号	计算值	预应力筋张拉伸长实测值(cm)						备注
		一端张拉			另一端张拉			
		原长 L_1	实长 L_2	伸长 ΔL	原长 L_1'	实长 L_2'	伸长 $\Delta L'$	总伸长	
7#1孔	14.2	2.3	13.2	10.9	5.1	8.5	3.4	14.3	
7#2孔	14.2	3.0	13.6	10.6	4.9	8.5	3.6	14.2	
7#3孔	14.2	2.6	13.6	11.0	4.8	8.1	3.3	14.3	
7#4孔	14.2	2.8	14.2	11.4	5.2	8.2	3.0	14.4	
8#1孔	14.3	2.9	13.9	11.0	6.0	9.5	3.5	14.5	
8#2孔	14.3	2.5	13.6	11.1	4.0	7.6	3.6	14.7	
8#3孔	14.3	3.3	14.1	10.8	3.9	7.6	3.6	14.4	
8#4孔	14.3	2.9	14.3	11.4	3.8	6.9	3.1	14.5	
9#1孔	14.4	3.2	14.3	11.1	4.0	7.6	3.6	14.7	
9#2孔	14.4	2.7	13.5	10.8	3.0	6.6	3.6	14.4	

☑有　□无见证	见证单位	××公司	见证人	×××
施工单位		××园林园艺公司		
专业技术负责人	专业质检员		记录人	
×××	×××		×××	

4)《预应力张拉孔道灌浆记录》的填写参见表 C5-21。

表 C5-21 预应力张拉孔道灌浆记录

编号：×××

工程名称	××园林绿化工程				
施工单位	××园林园艺公司		施工日期		××年×月×日
构件部位	预应力桥梁		构件部位编号		YL1－2－3
水泥品种及强度等级	P·O 42.5		外加剂		—
水灰比	0.38		水泥浆稠度		
孔道编号	起止时间（时/分）	压力（MPa）	大气温度（℃）	净浆温度（℃）	压浆强度(28d)(MPa)
N_1-1	9:00/11:30	0.6	22	15°	35.0
N_1-2	13:00/14:30	0.6	22	15°	38.3
备注：					

监理(建设)单位	施工单位		
	技术负责人	施工员	记录人
×××	×××	×××	×××

2. 焊接材料烘焙记录

(1)《焊接材料烘焙记录》(表 C5-22)由施工单位填写并保存。

(2)相关规定与要求：按照规范、标准和工艺文件等规定须进行烘焙的焊接材料应在使用前按要求进行烘焙，并填写《焊接材料烘焙记录》(表 C5-22)。烘焙记录内容包括烘焙方法、烘干温度、要求烘干时间、实际烘焙时间和保温要求等。

(3)表格填写范例。《焊接材料烘焙记录》的填写参见表 C5-22。

表 C5-22 焊接材料烘焙记录

编号：×××

工程名称			××园林绿化工程						
焊材牌号	E 4311		规格(mm)	3.2×350		焊材厂家		×××	
钢材材质	热轧带肋		烘焙方法	—		烘焙日期		××年×月×日	
序号	施焊部位	烘焙数量(kg)	烘焙要求			保温要求			备注
			烘干温度(℃)	烘干时间(h)	实际烘焙			降至恒温(℃)	保温时间(h)
					烘焙日期	从时分	至时分		
1	①~⑥/Ⓐ~Ⓔ轴框架柱	100	280	2	××年×月×日	8:30	10:30	30	4

说明：

(1)焊条、焊剂等在使用前，应按产品说明书及有关工艺文件规定的技术要求进行烘干。

(2)焊接材料烘干后应存放在保温箱内，随用随取，焊条由保温箱(筒)取出到施焊的时间不得超过 2h，酸性焊条不宜超过 4h，烘干温度 250~300℃。

施工单位	××园林园艺公司	
专业技术负责人	专业质检员	记录人
×××	×××	×××

3. 构件吊装记录

(1)《构件吊装记录》(表 C5-23)由施工单位填写并保存。

(2)相关规定与要求:预制混凝土结构构件、大型钢、木构件吊装应有《构件吊装记录》(表 C5-23),吊装记录内容包括构件型号名称、安装位置、外观检查、楼板堵孔、清理、锚固、构件支点的搁置与搭接长度、接头处理、固定方法、标高、垂直偏差等,应符合设计和现行标准、规范要求。

(3)填表注意事项:"备注"栏内应填写吊装过程中出现的问题、处理措施及质量情况等。对于重要部位或大型构件的吊装工程,应有专项安全交底。

(4)表格填写范例。

《构件吊装记录》的填写参见表 C5-23。

表 C5-23　　　　　　　　　　构件吊装记录

编号:×××

工程名称		××园林绿化工程				
使用部位		屋面		吊装日期	××年×月×日	
序号	构件名称及编号	安装位置	安装检查			备注
			搁置与搭接尺寸	接头(点)处理	固定方法	标高检查
1	预应力屋面板 1#	①～③/Ⓐ～Ⓙ轴	70mm	焊接混凝土灌缝	焊接	22.800m	

结论:

预应力屋面板有出厂合格证,外观、型号数量等各项技术指标符合设计要求及规范规定,构件合格。

施工单位	××园林园艺公司	
专业技术负责人	专业质检员	记录人
×××	×××	×××

(四)防水工程资料

(1)《防水工程试水检查记录》(表 C5-24)由施工单位填写,建设单位、施工单位各保存一份。

(2)相关规定与要求。

1)防水工程完成后,应进行试水试验。

2)凡有防水要求的房间应有防水层及装修后的蓄水检查记录。检查内容包括蓄水方式、蓄水时间、蓄水深度、水落口及边缘封堵情况和有无渗漏现象等。

3)屋面工程完毕后,应对细部构造(屋面天沟、檐沟、檐口、泛水、水落口、变形缝、伸出屋面的管道等)、接缝处和保护层进行雨期观察或淋水、蓄水检查。淋水试验持续时间不得少于2h;做蓄水检查的屋面、蓄水时间不得少于24h。

(3)表格填写范例。《防水工程试水检查记录》的填写参见表 C5-24。

表 C5-24　　　　　　　　　防水工程试水检查记录

编号:×××

工程名称	××园林绿化工程			
施工单位	××园林园艺公司			
专业施工单位	××防水工程公司			
检查部位	×××		检查日期	××年×月×日
检查方式	☑第一次蓄水　□第二次蓄水 □淋水　□雨期观察		蓄水时间	××年×月×日
检查结果: 　　经检查,公厕间一次蓄水试验,蓄水最前水位高出地面最高点 20mm,经 24h 无渗漏现象,检查合格,符合标准。				
复查结果: 　　经检查,公厕间二次蓄水试验,蓄水最前水位高出地面最高点 20mm,经 24h 无渗漏现象,检查合格,符合标准。				
复查人:×××　　　　　　　　　　　　　　　　　　　　　　复查日期:××年×月×日				
其他说明:				
监理(建设)单位	施工单位	专业施工单位		
		技术负责人	质检员	施工员
×××	×××	×××	×××	×××

四、园林用电施工记录

园林用电施工记录的组成内容及所形成的表格,如图 4-8 所示。

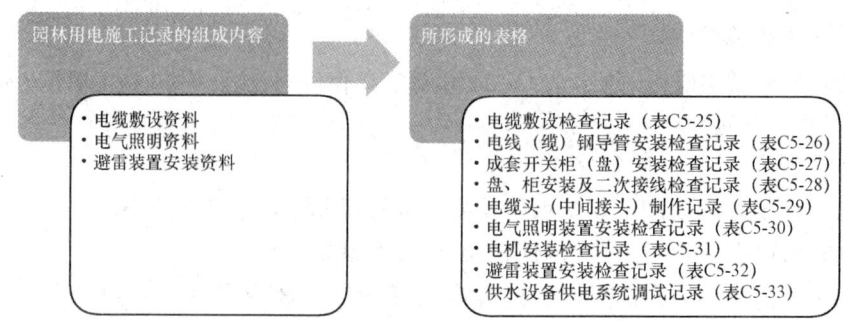

图 4-8 园林用电施工记录的组成内容及所形成的表格

(一)电缆敷设资料

1. 电缆敷设检查记录

(1)对电缆的敷设方式、编号、起止位置、规格、型号进行检查,并按《电气装置安装工程电缆线路施工及验收规范》(GB 50168—2006)要求,对安装工艺质量进行检查,填写《电缆敷设检查记录》(表 C5-25)。

(2)《电缆敷设检查记录》(表 C5-25)由施工单位填写,建设单位、施工单位各保存一份。

(3)表格填写范例。《电缆敷设检查记录》的填写参见表 C5-25。

表 C5-25　　　　　　　　　　电缆敷设检查记录

编号:×××

工程名称		××园林绿化工程				
部位工程		××				
施工单位		××电气设备安装公司				
检查日期	××年×月×日		天气情况	晴	气温	20℃
敷设方式		直埋式				
电缆编号	起　点	终　点		规格型号	用　途	
1P2—4	总配电室	××总开关柜		IRYJV4×70+1×35	照明供电	

序号	检查项目及要求				检查结果	
1	电缆规格符合设计规定、排列整齐、无机械损伤;标志牌齐全、正确、清晰				符合要求	
2	电缆的固定、弯曲半径、有关距离和单芯电力电缆的相序排列符合要求				符合要求	
3	电缆终端、电缆接头、安装牢固,相色正确				符合要求	
4	电缆金属保护层、铠装、金属屏蔽层接地良好				符合要求	
5	电缆沟内无杂物、盖板齐全、隧道内无杂物、照明、通风排水等符合设计要求				符合要求	
6	直埋电缆路径标志应与实际路径相符,标志应清晰牢固、间距适当				符合要求	
7	电缆桥架接地符合标准要求				符合要求	

监理(建设)单位	施工单位		
	技术负责人	施工员	质检员
×××	×××	×××	×××

2. 电线(缆)钢导管安装检查记录

(1)《电线(缆)钢导管安装检查记录》(表C5-26)。对电线(缆)钢导管的起、止点位置及高程、管径、长度、弯曲半径、连接方式、防腐及排列情况进行检查并填写《电线(缆)钢导管安装检查记录》(表C5-26)。

(2)《电线(缆)钢导管安装检查记录》(表C5-26)由施工单位填写,建设单位、施工单位各保存一份。

(3)表格填写范例。《电线(缆)钢导管安装检查记录》的填写参见表C5-26。

表C5-26　　　　　　　　　电线(缆)钢导管安装检查记录

编号：×××

工程名称		××园林绿化工程				部位工程		××		
施工单位		××市电力安装工程公司				检查日期		××年×月×日		
序号	起点位置及管口高程	止点位置及管口高程	公称直径(mm)	弯曲半径(mm)	长度(mm)	连接方式	跨接方式	防腐情况	排列情况	两端接地情况
01	−0.8	1.4	100	100	10000	套管焊接		内防锈漆外防腐沥青	3排	已接地
监理(建设)单位		施工单位								
		技术负责人			施工员			质检员		
×××		×××			×××			×××		

3. 成套开关柜(盘)安装检查记录

(1)检查成套开关柜(盘)型钢外廓尺寸、基础型钢的不直度、水平度、位置、不平行度及开关柜的垂直度、水平偏差、柜面偏差、柜间接缝等。成套开关柜(盘)安装偏差符合有关规范的要求并填写《成套开关柜(盘)安装检查记录》(表C5-27)。

(2)《成套开关柜(盘)安装检查记录》(表C5-27)由施工单位填写,建设单位、施工单位各保存一份。

(3)表格填写范例。《成套开关柜(盘)安装检查记录》的填写参见表C5-27。

表 C5-27　　　　　　　　　成套开关柜(盘)安装检查记录

编号：×××

工程名称	××园林绿化工程				
部位工程	配电室开关柜		检查日期	××年×月×日	
施工单位	××机电设备安装公司				
开关柜(盘)名称	照明开关柜	型号	1ALB1—1	数量	1台
生产厂	××电气成套设备公司		出厂日期	××年×月×日	

项目	检查项目		允许偏差(mm)	最大偏差(mm)
基础型钢安装	基础位置	中心线　纵		2
		横		
		高　程		
	不直度		<1mm/m,且<5	3
	水平度		<1mm/m,且<5	2
	位置及不平行度		<5	2
	型钢外廓尺寸(长×宽)			
	接地连接方式			
开关柜安装	垂直度		<1.5mm/m	1.0
	水平偏差	相邻两柜顶部	<2	1
		成列柜顶部	<5	3
	柜面偏差	相邻两柜	<1	0
		成列柜面	<5	3
	柜间接缝		<2	1
	与基础型钢接地连接方式			

检查结果：

合格。

监理(建设)单位	施工单位		
	技术负责人	施工员	质检员
×××	×××	×××	×××

4. 盘、柜安装及二次接线检查记录

(1)对盘、柜及二次接线安装工艺及质量进行检查。具体内容包括：盘、柜及基础型钢安装偏差；盘、柜固定及接地状况；盘、柜内电器元件、电气接线、柜内一次设备安装等及电气试验结果是否符合规范要求,并填写《盘、柜安装及二次接线检查记录》(表 C5-28)。

(2)《盘、柜安装及二次接线检查记录》(表 C5-28)由施工单位填写,建设单位、施工单位各保存一份。

(3)表格填写范例。《盘、柜安装及二次接线检查记录》的填写参见表 C5-28。

表 C5-28　　　　　　　　盘、柜安装及二次接线检查记录

编号:×××

工程名称	××园林绿化工程			
部位工程	机房控制柜		安装地点	配电室机房
施工单位	××机电设备安装公司			
盘、柜名称	动力控制柜	出厂编号		1APF1—K
序列编号	APF$_1$—3—1A	额定电压	380V	安装数量	1 台
生产厂	××电气成套设备公司		检查日期	××年×月×日

序号	检查项目	检查结果
1	盘、柜安装位置正确,符合设计要求,偏差符合国家现行规范要求	符合要求
2	基础型钢安装偏差符合设计及规范要求	符合要求
3	盘、柜的固定及接地应可靠,漆层应完好,清洁整齐	符合要求
4	盘、柜内所装电器元件应符合设计要求,安装位置正确,固定牢固	符合要求
5	二次回路接线应正确,连接可靠,回路编号标志齐全清晰,绝缘符合要求	符合要求
6	手车或抽屉式开关柜在推入或拉出时应灵活,机械闭锁可靠	符合要求
7	柜内一次设备安装质量符合国家现行有关标准规范的规定	符合要求
8	操作及联动试验正确符合设计要求	符合要求
9	按国家现行规范进行的所有电气试验全部合格	符合要求
10		
11		
12		
13		

监理(建设)单位	施工单位		
	技术负责人	施工员	质检员
×××	×××	×××	×××

5. 电缆头(中间接头)制作记录

(1)对电缆头型号、保护壳形式、接地线规格、绝缘带规格、芯线连接方法、相序校对、绝缘填料电阻测试值、电缆编号、规格型号等进行检查,并填写《电缆头(中间接头)制作记录》(表 C5-29)。

(2)《电缆头(中间接头)制作记录》(表 C5-29)由施工单位填写,建设单位、施工单位各保

存一份。

(3)表格填写范例。《电缆头(中间接头)制作记录》的填写参见表 C5-29。

表 C5-29　　　　　　　　　　电缆头(中间接头)制作记录

编号：×××

工程名称		××园林绿化工程		
部位工程		××		
施工单位		××市电力设备安装公司		
电缆敷设方式		穿管敷设	记录日期	××年×月×日
序号 施工记录		电缆编号	1AP—4	
1	电缆起止点	总配电室—车间动力柜		
2	制作日期	××年×月×日		
3	天气情况	晴		
4	电缆型号	YJV22		
5	电缆截面	4×185+1×120		
6	电缆额定电压(V)	1kV/750V		
7	电缆头型号			
8	保护壳形式			
9	接地线规格	25mm^2		
10	绝缘带型号规格			
11	绝缘填料	型号规格		
		绝缘情况 制作前		
		制作后		
12	芯线连接方法	压接		
13	相序校对	正常		
14	工艺标准			
15	备用长度	5m		
监理(建设)单位	施工单位			
	技术负责人	质检员	操作人员	
×××	×××	×××	×××	

(二)电气照明资料

1. 电气照明装置安装检查记录

(1)对电气照明装置的配电箱(盘)、配线、各种灯具、开关、插座、风扇等安装工艺及质量按《建筑电气工程施工质量验收规范》[GB 50303—2002(2012年版)]要求进行检查,并填写《电气照明装置安装检查记录》(表C5-30)。

(2)《电气照明装置安装检查记录》(表C5-30)由施工单位填写,建设单位、施工单位各保存一份。

(3)表格填写范例。《电气照明装置安装检查记录》的填写参见表C5-30。

表 C5-30　　　　　　　　　电气照明装置安装检查记录

编号：×××

工程名称	××园林绿化工程		
部位工程	××照明		
施工单位	××市机电设备安装公司	检查日期	××年×月×日
序号	检查项目及要求		检查结果
1	照明配电箱(盘)安装		符合要求
2	电线、电缆导管和线槽敷设		符合要求
3	电线、电缆导管穿线和线槽敷线		符合要求
4	普通灯具安装		符合要求
5	专用灯具安装		符合要求
6	建筑物景观照明灯,航空障碍标志灯和庭院灯安装		符合要求
7	开关、插座、风扇安装		符合要求
8			
9			
10			
11			
12			
13			
14			
15			
16			
监理(建设)单位	施工单位		
	技术负责人	施工员	质检员
×××	×××	×××	×××

2. 电机安装检查记录

(1) 对电机安装位置;接线、绝缘、接地情况;转子转动灵活性;轴承框动情况;电刷与滑环(换向器)的接触情况;电机的保护、控制、测量、信号等回路工作状态进行检验,并填写《电机安装检查记录》(表 C5-31)。

(2)《电机安装检查记录》(表 C5-31)由施工单位填写,建设单位、施工单位各保存一份。

(3) 表格填写范例。《电机安装检查记录》的填写参见表 C5-31。

表 C5-31　　　　　　　　　　　电机安装检查记录

编号：×××

工程名称	××园林绿化工程		
部位工程		安装地点	配电室
施工单位	××设备安装公司		
设备名称	三相四线电动机	设备位号	
电机型号	10FJ2A	额定数据	380V/25A
生产厂	××电动机厂	产品编号	01312758
检查日期	××年×月×日		

序号	检查项目及规范要求	检查结果
1	安装位置符合设计及规范要求	符合要求
2	电机引出线牢固,绝缘层良好,接线紧密可靠,引出线不受外力	符合要求
3	盘动转子时转动灵活,无卡阻现象,轴承无异响	符合要求
4	轴承上下无框动,前后无窜动	符合要求
5	电刷与换向器或集电环的接触良好	符合要求
6	电机外壳及油漆完整,接地良好	符合要求
7	电机的保护、控制、测量、信号、励磁等回路的调试完毕,运行正常	符合要求
8	测定电机定子绕组、转子绕组及励磁绕组绝缘电阻符合要求	符合要求
9	电气试验按现行国家标准试验合格	符合要求
10		
11		
12		
13		

监理(建设)单位	施工单位		
	技术负责人	施工员	质检员
×××	×××	×××	×××

(三)避雷装置安装资料

1. 避雷装置安装检查记录

(1)检查避雷装置安装质量,对避雷针、避雷网(带)、引下线的材质、规格、长度,结构形式、外观、焊接及防腐情况,引下线断点高度,接地极组数及接地电阻测量数值、防腐处理情况进行检查,并填写《避雷装置安装检查记录》(表C5-32)。

(2)《避雷装置安装检查记录》(表C5-32)由施工单位填写,建设单位、施工单位各保存一份。

(3)表格填写范例。《避雷装置安装检查记录》的填写参见表C5-32。

表 C5-32　　　　　　　　　避雷装置安装检查记录

编号：×××

工程名称	××园林绿化工程		
部位工程	××	安装地点	××
施工单位	××电气设备安装公司		
施工图号	电施—8A	检查日期	××年×月×日

1. ☑避雷针　2.☑避雷网(带)

序号	材质规格(mm)	长度(m)	结构形式	外观检查	焊接质量	焊接处防腐处理
1	40×4			合格		
2	ϕ14镀锌元钢		框架剪力墙	合格	合格	已防腐
3						

2. 引下线

序号	材质规格	条数	断接点高度	连接方式	防腐	接地极组号	接地电阻
1	ϕ25柱筋	2	1.2m	焊接	合格		0.4Ω
2							
3							
4							
5							
6							

检查结论	

监理(建设)单位	施工单位		
	技术负责人	施工员	质检员
×××	×××	×××	×××

2. 供水设备供电系统调试记录

(1)电气设备安装调试应符合国家及有关专业的规定,各系统设备的单项安装调试合格后,由施工(安装)单位进行供水设备供电系统调试,并填写《供水设备供电系统调试记录》(表C5-33)。

(2)《供水设备供电系统调试记录》(表C5-33)由施工(安装)单位填写,建设单位、施工单位各保存一份。

(3)表格填写范例。《供水设备供电系统调试记录》的填写参见表C5-33。

表C5-33　　　　　　　　　供水设备供电系统调试记录

编号：×××

工程名称	××园林绿化工程		施工单位		××设备安装公司		调试日期			××年×月×日				
设备名称	离心泵	规格型号	KFH—1A	安装部位	供水泵站	设备位号	3号		产品编号		01214157			

序号	流量 (m³/h)	进口压力 (MPa)	出口压力 (MPa)	转速 (r/min)	水泵轴承温度(℃)		POTO阀开度(%)	电动机		轴承温度(℃)		冷却器空气温度(℃)			绕组温度(℃)			运行电压(V)			运行电流(A)			运行时间	
					联轴器端	后端		电流(A)	电压(V)	联轴器	后端	进口	出口1	出口2	L₁相	L₂相	L₃相	A-N (L₁-L₂)	B-N (L₂-L₃)	C-N (L₃-L₁)	L₁相	L₂相	L₃相	起	止
1	20	15	10	3000	10	10		30	385	15	15	15	15	15	8	8	8	385	385	385	28	28	28	8时	10时
2																									
3																									
4																									
5																									
6																									
7																									
8																									
9																									
10																									
11																									
12																									
13																									
14																									
15																									
16																									

综合结论： ☑ 合　格 □ 不合格	说明：		
监理(建设)单位	施工单位		
	技术负责人	施工员	质检员
×××	×××	×××	×××

第六节 园林绿化工程施工试验记录

一、试验通用记录

试验通用记录的组成内容及所形成的表格,如图 4-9 所示。

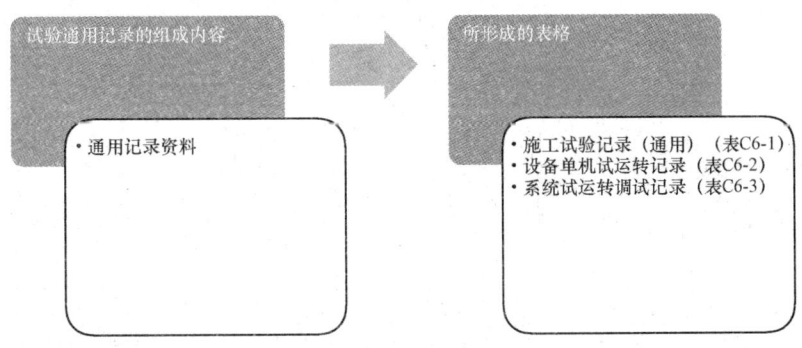

图 4-9 试验通用记录的组成内容及所形成的表格

1. 施工试验记录(通用)

(1)《施工试验记录(通用)》(表 C6-1)由具备相应资质等级的检测单位出具报告,并随相关资料进入资料流程(后续各种专用试验记录与此相同)。

(2)相关规定与要求。

1)在完成检验批的过程中,由施工单位试验负责人负责制作施工试验试件,之后送至具备相应检测资质等级的检测单位进行试验。

2)检测单位根据相关标准对送检的试件进行试验后,出具试验报告并将报告返还给施工单位。

3)施工单位将施工试验记录作为检验批报验的附件,随检验批资料进入审批程序(后续各种专用试验记录形成流程相同)。

(3)《施工试验记录(通用)》(表 C6-1)由施工单位填写,建设单位、施工单位、城建档案馆各保存一份。

(4)填表注意事项。按照设计要求和规范规定应做施工试验,且无相应施工试验表格的,应填写施工试验记录(通用);采用新技术、新工艺及特殊工艺时,对施工试验方法和试验数据进行记录,应填写施工试验记录(通用)。

(5)表格填写范例。《施工试验记录(通用)》的填写参见表 C6-1。

表 C6-1　　　　　　　　　　　施工试验记录(通用)

编号：×××

工程名称	××园林绿化工程		
施工单位	××园林园艺公司	试验日期	××年×月×日
试验部位	××部位	规格、材料	××
试验要求： （根据具体施工试验具体填写）			
试验情况记录： （根据具体施工试验具体填写）			
试验结论：			
监理(建设)单位	施工单位		
	技术负责人	施工员	质检员
×××	×××	×××	×××

2. 设备单机试运转记录

(1)给水系统设备、热水系统设备、机械排水系统设备、消防系统设备、采暖系统设备、水处理系统设备，应进行单机试运转，并做《设备单机试运转记录》(表 C6-2)。

(2)相关规定与要求。

1)水泵试运转的轴承温升必须符合设备说明书的规定。检验方法：通电、操作和温度计测温检查。水泵试运转，叶轮与泵壳不应相碰，进、出口部位的阀门应灵活。

2)锅炉风机试运转，轴承温升应符合的规定：滑动轴承温度最高不得超过 60℃，滚动轴承温度最高不得超过 80℃。检验方法：用温度计检查。轴承径向单振幅应符合的规定：风机转速小于 1000r/min 时，不应超过 0.10mm；风机转速为 1000～1450r/min 时，不应超过 0.08mm。检验方法：用测振仪表检查。

(3)《设备单机试运转记录》(表 C6-2)由施工单位填写，建设单位、施工单位、城建档案馆各保存一份。

(4)填表注意事项。

1)以设计要求和规范规定为依据，适用条目要准确。参考规范包括：《机械设备安装工程施工及验收通用规范》(GB 50231—2009)、《制冷设备、空气分离设备安装工程施工及验收规范》(GB 50274—2010)、《风机、压缩机、泵安装工程施工及验收规范》(GB 50275—2010)等。

2)根据试运转的实际情况填写实测数据,要准确,内容齐全,不得漏项。设备单机试运转后应逐台填写记录,一台(组)设备填写一张表格。

3)设备单机试运转是系统试运转调试的基础工作,一般情况下如设备的性能达不到设计要求,系统试运转调试也不会达到要求。

4)工程采用施工总承包管理模式的,签字人员应为施工总承包单位的相关人员。

(5)表格填写范例。《设备单机试运转记录》的填写参见表C6-2。

表 C6-2　　　　　　　　　　　设备单机试运转记录

编号：×××

工程名称	××园林绿化工程		试运转时间		××年×月×日
设备部位图号	×××	设备名称	消防水泵	规格型号	××
试验单位	××公司	设备所在系统	消防系统	额定数据	$N=×××kW$ $L=×××m^3/h$ $H=×××m$
序　号	试验项目		试验记录		试验结论
1	试运转时间		2h		正常
2	水泵试运转的轴承温升		符合设备说明书的规定		正常
3	流量		×××		正常
4	扬程		×××		正常
5	功率		×××		正常
6	叶轮与泵壳不应相碰,进、出口部位的阀门应灵活		符合要求		正常
7					
8					
9					
10					
11					
12					
13					
14					

试运转结论：

设备运转正常、稳定、无异常现象发生,测试结果符合设计要求及《建筑给水排水及采暖工程施工质量验收规范》(GB 50242—2002)规定,同意进行下道工序。

签字栏	建设(监理)单位	施工单位		
		专业技术负责人	专业质检员	专业工长
	×××	×××	×××	×××

(施工单位: ××公司)

3. 系统试运转调试记录

(1)给水系统、热水系统、机械排水系统、消防系统、采暖系统、水处理系统等应进行系统试运转调试,并做好《系统试运转调试记录》(表C6-3)。

(2)《系统试运转调试记录》(表C6-3)由施工单位填写,建设单位、施工单位、城建档案馆各保存一份。

(3)填表注意事项。

1)以设计要求和规范规定为依据,适用条目要准确。

2)根据试运转调试的实际情况填写实测数据,要准确,内容齐全,不得漏项。

3)工程采用施工总承包管理模式的,签字人员应为施工总承包单位的相关人员。

4)附必要的试运转调试测试表。

(4)表格填写范例。《系统试运转调试记录》的填写参见表C6-3。

表 C6-3　　　　　　　　　　系统试运转调试记录

编号:×××

工程名称	××园林绿化工程	试运转调试时间	××年×月×日
试运转调试项目	采暖系统	试运转调试部位	××

试运转、调试内容:

采暖系统冲洗完毕充水、加热,进行试运行和调试,通过观察、测量室温满足设计要求。

试运转、调试结论:

采暖系统试运转调试符合设计要求及《建筑给水排水及采暖工程施工质量验收规范》(GB 50242—2002)规定,同意进行下道工序。

建设单位	监理单位	施工单位
×××	×××	×××

二、园林铺地、园林景观构筑物及其他造景工程试验记录

园林铺地、园林景观构筑物与其他造景工程的组成内容及所形成的表格,如图 4-10 所示。

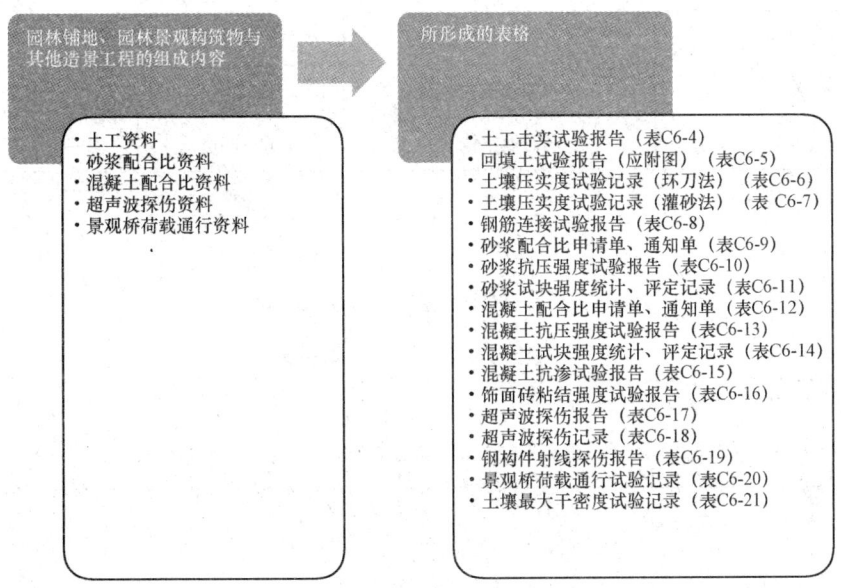

图 4-10　园林铺地、园林景观构筑物与其他造景工程的组成内容及所形成的表格

(一)土工资料

1. 土工击实试验报告

(1)锚杆、土钉锁定力(抗拔力)试验报告由检测单位提供。

(2)《地基承载力检验报告》由检测单位提供。

(3)《土工击实试验报告》(表 C6-4)与《回填试验报告(应附图)》(表 C6-5)。

1)《土工击实试验报告》(表 C6-4)和《回填土试验报告(应附图)》(表 C6-5)由具备相应资质等级的检测单位出具后随相关资料进入资料流程。

2)相关规定与要求。

①土方工程应测定土的最大干密度和最优含水量,确定最小干密度控制值,由试验单位出具《土工击实试验报告》(表 C6-4)。

②应按规范要求绘制回填土取点平面示意图,分段、分层(步)取样做《回填土试验报告(应附图)》(表 C6-5)。

3)《土工击实试验报告》(表 C6-4)和《回填土试验报告(应附图)》(表 C6-5)由建设单位、施工单位、城建档案馆各保存一份。

4)填表注意事项。按照设计要求和规范规定应做施工试验,且无相应施工试验表格的,应填写《施工试验记录(通用)》(表 C6-1)。

(4)表格填写范例。

1)《土工击实试验报告》的填写参见表 C6-4。

表 C6-4　　　　　　　　　　　　　土工击实试验报告

编号：×××
试验编号：××—001
委托编号：××—0417

工程名称及部位	××园林绿化工程	试样编号	1
委托单位	××园林园艺公司	试验委托人	×××
结构类型	砖混结构	填土部位	①~⑧/Ⓐ~Ⓕ轴基槽
要求压实系数(λ_c)	0.95	土样种类	灰土
来样日期	××年×月×日	试验日期	××年×月×日

试验结果	最优含水量(w_{0p})＝20.5%
	最大干密度(ρ_{dmax})＝1.73g/cm³
	控制指标(控制干密度) 最大干密度×要求压实系数＝1.7g/cm³

结论：

依据《土工试验方法标准》[GB/T 50123—1999(2007年版)]标准，最佳含水率为20.6%，最大干密度为1.72g/cm³，现将控制指标最小干密度为1.60g/cm³。

批准人	×××	审核人	×××	试验人	×××
试验单位	××工程公司试验室				
报告日期	××年×月×日				

2)《回填土试验报告(应附图)》的填写参见表 C6-5。

表 C6-5　　　　　　　　　　回填土试验报告(应附图)

编号：×××
试验编号：××—0013
委托编号：××—01736

工程名称及施工部位		××工程基槽东侧									
委托单位		××园林园艺公司		试验委托人		×××					
要求压实系数 λ_c				回填土种类		3∶7灰土					
控制干密度 ρ_d		1.55　g/cm³		试验日期		××年×月×日					
步　数	点号 项目	1	2								
		实测干密度(g/cm³)									
		实测压实系数									
1		1.62	1.59								
		0.96	0.97								
2		1.6	1.58								
		0.97	0.98								
3		1.59	1.63								
		0.97	0.95								
4		1.64	1.69								
		0.95	0.92								
5		1.57	1.62								
		0.99	0.96								

取样位置简图(附图)

见附图(略)

结论：

符合最小干密度及《土工试验方法标准》[GB/T 50123—1999(2007年版)]标准规定。

批准人	×××	审核人	×××	试验人	×××
试验单位	××工程公司试验室				
报告日期	××年×月×日				

2. 土壤压实度试验记录

(1)土方回填施工质量控制的关键是压实度。压实度有三个关键影响因素：回填土料、分层厚度和含水量。

(2)回填土料要进行杂物淤泥的清理,含水量的测定,回填石料粒径控制。

(3)预先进行压实试验确定合理的分层厚度,在施工中利用界桩控制填土厚度。

(4)根据重型击实试验的数据得出含水量的控制区间,并通过对土料含水量的定时测定决定是否需要洒水或晾晒,在含水量接近或等于最优含水量时及时压实。压实度计算公式如下:

$$压实度 = 干密度 \div 标准击实最大干密度$$

(5)《土壤压实度试验记录(环刀法)》(表 C6-6)和《土壤压实度试验记录(灌砂法)》(表 C6-7)均由施工单位填写,建设单位、施工单位各保存一份。

(6)表格填写范例。

1)《土壤压实度试验记录(环刀法)》的填写参见表 C6-6。

表 C6-6　　　　　　　　　　土壤压实度试验记录(环刀法)

编号:___×××___

工程名称			××园林绿化工程						
施工单位			××园林园艺公司						
代表部位			园路1		试验日期		××年×月×日		
取样位置编号			1		2				
取样部位									
取样深度			30cm		30cm				
土样种类			砂土		砂土				
湿密度	环刀+土质量	g	599		543				
	环刀质量	g	215		181				
	土质量	g	384		362				
	环刀容积	cm³	200		200				
	湿密度	g/cm³	1.92		1.81				
干密度	盒号		0-1		0-2				
	盒+湿土质量	g	50.5	40.9	55.0	41.0			
	盒+干水质量	g	46.1	37.7	50.0	37.9			
	水质量	g	4.4	3.2	5.0	3.1			
	盒质量	g	16.7	15.8	17.3	17.1			
	干土质量	g	29.4	21.9	32.7	20.8			
	含水量	%	15.0	14.6	15.3	14.9			
	平均含水量	%	14.8		15.1				
	干密度	g/cm³	1.67		1.57				
最大干密度		g/cm³	1.72						
压实度		g/cm³	94						
备注									
审核人			×××			试验人		×××	

2)《土壤压实度试验记录(灌砂法)》的填写参见表C6-7。

表C6-7　　　　　　　　土壤压实度试验记录(灌砂法)

编号：×××

工程名称	××园林绿化工程			
施工单位	××园林园艺公司	试验日期	××年×月×日	
回填材料	编号	桩号及层次		
灌沙前砂＋容器质量(g)	(1)			
灌沙后砂＋容器质量(g)	(2)			
灌沙筒下部锥体内砂质量(g)	(3)			
试坑灌入砂的质量(g)	(4)	(1)-(2)-(3)		
砂堆积密度(g/cm³)	(5)			
试坑体积(cm³)	(6)	(4)/(5)		
试坑中挖出的湿料质量(g)	(7)			
试样湿密度(g/cm³)	(8)	(7)/(6)		
含水量W(%)	盒号	(9)		
	盒质量(g)	(10)		
	盒＋湿料质量(g)	(11)		
	盒＋干料质量(g)	(12)		
	水质量(g)	(13)	(11)-(12)	
	干料质量(g)	(14)	(12)-(10)	
	平均水含量(%)	(15)	[(13/14)]×100	
干质量密度(g/cm³)	(16)	(8)/[1+(15)/100]		
最大干密度(g/cm³)	(17)			
压实度(%)	(18)	[(16/17)]×100		
校核人	×××	计算人	×××	试验人 ×××

3. 钢筋连接试验报告

(1)《钢筋机械连接型式检验报告》由技术提供单位提供。

(2)《钢筋连接工艺检验(评定)报告》由检测单位提供。

(3)《钢筋连接试验报告》。

1)《钢筋连接试验报告》(表C6-8)由具备相应资质等级的检测单位出具后随相关资料进入资料流程。

2)相关规定与要求。

①焊接、机械连接钢筋的力学性能和工艺性能应符合有关规范的规定。

②正式焊(连)接工程开始前及施工过程中,应对每批进场钢筋,在现场条件下进行工艺检验,工艺检验合格后方可进行焊接或机械连接的施工。

③承重结构工程中的钢筋连接接头应按规定实行有见证取样和送检的管理。

④采用机械连接接头型式施工时,技术提供单位应提交由有相应资质等级的检测机构出具的型式检验报告。

⑤焊(连)接工人必须具有有效的岗位证书。

3)《钢筋连接试验报告》(表C6-8)由建设单位、施工单位、城建档案馆各保存一份。

4)填表注意事项。试验报告中应写明工程名称、钢筋级别、接头类型、规格、代表数量、检验形式、试验数据、试验日期以及试验结果。

5)表格填写范例。《钢筋连接试验报告》的填写参见表C6-8。

表C6-8　　　　　　　　　　钢筋连接试验报告

编号:×××
试验编号:××-0016
委托编号:××-01685

工程名称及部位	××园林绿化工程		试件编号		007
委托单位	××园林园艺公司		试验委托人		×××
接头类型	滚轧直螺纹连接		检验形式		—
设计要求接头性能等级	A级		代表数量		300个
连接钢筋种类及牌号	HRB335	公称直径	20mm	原材试验编号	××-006
操作人	×××	来样日期	××年×月×日	试验日期	××年×月×日
接头试件			母材试件		弯曲试件			备注
公称面积 (mm²)	抗拉强度 (MPa)	断裂特征及位置	实测面积 (mm²)	抗拉强度 (MPa)	弯心直径	角度	结果	
314.2	595	母材拉断	314.2	600				
314.2	600	母材拉断	314.2	595				
314.2	605	母材拉断	—	—				
结论: 根据《钢筋机械连接技术规程》(JGJ 107—2010)规定,符合滚轧直螺纹A级接头性能。								
批准人	×××	审核人	×××		试验人		×××	
试验单位	××工程公司试验室							
报告日期	××年×月×日							

(二)砂浆配合比资料

(1)砂浆配合比及抗压强度报告由具有相应资质等级的检测单位出具后随相关资料进入资料流程。

(2)相关规定与要求。

1)应有配合比申请单和试验室签发的配合比通知单。

2)应有按规定留置的龄期为28d标养试块的抗压强度试验报告。

3)承重结构的砌筑砂浆试块应按规定实行有见证取样和送检。

4)砂浆试块的留置数量及必试项目符合有关规范的规定。

5)应有单位工程砌筑砂浆试块抗压强度统计、评定记录,按同一类型、同一强度等级砂浆为一验收批统计,评定方法及合格标准公式如下:

$$f_{2,m} \geqslant f_2$$
$$f_{2,\min} \geqslant 0.75 f_2$$

式中 $f_{2,m}$——同一验收批中砂浆立方体抗压强度各组平均值(MPa);

$f_{2,\min}$——同一验收批中砂浆立方体抗压强度最小一组值(MPa);

f_2——验收批砂浆设计强度等级所对应的立方体抗压强度(MPa)。

当施工出现下列情况时,可采用非破损或微破损检验方法对砂浆和砌体强度进行原位检测,推定砂浆强度,并应具有法定单位出具的检测报告:

砂浆试块缺乏代表性或试块数量不足;

对砂浆试块的试验结果有怀疑或有争议。

砂浆试块的试验结果,已判定不能满足设计要求,需要确定砂浆和砌体强度。

(3)砂浆配合比申请单、通知单由施工单位保存。砂浆抗压强度试验报告由施工单位、建设单位各保存一份。砂浆试块强度统计、评定记录由施工单位、建设单位、城建档案馆各保存一份。

(4)表格填写范例。

1)《砂浆配合比申请单、通知单》的填写参见表C6-9。

表C6-9　　　　　　　　　　砂浆配合比申请单

编号:×××

委托编号:××-01370

工程名称及部位	××园林绿化工程 墙体		
委托单位	××工程公司	试验委托人	×××
砂浆种类	混合砂浆	强度等级	M5
水泥品种	P·O 32.5	厂别	×××水泥厂
水泥进场日期	××年×月×日	试验编号	××C-012
砂产地	××× 粗细级别 中砂	试验编号	××S-016
掺合料种类	白灰膏	外加剂种类	—
申请日期	××年×月×日	要求使用日期	××年×月×日

表 C6-9　　　　　　　　　　　砂浆配合比通知单

配合比编号：××－0082

试配编号：×××

强度等级	M5	试验日期		××年×月×日	
配合比					
材料名称	水泥	砂	白灰膏	掺合料	外加剂
每 m^3 用量（kg）	238	1571	95		
比例	1	6.6	0.4		
说明：砂浆稠度为 70～100mm，白灰膏稠度为 120±5mm。					
批准人	×××	审核人	×××	试验人	×××
试验单位	××工程公司试验室				
报告日期	××年×月×日				

2)《砂浆抗压强度试验报告》的填写参见表 C6-10。

表 C6-10　　　　　　　　　　　砂浆抗压强度试验报告

工程名称	××园林绿化工程				编　号	×××
					试验编号	××－0039
					委托编号	××－01375
					见证记录编号	×××
					工程部位	×××
委托单位	××园林园艺公司				试验委托人	×××
砂浆品种	水泥混合砂浆	强度等级	M10	稠度	70mm	试件编号	××－0017
水泥品种、强度等级	P·O 32.5	厂家	×××			试验编号	××－0012
砂产地及种类	××中砂					试验编号	××－007
外加剂名称						试验编号	
掺合料名称						试验编号	
配合比编号	××－0206		配合比比例			××	
用量	材料名称						
	水泥	水	砂	石灰膏	掺合料	外加剂	
每 m^3 用量(kg)							
每盘用量(kg)							
成型日期	××年×月×日		要求龄期(d)	28		试验日期	××年×月×日
养护方法	标准		收到日期	××年×月×日		试块制作人	×××

续表

试件编号	试验日期	实际龄期	试件规格	受压面积	压力		抗压强度	达到设计强度
					单块	平均		
1	××	28	70.7	5000	54.6	62.7	12.5	125

结论：

合格。

批准人	审核人	试验人
×××	×××	×××
报告日期	××年×月×日(章)	

3)《砂浆试块强度统计、评定记录》的填写参见表 C6-11。

表 C6-11　　　　　　　　砂浆试块强度统计、评定记录

编号：_×××_

工程名称	××园林绿化工程	强度等级	M7.5
施工单位	××园林园艺公司	养护方法	标养
统计期	××年×月×日至××年×月×日	结构部位	主体围护墙
试块组数 n	强度标准值 f_2(MPa)	平均值 $f_{2,m}$(MPa)	最小值 $f_{2,\min}$(MPa)	$0.75 f_2$
8	7.5	11.46	9.1	5.63

每组强度值 (MPa)	12.6	10.6	9.8	10.6	14.6	11	9.1	13.4

判定式	$f_{2,m} \geqslant f_2$	$f_{2,\min} \geqslant 0.75 f_2$
结果	11.46＞7.5	9.1＞5.63

结论：

依据《砌体结构工程施工质量验收规范》(GB 50203—2012)标准，评定为合格。

批准人	审核人	统计人
×××	×××	×××
报告日期	××年×月×日	

(三)混凝土配合比资料

1. 混凝土配合比

(1)试验报告由具备相应资质等级的检测单位出具后随相关资料进入资料流程。《混凝

土试块强度统计、评定记录》(表 C6-14)由施工单位填写并报送建设单位、监理单位备案。

(2)相关规定与要求。

1)现场搅拌混凝土应有配合比申请单和配合比通知单,预拌混凝土应有试验室签发的配合比通知单。

2)应有按规定留置龄期为 28d 标养试块和相应数量同条件养护试块的抗压强度试验报告,冬施还应有受冻临界强度试块和转常温试块的抗压强度试验报告。

3)抗渗混凝土、特种混凝土除应具备上述资料外应有专项试验报告。

4)应有单位工程《混凝土试块强度统计、评定记录》(表 C6-14),统计、评定方法及合格标准应符合有关规范的规定。

5)抗压强度试块、抗渗性能试块的留置数量及必试项目应符合有关规范的规定。

6)承重结构的混凝土抗压强度试块,应按规定实行有见证取样和送检。

7)结构由有不合格批混凝土组成的,或未按规定留置试块的,应有结构处理的相关资料;需要检测的,应有相应资质检测机构检测报告,并有设计单位出具的认可文件。

8)潮湿环境、直接与水接触的混凝土工程和外部有供碱环境并处于潮湿环境的混凝土工程,应预防混凝土碱骨料反应,并按有关规定执行,且有相关检测报告。

(3)《混凝土配合比申请单、通知单》(表 C6-12)由施工单位保存;《混凝土抗压强度试验报告》(表 C6-13)由施工单位、建设单位各保存一份;《混凝土试块强度统计、评定记录》(表 C6-14)和《混凝土抗渗试验报告》(表 C6-15)由施工单位、建设单位和城建档案馆各保存一份。

(4)填表注意事项:各项相关表格必须按规定填写,严禁弄虚作假。

(5)表格填写范例。

1)《混凝土配合比申请单、通知单》的填写参见表 C6-12。

表 C6-12　　　　　　　　　　　混凝土配合比申请单通知单

编号:×××

委托编号:××－01560

工程名称及部位	××园林绿化工程　①～⑤/Ⓐ～Ⓟ轴框架柱			
委托单位	××园林园艺公司	试验委托人		×××
设计强度等级	C35	要求坍落度、扩展度		160～180mm
其他技术要求	—			
搅拌方法	机械	浇捣方法	机械	养护方法	标养
水泥品种及强度等级	P·O 42.5R	厂别牌号	×××××	试验编号	××C－043
砂产地及种类	×××中砂			试验编号	××S－015
石子产地及种类	×××碎石	最大粒径	25mm	试验编号	××G－017
外加剂名称	PHF－3 泵送剂			试验编号	××D－024
掺合料名称	Ⅱ级粉煤灰			试验编号	××F－029
申请日期	××年×月×日	使用日期	××年×月×日	联系电话	×××××××

表 C6-12　　　　　　　　　　　混凝土配合比通知单

配合比编号：××－0082
试配编号：×××

强度等级	C35	水胶比	0.43	水灰比	0.46	砂率	42%
项目＼材料名称	水泥	水	砂	石	外加剂	掺合料	其他
每 m³ 用量（kg）	320	189	773	1053	8.7	91	
每盘用量（kg）	1.00	0.56	2.39	3.26	0.03	0.28	
混凝土碱含量（kg/m³）	注：此栏只有在有关规定及要求需要填写时才填写。						

说明：本配合比所使用材料均为干材料，使用单位应根据材料含水情况随时调整。

批准人	审核人	试验人
×××	×××	×××
报告日期	××年×月×日	

2)《混凝土抗压强度试验报告》的填写参见表 C6-13。

表 C6-13　　　　　　　　　　混凝土抗压强度试验报告

工程名称	××园林绿化工程	编　号	×××
		试验编号	××－0017
		委托编号	××－02450
		见证记录编号	
		工程部位	①～⑤/Ⓐ～Ⓗ轴柱
委托单位	××园林园艺公司	试验委托人	×××
设计强度等级	C30,P8	试件编号	××－003
要求坍落度	160mm	实测坍落度	156mm
水泥品种强度等级	P·O 42.5　厂家	××	试验编号	××C－022
砂规格种类	中砂	试验编号	××S－011
石种类、公称粒径	碎石 5～10mm	试验编号	××G－013
外加剂名称	UEA	试验编号	××D－017
掺合料名称	Ⅱ级粉煤灰	试验编号	××F－009
配合比编号	××－22	配合比比例	

续表

用量	材料名称								
	水泥	水	砂	石	外加剂			掺合料	
每 m^3 用量(kg)									
每盘用量(kg)									

成型日期	××年×月×日	要求龄期(d)	26	试验日期	××年×月×日
养护方法	标养	收到日期	××年×月×日	试块制作人	×××

试验结果	试验日期	实际龄期(d)	试件规格(mm)	受压面积(mm^2)	荷载(kN)		平均抗压强度(MPa)	折合 150mm 立方体强度(MPa)	达到设计强度(MPa)
					单块	平均			
	××年×月×日	26	100	10000	460	463	46.3	44	147
					450				
					480				
	结论:合格								

批准人	审核人	试验人
×××	×××	×××
报告日期	××年×月×日(章)	

3)《混凝土试块强度统计、评定记录》的填写参见表 C6-14。

表 C6-14　　混凝土试块强度统计、评定记录

编号:　×××

工程名称	××园林绿化工程					强度等级	C30			
施工单位	××工程公司					养护方法	标养			
统计期	××年×月×日至××年×月×日					结构部位	主体墙柱			
试块组数 n	强度标准值 $f_{cu,k}$ (MPa)		平均值 $m_{f_{cu}}$ (MPa)		标准值 $S_{f_{cu}}$ (MPa)		最小值 $f_{cu,min}$ (MPa)		合格判定系数 λ_1	合格判定系数 λ_2
13	30		46.52		8.84		36.1		1.7	0.9
每组强度值(MPa)	50.4	36.1	40.8	39.4	58	37.7	36.8	57.3	56.7	51.6
	57.5	42.5	39.9							
评定界限	☑统计方法(二)						□非统计方法			
	$0.90f_{cu,k}$		$m_{f_{cu}}-\lambda_1\times S_{f_{cu}}$		$\lambda_2\times f_{cu,k}$		$1.15f_{cu,k}$		$0.95f_{cu,k}$	
	27		31.49		27					

续表

判定式	$m_{f_{cu}} - \lambda_1 \times S_{f_{cu}} \geq 0.90 f_{cu,k}$	$f_{cu,min} \geq \lambda_2 \times f_{cu,k}$	$m_{f_{cu}} \geq 1.15 f_{cu,k}$	$f_{cu,min} \geq 0.95 f_{cu,k}$
结果	31.49＞27	36.1＞27		

结论:该批混凝土符合《混凝土强度检验评定标准》(GB/T 50107—2010)验评标准,评定为合格。			
批准人	审核人		统计人
×××	×××		×××
报告日期	××年×月×日(章)		

4)《混凝土抗渗试验报告》的填写参见表 C6-15。

表 C6-15　　　　　　　　　　混凝土抗渗试验报告

编号：×××
试验编号：××-008
委托编号：××-0245

工程名称及施工部位	××园林绿化工程　基础底板		试件编号	××-003
委托单位	××园林园艺公司		委托试验人	×××
抗渗等级	P8		配合比编号	××-22
强度等级	C30	养护条件	标养	收样日期	××年×月×日
成型日期	××年×月×日	龄期(d)	33	试验日期	××年×月×日

试验情况：

由 0.1MPa 顺序加压至 0.9MPa,保持 8h,试件表面无渗水,试验结果：＞P8。

结论：

根据《普通混凝土长期性能和耐久性能试验方法》(GB/T 50082—2009)标准,符合 P8 设计要求。

批准人	×××	审核人	×××	试验人	×××
试验单位	××工程公司试验室				
报告日期	××年×月×日(章)				

2. 饰面砖粘结强度试验报告

(1)《饰面砖粘结强度试验报告》(表 C6-16)由具备相应资质等级的检测单位出具后随相关资料进入资料流程。

(2)相关规定与要求。

1)地面回填应有《土工击实试验报告》(表C6-4)和《回填土试验报告(应附图)》(表C6-5)。

2)应有装饰装修工程使用的砂浆和混凝土应有配合比通知单和强度试验报告,另外,有抗渗要求的还应有抗渗试验报告。

3)外墙饰面砖粘贴前和施工过程中,应在相同基层上做样板件,并对样板件的饰面砖粘结强度进行检验。《饰面砖粘结强度试验报告》(表C6-16)检验方法和结果判定应符合相关标准的规定。

4)后置埋件应有现场抗拔试验报告。

(3)《饰面砖粘结强度试验报告》(表C6-16)由建设单位、施工单位各保存一份。

(4)表格填写范例。《饰面砖粘结强度试验报告》的填写参见表C6-16。

表C6-16　　　　　　　　　　饰面砖粘结强度试验报告

编号:×××
试验编号:××-0008
委托编号:××-00185

工程名称	××园林绿化工程			试验编号	××-001	
委托单位	××园林园艺公司			试验委托人	×××	
饰面砖品种及牌号	彩色釉面陶瓷墙砖　××牌			粘贴层次		
饰面砖生产厂及规格	××厂　100mm×100mm			粘贴面积(m²)	300	
基本材料		粘结材料	砂浆	粘结剂	—	
抽样部位	东侧外墙	龄期(d)	28	施工日期	××年×月×日	
检验类型		环境温度(℃)	19	试验日期	××年×月×日	
仪器及编号	×××					
序号	试件尺寸(mm)		受力面积(mm²)	拉力(kN)	粘贴强度(MPa)	破坏状态(序号)	平均强度(MPa)
	长	宽					
1	100	100	1000	50	4.9		
2	100	100	1000	50	5.3		5.10
3	100	100	1000	50	5.1		
结论:依据《建筑工程饰面砖粘结强度检验标准》(JGJ 110—2008)标准,符合饰面砖粘贴强度要求。							
批准人	×××	审核人	×××	试验人	×××	
试验单位	××工程公司试验室					
报告日期	××年×月×日					

(四)超声波探伤资料

(1)试验报告由具备相应资质等级的检测单位出具后随相关资料进入资料流程。

(2)相关规定与要求。

1)高强度螺栓连接应有摩擦面抗滑移系数检验报告及复试报告,并实行有见证取样和送检。

2)施工首次使用的钢材、焊接材料、焊接方法、焊后热处理等应进行焊接工艺评定,有焊接工艺评定报告。

3)设计要求的一、二级焊缝应做缺陷检验,由有相应资质等级的检测单位出具超声波、射线探伤检验报告或磁粉探伤报告。

4)建筑安全等级为一级、跨度40m及以上的公共建筑钢网架结构,且设计有要求的,应对其焊(螺栓)球节点进行节点承载力试验,并实行有见证取样和送检。

5)钢结构工程所使用的防腐、防火涂料应做涂层厚度检测,其中防火涂层应有相应资质的检测单位检测报告。

6)焊(连)接工人必须持有效的岗位证书。

(3)《超声波探伤报告》(表C6-17)、《超声波探伤记录》(表C6-18)、《钢构件射线探伤报告》(表C6-19)由施工单位、建设单位、城建档案馆各保存一份。

(4)钢结构工程施工试验记录中的磁粉探伤报告、高强螺栓抗滑移系数检测报告、钢结构涂料厚度检测报告均由检测单位提供。

(5)木结构工程施工试验记录中的木结构胶缝试验报告、木结构构件力学性能试验报告、木结构防护剂试验报告均由检测单位提供。

(6)表格填写范例。

1)《超声波探伤报告》的填写参见表C6-17。

表C6-17　　　　　　　　　　　　超声波探伤报告

编号：×××
试验编号：××－001
委托编号：××－0018

工程名称及施工部位	××园林绿化工程		
委托单位	××园林园艺公司	试验委托人	×××
构件名称	××	检测部位	××
材质	镀锌	板厚(mm)	××
仪器型号	××	试块	××
耦合剂	××	表面补偿	××
表面状况	良好	执行处理	××
探头型号	××	探伤日期	××年×月×日
探伤结果及说明：			
批准人	×××	审核人	×××	试验人	×××
试验单位	××检测中心		
报告日期	××年×月×日		

2)《超声波探伤记录》的填写参见表 C6-18。

表 C6-18　　　　　　　　　　　　　　超声波探伤记录

编号：×××

工程名称	××园林绿化工程					报告编号		×××		
施工单位	××园林园艺公司					检测单位		××检测中心		
焊缝编号（两侧）	板厚(mm)	折射角(°)	回波高度	X(mm)	D(mm)	Z(mm)	L(mm)	级别	评定结果	备注
××	××	××	××	××	××	××	××	××	××	
批准人		审核人			检测人			检测单位名称（公章）		
×××		×××			×××					
报告日期					××年×月×日					

3)《钢构件射线探伤报告》的填写参见表 C6-19。

表 C6-19　　　　　　　　　　　　　钢构件射线探伤报告

编号：×××
试验编号：××－002
委托编号：××－0019

工程名称		××园林绿化工程			
委托单位		××园林园艺公司	试验委托人		×××
检测单位		××检测中心	检测部位		××
构件名称		××	构件编号		××
材　质		焊缝形式		板厚(mm)	
仪器型号		增感方式		像质计型号	
胶片型号		像质指数		黑　度	
评定标准		焊缝全长		探伤比例与长度	
探伤结果：					

底片编号	黑度	灵敏度	主要缺陷	评级	示意图
					备注

批准人	审核人	检测人	检测单位名称 （公章）
×××	×××	×××	
报告日期		××年×月×日	

(五)景观桥荷载通行资料

1. 景观桥荷载通行试验记录

(1)《景观桥荷载通行试验记录》(表 C6-20)由施工单位填写,建设单位、施工单位各保存一份。

(2)填表注意事项。

1)以设计要求和规范规定为依据,适用条目要准确。

2)根据通行试验的实际情况填写实测数据,要准确,内容齐全,不得漏项。

3)工程采用施工总承包管理模式的,签字人员应为施工总承包单位的相关人员。

(3)表格填写范例。《景观桥荷载通行试验记录》的填写参见表 C6-20。

表 C6-20　　　　　　　　　　景观桥荷载通行试验记录

编号：×××

工程名称	××园林绿化工程			
施工单位	××园林园艺公司			
试验内容	☑动荷载　　　□静荷载			
试验结果：				
处理意见：				
结论：				
建设(监理)单位	设计单位	施工单位		
		专业技术负责人	专业质检员	专业工长
×××	×××	×××	×××	×××

2. 土壤最大干密度试验记录

(1)《土壤最大干密度试验记录》(表 C6-21)由试验单位填写,建设单位、施工单位各保存一份。

(2)表格填写范例。《土壤最大干密度试验记录》的填写参见表 C6-21。

表 C6-21　　　　　　　　　　　土壤最大干密度试验记录

编号:　×××

工程名称	××园林绿化工程	试验编号	×××
		委托编号	×××
施工单位	××园林园艺公司		
取土地点	×××	取样日期	××年×月×日
样品种类	×××	试验日期	××年×月×日
(图) 最大干密度　×××　g/cm³			
试验依据:			
负责人	审核人		试验人
×××	×××		×××
报告日期	××年×月×日		

三、园林给排水工程试验记录

园林给排水工程的组成内容及所形成的表格,如图 4-11 所示。

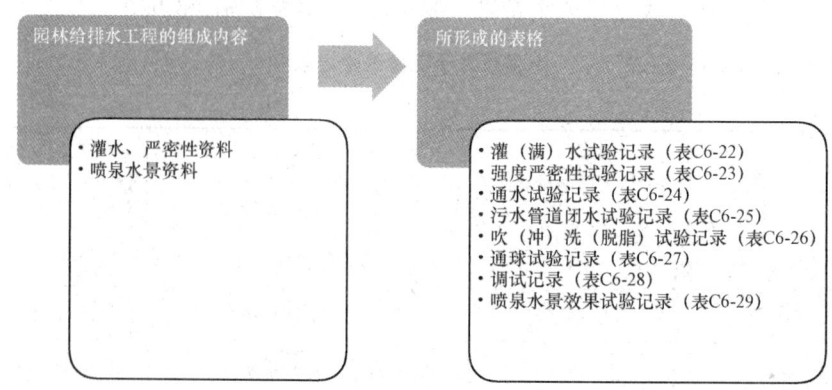

图 4-11 园林给排水工程的组成内容及所形成的表格

(一)灌(满)水、严密性试验资料

1. 灌(满)水试验记录

(1)非承压管道系统和设备,包括开式水箱、卫生洁具、安装在室内的雨水管道等,在系统和设备安装完毕后,以及暗装、埋地、有绝热层的室内外排水管道进行隐蔽前,应进行灌(满)水试验,并做《灌(满)水试验记录》(表 C6-22)。

(2)相关规定与要求。

1)敞口箱、罐安装前应做满水试验;密闭箱、罐应以工作压力的 1.5 倍做水压试验,但不得小于 0.4MPa。检验方法:满水试验满水后静置 24h 不渗不漏;水压试验在试验压力下 10min 内无压降,不渗不漏。

2)隐蔽或埋地的排水管道在隐蔽前必须做灌水试验,其灌水高度应不低于底层卫生器具的上边缘或底层地面高度。检验方法:灌满水 15min 水面下降后,再灌满观察 5min,液面不降,管道及接口无渗漏为合格。

3)安装在室内的雨水管道安装后应做灌水试验,灌水高度必须达到每根立管上部的雨水斗。检验方法:灌水试验持续 1h,不渗不漏。

4)室外排水管网安装管道埋设前必须做灌水试验和通水试验,排水应畅通,无堵塞,管接口无渗漏。检验方法:按排水检查井分段试验,试验水头应以试验段上游管顶加 1m,时间不少于 30min,逐段观察。

(3)《灌(满)水试验记录》(表 C6-22)由施工单位填写并保存。

(4)填表注意事项。

1)以设计要求和规范规定为依据,适用条目要准确。

2)根据试运转调试的实际情况填写实测数据,要准确,内容齐全,不得漏项。

3)工程采用施工总承包管理模式的,签字人员应为施工总承包单位的相关人员。

(5)表格填写范例。《灌(满)水试验记录》的填写参见表 C6-22。

表 C6-22　　　　　　　　　　　　　　　灌(满)水试验记录

编号：×××

工程名称	××园林绿化工程		
施工单位	××园林园艺公司		
水池名称	×××	注水日期	××年×月×日
水池结构	×××	允许渗水量	×××
水池平面尺寸	×××	水面面积 A_1	80m²
水深	2m	湿润面积 A_2	80m²
测读记录	初读数	末读数	两次读数差
测读时间(年月日时分)			
水池水位 E(mm)			
蒸发水箱水位 e(mm)			
大气温度(℃)			
水温(℃)			
实际渗水量	m³/d	L/(m²·d)	占允许量的百分率

试验结论：

试验结果符合设计要求及《建筑给水排水及采暖工程施工质量验收规范》(GB 50242—2002)规定,同意进行下道工序。

监理(建设)单位	施工单位		
	技术负责人	质检员	测量人
×××	×××	×××	×××

2. 强度严密性试验记录

(1)室内外输送各种介质的承压管道、设备在安装完毕后,进行隐蔽之前,应进行强度严密性试验,并做《强度严密性试验记录》(表 C6-23)。

(2)相关规定与要求。

1)室外给水管网必须进行水压试验,试验压力为工作压力的 1.5 倍,但不得小于 0.6MPa。检验方法：管材为钢管、铸铁管时,试验压力下 10min 内压力降不应大于 0.05MPa,然后降至工作压力进行检查,压力应保持不变,不渗不漏；管材为塑料管时,试验压力下,稳压 1h 压力降不大于 0.05MPa,最后降至工作压力进行检查,压力应保持不变,不渗、不漏。

2)消防水泵接合器及室外消火栓安装系统必须进行水压试验,试验压力为工作压力的 1.5 倍,但不得小于 0.6MPa。检验方法：试验压力下,10min 内压力降不大于 0.05MPa,然后降至工作压力进行检查,压力保持不变,不渗、不漏。

3)自动喷水系统当系统设计工作压力等于或小于 1.0MPa 时,水压强度试验压力应为设计工作压力的 1.5 倍,并不应低于 1.4MPa；当系统设计工作压力大于 1.0MPa 时,水压强度试验压力应为该工作压力加 0.4MPa。水压强度试验的测试点应设在系统管网的最低点。对管网注水时,应将管网内的空气排净,并应缓慢升压,达到试验压力后,稳压 30min,目测管网应无渗漏和无变形,且压力降不应大于 0.05MPa。

4)自动喷水系统水压严密度试验应在水压强度试验和管网冲洗合格后进行。试验压力应为设计工作压力,稳压 24h,应无渗漏。

5)自动喷水系统气压严密性试验的试验压力应为 0.28MPa,且稳压 24h,压力降不应大于 0.01MPa。

6)《强度严密性试验记录》(表 C6-23)由施工单位填写,建设单位、施工单位、城建档案馆各保存一份。

7)填表注意事项。

①以设计要求和规范规定为依据,适用条目要准确。

②单项试验和系统性试验,强度和严密度试验有不同要求,试验和验收时要特别留意;系统性试验、严密度试验的前提条件应充分满足,如自动喷水系统水压严密度试验应在水压强度试验和管网冲洗合格后才能进行;而常见做法是先根据区段验收或隐检项目验收要求完成单项试验,系统形成后进行系统性试验,再根据系统特殊要求进行严密度试验。

③根据试验的实际情况填写实测数据,要准确,内容齐全,不得漏项。

④工程采用施工总承包管理模式的,签字人员应为施工总承包单位的相关人员。

8)表格填写范例。《强度严密性试验记录》的填写参见表 C6-23。

表 C6-23 强度严密性试验记录

编号:×××

工程名称	××园林绿化工程	试验日期	××年×月×日
试验项目	给水系统试压	试验部位	××喷水池
材质	镀锌衬塑钢管	规格	DN70~DN80

试验要求:

给水管道的水压试验必须符合设计要求。试验压力为工作压力的 1.5 倍,但不得小于 0.6MPa。

试验记录:

给水系统工作压力为 0.8MPa,试验压力为 1.2MPa,在试验压力下观测 10min,压力降至 1.19MPa(压力降 0.01MPa),然后降到工作压力进行检查,管道及接口不渗不漏。

试验结论:

试验结果符合设计要求及《建筑给水排水及采暖工程施工质量验收规范》(GB 50242—2002)规定,同意进行下道工序。

建设(监理)单位	施工单位	××园林园艺公司	
	专业技术负责人	专业质检员	专业工长
×××	×××	×××	×××

3. 通水试验记录

(1)给水、中水卫生器具、地漏及地面清扫口及排水系统应分系统(区、段)进行通水试验,并做《通水试验记录》(表C6-24)。

(2)相关规定与要求。

1)给水系统交付使用前必须进行通水试验并做好记录。检验方法:观察和开启阀门、水嘴等放水。

2)卫生器具交工前应做满水和通水试验。检验方法:满水后各连接件不渗不漏;通水试验给、排水畅通。

(3)《通水试验记录》(表C6-24)由施工单位填写并保存。

(4)填表注意事项。

1)以设计要求和规范规定为依据,适用条目要准确。

2)根据试验的实际情况填写实测数据,要准确,内容齐全,不得漏项。

3)通水试验为系统试验,一般在系统完成后统一进行。

4)工程采用施工总承包管理模式的,签字人员应为施工总承包单位的相关人员。

5)表格中通水流量(m^3/h)按卫生器具供水管径核算获得。

(5)《污水管道闭水试验记录》(表C6-25)由试验单位填写,建设单位、施工单位各保存一份。

(6)表格填写范例。

1)《通水试验记录》的填写参见表C6-24。

表 C6-24　　　　　　　　通水试验记录

编号:×××

工程名称	××园林绿化工程	试验日期	××年×月×日
试验项目	卫生器具满水、通水试验	试验部位	一层
通水压力(MPa)	0.18	通水流量(m^3/h)	4.6
试验系统简述: 卫生器具交工前应做满水和通水试验。试验项目为一层所有卫生器具。			
试验记录: **供水方式**:正式水源 **通水情况**:卫生器具逐个做满水试验,充水量超过器具溢水口,溢流畅通,满水后各连接件不渗不漏;通水试验各器具给排水畅通。			
试验结论: 试验结果符合设计要求及《建筑给水排水及采暖工程施工质量验收规范》(GB 50242—2002)规定,同意进行下道工序。			
建设(监理)单位	施工单位		
×××	专业技术负责人	专业质检员	专业工长
	×××	×××	×××

2)《污水管道闭水试验记录》的填写参见表 C6-25。

表 C6-25　　　　　　　　　　　　污水管道闭水试验记录

编号：×××

工程名称	××园林绿化工程				
施工单位	××园林园艺公司				
起止井号	×××~×××				
管道内径		接口形式		管材种类	
试验日期			试验次数		
试验水头					
允许漏水量					
试验结果					
目测渗漏情况					
鉴定意见					
监理(建设)单位	施工单位				
	技术负责人		质检员		
×××	×××		×××		

4. 吹(冲)洗(脱脂)试验记录

(1)给水、中水及消防管道及设计有要求的管道应在使用前做冲洗试验；介质为气体的管道系统应按有关设计要求及规范规定做吹洗试验。设计有要求时还应做脱脂处理。

(2)相关规定与要求。

1)消防水泵接合器及消火栓安装系统消防管道在竣工前，必须对管道进行冲洗。检验方法：观察冲洗出水的浊度。

2)自动喷水系统管网冲洗的水流流速、流量不应小于系统设计的水流流速、流量；管网冲洗宜分区、分段进行；水平管网冲洗时其排水管位置应低于配水支管。管网冲洗应连续进行，当出水口处水的颜色、透明度与入水口处水的颜色、透明度基本一致时为合格。

(3)《吹(冲)洗(脱脂)试验记录》(表 C6-26)由施工单位填写并保存。

(4)填表注意事项。

1)以设计要求和规范规定为依据，适用条目要准确。

2)根据试验的实际情况填写实测数据，要准确，内容齐全，不得漏项。

3)吹(冲)洗(脱脂)试验为系统试验,一般在系统完成后统一进行。

4)工程采用施工总承包管理模式的,签字人员应为施工总承包单位的相关人员。

(5)表格填写范例。《吹(冲)洗(脱脂)试验记录》的填写参见表 C6-26。

表 C6-26　　　　　　　　吹(冲)洗(脱脂)试验记录

编号：×××

工程名称	××园林绿化工程	试验日期	××年×月×日
试验项目	管道冲洗	试验部位	消防系统
试验介质	水	试验方式	通水冲洗

试验记录：
对消防水泵接合器及消火栓安装系统管道进行冲洗。从早上 9 时开始到下午 6 时,以供水管口为冲洗起点,压力值为 1.0MPa,消火栓头为泄水点进行冲洗。排出水不含泥砂、铁屑等杂质,且水色不浑浊。

试验结论：
试验结果符合设计要求及《建筑给水排水及采暖工程施工质量验收规范》(GB 50242—2002)规定,同意进行下道工序。

建设(监理)单位	施工单位	××园林园艺公司	
	专业技术负责人	专业质检员	专业工长
×××	×××	×××	×××

5. 通球试验记录

(1)室内排水水平干管、主立管应按有关规定进行通球试验,并做《通球试验记录》(表 C6-27)。

(2)《通球试验记录》(表 C6-27)由施工单位填写,建设单位、施工单位各保存一份。

(3)填表注意事项。

1)以设计要求和规范规定为依据,适用条目要准确。

2)根据试验的实际情况填写实测数据,要准确,内容齐全,不得漏项。

3)工程采用施工总承包管理模式的,签字人员应为施工总承包单位的相关人员。

4)通球试验用球宜为硬质空心塑料球,投入时做好标记,以便同排出的试验球核对。

(5)表格填写范例。《通球试验记录》的填写参见表 C6-27。

表 C6-27　　　　　　　　　　　　　通球试验记录

编号：×××

工程名称		××园林绿化工程		
施工单位		××园林园艺公司		
试验单位	×××		试验日期	××年×月×日
管道公称直径	DN150		起止桩号	×××～×××
发球时间	××年×月×日		收球时间	××年×月×日
试验情况： 排水主立管及水平干管管道均应做通球试验，通球球径不小于排水管道管径的 2/3，通球率达到 100%。				
试验结论： 试验结果符合设计要求及《建筑给水排水及采暖工程施工质量验收规范》(GB 50242—2002) 规定，同意进行下道工序。				
监理(建设)单位		施工单位		试验单位
×××		×××		×××

(二)喷泉水景资料

1. 调试记录

(1)《调试记录》(表 C6-28)由施工单位填写，建设单位、施工单位各保存一份。

(2)表格填写范例。《调试记录》的填写参见表 C6-28。

表 C6-28　　　　　　　　　　　　　　　　调试记录

编号：×××

工程名称	××园林绿化工程			
施工单位	××园林园艺公司			
部位工程	××	调试项目	××	
设备和设施名称	××	规格型号	××	
系统编号	××	调试日期	××年×月×日	
调试内容及要求				
调试结论				
监理(建设)单位	施工单位			
	技术负责人		质检员	
×××	×××		×××	

2. 喷泉水景效果试验记录

(1)《喷泉水景效果试验记录》(表 C6-29)由施工单位填写,建设单位、施工单位各保存一份。

(2)表格填写范例。《喷泉水景效果试验记录》的填写参见表 C6-29。

表 C6-29　　　　　　　　　　　　喷泉水景效果试验记录

编号：×××

工程名称	××园林绿化工程	
施工单位	××园林园艺公司	
试验日期	××年×月×日	
试验运行时间	由×时×分开始，至×时×分结束	
工作压力	××MPa	
试验效果：		
处理意见：		
结论：		
建设(监理)单位	设计单位	施工单位
		技术负责人 / 质检员
×××	×××	××× / ×××

四、园林用电工程试验记录

园林用电工程试验记录的组成内容及所形成的表格,如图 4-12 所示。

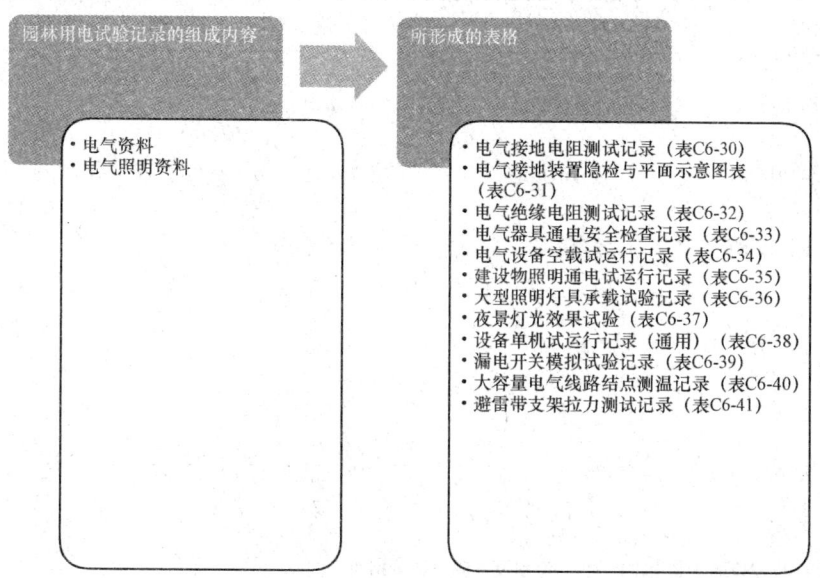

图 4-12　园林用电工程试验记录的组成内容及所形成的表格

(一)电气资料

1. 电气接地电阻测试记录

(1)《电气接地电阻测试记录》(表 C6-30)应由建设(监理)单位及施工单位共同进行检查。

(2)检测阻值结果和结论齐全。

(3)电气接地电阻测试应及时,测试必须在接地装置敷设后隐蔽之前进行。

(4)应绘制建筑物及接地装置的位置示意图表。

(5)编号栏的填写应参照隐蔽工程检查记录表编号编写,但表式不同时顺序号应重新编号。

(6)填表注意事项:

1)表格中凡需填空的地方,实际已发生的,如实填写;未发生的,则在空白处画"—"。

2)对于选择框,若有此项内容,在选择框处画"√";若无此项内容,可空着,不必画"×"。

(7)《电气接地电阻测试记录》(表 C6-30)由施工单位填写,建设单位、施工单位、城建档案馆各保存一份。

(8)表格填写范例。《电气接地电阻测试记录》的填写参见表 C6-30。

表 C6-30　　　　　　　　　　电气接地电阻测试记录

编号：×××

工程名称	××园林绿化工程		测试日期	××年×月×日		
仪表型号	ZC-8		天气情况	晴	气温(℃)	32
接地类型	☑防雷接地	□计算机接地		☑工作接地		
	□保护接地	□防静电接地		□逻辑接地		
	☑重复接地	□综合接地		□医疗设备接地		
设计要求	□≤100Ω	☑≤4Ω		□≤1Ω		
	□≤0.1Ω	□≤ Ω		□		

测试结论：

季节系数取 1.4,按接地分 2 组进行测试,组别及实测数据分别为：
防雷接地(1)0.27×1.4=0.378　　(2)0.27×1.4=0.378
重复接地(1)0.27×1.4=0.378　　(2)0.27×1.4=0.378
工作接地(1)0.27×1.4=0.378　　(2)0.26×1.4=0.364
经测试计算,符合设计和《建筑电气工程施工质量验收规范》[GB 50303—2002(2012 年版)]的规定。

建设(监理)单位	施工单位	××园林公司	
	专业技术负责人	专业质检员	专业测试人
×××	×××	×××	×××

2. 电气接地装置隐检与平面示意图表

(1)电气接地装置隐检与平面示意图应由建设(监理)单位及施工单位共同进行检查。

(2)检测结论齐全。

(3)检验日期应与电气接地电阻测试记录日期一致。

(4)绘制接地装置隐检与平面示意图时,应把建筑物轴线、各测试点的位置及阻值标出。

(5)编号栏的填写：应与电气接地电阻测试记录编号一致。

(6)填表注意事项：表格中凡需填空的地方,实际已发生的,如实填写；未发生的,则在空白处画"—"。

(7)《电气接地装置隐检与平面示意图表》(表 C6-31)由施工单位填写,建设单位、施工单位、城建档案馆各保存一份。

(8)表格填写范例。《电气接地装置隐检与平面示意图表》的填写参见表 C6-31。

表 C6-31　　　　　　　　　　电气接地装置隐检与平面示意图表

编号：×××

工程名称	××园林绿化工程		部位名称	音乐广场
施工单位	××园林园艺公司			
接地类别	防雷、工作、保护	组数	1组	设计要求	≤1Ω

接地装置平面示意图：

接地装置敷设检查测试记录：

接地装置规格	接地体	水平		打进深度	
		垂直		埋设深度	
	接地干线			搭接焊长度	
接地电阻	隐蔽前			土质情况	砂质黏土
	隐蔽后			焊接部位及接地体引出线防腐处理	焊接处均涂沥青油
隐蔽日期		××年×月×日		测试日期	××年×月×日
测试结论			符合设计要求		
监理(建设)单位		施工单位			
		技术负责人		质检员	测试人
×××		×××		×××	×××

3. 电气绝缘电阻测试记录

(1)电气绝缘电阻测试记录应由建设(监理)单位及施工单位共同进行检查。

(2)检测阻值结果和测试结论齐全。

(3)当同一配电箱(盘、柜)内支路很多，又是同一天进行测试时，本表格填不下，可续表格进行填写，但编号应一致。

(4)阻值必须符合规范、标准的要求，若不符合规范、标准的要求，应查找原因并进行处理,直到符合要求方可填写此表。

(5)编号栏的填写:应参照隐蔽工程检查记录表编号编写,但表式不同时顺序号应重新编号,一、二次测试记录的顺序号应连续编写。

(6)填表注意事项:表格中凡需填空的地方,实际已发生的,如实填写;未发生的,则在空白处画"—"。

(7)《电气绝缘电阻测试记录》(表C6-32)由施工单位填报,建设单位、施工单位各保存一份。

(8)表格填写范例。《电气绝缘电阻测试记录》的填写参见表C6-32。

表C6-32　　　　　　　　　　电气绝缘电阻测试记录

编号:×××

工程名称		××园林绿化工程			部位名称		喷泉灯		
施工单位		××园林公司							
仪表型号		ZC-7	仪表电压		380V	计量单位		MΩ(兆欧)	
测试日期		××年×月×日			天气情况	晴	气温		28℃
电线(电缆)编号 (电气设备名称)	规格型号	相间			相对零			相对地			零对地
		L_1-L_2	L_2-L_3	L_3-L_1	L_1-N	L_2-N	L_3-N	L_1-PE	L_2-PE	L_3-PE	$N-PE$
层数、路别、名称、编号	ZAL3-1										
	1	400	—	—	500	—	—	400	—	—	500
	2	—	300	—	—	400	—	—	500	—	400
	3	—	—	500	—	—	500	—	—	400	400
	4	500	—	—	400	—	—	400	—	—	300
	5	—	400	—	—	500	—	—	400	—	500
	6	—	—	500	—	—	400	—	—	400	500

测试结论	☑合格 □不合格

监理(建设)单位	施工单位		
	技术负责人	质检员	测试人
×××	×××	×××	×××

4. 电气器具通电安全检查记录

(1)电气器具通电安全检查记录应由施工单位的专业技术负责人、质检员、工长参加。

(2)检查结论应齐全。

(3)检查正确、符合要求时画"√",反之则画"×"。当检查不符合要求时,应进行修复,并在检查结论中说明修复结果。当检查部位为同一楼门单元(或区域场所),检查点很多又是同一天检查时,本表格填不下,可续表格进行填写,但编号应一致。

(4)编号栏的填写应参照隐蔽工程检查记录表编号编写,但表式不同时顺序号应重新编号。

(5)填表注意事项:表格中凡需填空的地方,实际已发生的,如实填写;未发生的,则在空白处画"—"。

(6)表格填写范例。《电气器具通电安全检查记录》的填写参见表C6-33。

表 C6-33　　　　　　　　　　电气器具通电安全检查记录

编号:　×××

工程名称	××园林绿化工程									检查日期								××年×月×日								
楼门单元或区域场所										园路一段																
层数	开关									灯具									插座								
	1	2	3	4	5	6	7	8	9	1	2	3	4	5	6	7	8	9	1	2	3	4	5	6	7	8	9
×段	√	√	√	√	√	√	√	√	√	√	×	√	√	√	√	√	√	√	√	√	√	√	×	√	√	√	√
	×	√	√	√	√	√	√	√	√	√	×	√	√	√	√	√	√	√	√	√	√	√	√	√	×	√	√
	√	√	√	√	×	√	√	√	√	√	√	√	√	√	√	√	√	√	√	√	√	√	√	√	√	√	√
	√	√	√	√	√	√	√	√	√	√	√	×	√	√	√	√	√	√	√	√	√	√	√	√	√	√	√
	√	√	√	√	√	√	√	×	√	√	√	√	—	—	—	—	—	—	√	√	√	√	√	√	√	√	√

检查结论:

经检查,开关两个未断线,一个罗灯口中心未接相线,二个插座接线有误,已修复合格。其余符合《建筑电气施工及验收规范》[GB 50303—2002(2012年版)]要求。

签字栏	施工单位	××园林园艺公司	
	专业技术负责人	专业质检员	专业工长
	×××	×××	×××

5. 电气设备空载试运行记录

(1)电气设备空载试运行记录应由建设(监理)单位及施工单位共同进行检查。

(2)试运行情况记录应详细。

1)记录成套配电(控制)柜、台、箱、盘的运行电压、电流情况、各种仪表指示情况。

2)记录电动机转向和机械转动有无异常情况、机身和轴承的温升、电流、电压及运行时间等有关数据。

3)记录电动执行机构的动作方向及指示,是否与工艺装置的设计要求保持一致。

(3)当测试设备的相间电压时,应把相对零电压划掉。

(4)编号栏的填写应参照隐蔽工程检查记录表编号编写,但表式不同时顺序号应重新编号。

(5)填表注意事项:表格中凡需填空的地方,实际已发生的,如实填写;未发生的,则在空白处画"—"。

(6)《电气设备空载试运行记录》(表C6-34)由施工单位填写,建设单位、施工单位各保存一份。

(7)表格填写范例。《电气设备空载试运行记录》的填写参见表C6-34。

表 C6-34　　　　　　　　电气设备空载试运行记录

编号：×××

工程名称		××园林绿化工程					
试运项目		动力3#电动机		填写日期	××年×月×日		
试运时间		由 × 日 12 时 0 分开始,至 × 日 14 时 0 分结束					
运行负荷记录	运行时间	运行电压/V			运行电流(A)			温度(℃)
		L_1-N (L_1-L_2)	L_2-N (L_2-L_3)	L_3-N (L_3-L_1)	L_1相	L_2相	L_3相	
	13:40	380	382	384	20	21	21.5	78
	13:50	380	381	381	25	24	24.5	76
	14:50	380	381	381	25	24	24.5	76

试运行情况记录：

通过2h电动机空载试运行,开关无拒动和误动,线压接点和线路无过热现象,电机运转正常,符合设计要求及《建筑电气工程施工质量验收规范》[GB 50303—2002(2012年版)]规定。

签字栏	建设(监理)单位	施工单位	××园林园艺公司	
		专业技术负责人	专业质检员	专业工长
	×××	×××	×××	×××

(二)电气照明资料

1. 建筑物照明通电试运行记录

(1)《建筑物照明通电试运行记录》应由建设(监理)单位及施工单位共同进行检查。

(2)试运行情况记录应详细。

1)照明系统通电,灯具回路控制应与照明配电箱及回路的标识一致。
2)开关与灯具控制顺序相对应,风扇的转向及调速开关应正常。
3)记录电流、电压、温度及运行时间等有关数据。
4)配电箱内电气线路连接节点处应进行温度测量,且温升值稳定不大于设计值。
5)配电箱内电气线路连接节点测温应使用远红外摇表测量仪,并在检定有效期内。
(3)除签字栏必须亲笔签字外,其余项目栏均须打印。
(4)当测试线路为相对零电压时,应把相间电压划掉。
(5)编号栏的填写应参照隐蔽工程检查记录表编号编写,但表式不同时顺序号应重新编号。
(6)填表注意事项:
1)表格中凡需填空的地方,实际已发生的,如实填写;未发生的,则在空白处画"—"。
2)对于选择框,有此项内容,在选择框处画"√",若无此项内容,可空着,不必画"×"。
(7)《建筑物照明通电试运行记录》(表C6-35)由施工单位填写,建设单位、施工单位各保存一份。
(8)表格填写范例。《建筑物照明通电试运行记录》的填写参见表C6-35。

表C6-35　　　　　　　　　建筑物照明通电试运行记录

编号:×××

工程名称		××园林绿化工程			公建☑ /住宅☐			
试运项目		照明系统		填写日期	××年×月×日			
试运时间		由 × 日 8 时 0 分开始,至 × 日 17 时 0 分结束						
运行负荷记录	运行时间	运行电压(V)			运行电流(A)			温度(℃)
		L_1-N (L_1-L_2)	L_2-N (L_2-L_3)	L_3-N (L_3-L_1)	L_1 相	L_2 相	L_3 相	
	×日 9:00	225	225	225	79	78	79	28
	×日 11:00	220	220	220	80	79	80	29
	×日 13:00	230	230	230	79	80	79	31
	×日 15:00	225	225	225	77	76	77	28
	×日 17:00	225	220	225	78	77	79	28

试运行情况记录:

　照明系统灯具均投入运行,经8h通电试验,配电控制正确,空气开关、电度表、线路结点温度及器具运行情况正常,符合设计及规范要求。

建设(监理)单位	施工单位	××园林园艺公司	
	专业技术负责人	专业质检员	专业工长
×××	×××	×××	×××

2. 大型照明灯具承载试验记录

(1)照明灯具承载试验记录应由建设(监理)单位及施工单位共同进行检查。

(2)《大型照明灯具承载试验记录》(表C6-36)由施工单位填写,建设单位、施工单位各保存一份。

(3)《夜景灯光效果试验》(表C6-37)由施工单位填写,建设单位、施工单位各保存一份。

(4)《设备单机试运行记录(通用)》(表C6-38)由施工单位填写,建设单位、施工单位保存。

(5)检查结论应齐全。

(6)编号栏的填写应参照隐蔽工程检查记录表编号编写,但表式不同时顺序号应重新编号。

(7)填表注意事项。表格中凡需填空的地方,实际已发生的,如实填写;未发生的,则在空白处画"—"。

(8)表格填写范例。

1)《大型照明灯具承载试验记录》的填写参见表C6-36。

表C6-36　　　　　　　　　　大型照明灯具承载试验记录

编号：×××

工程名称	××园林绿化工程		试验日期	××年×月×日
灯具名称	安装部位	数量	灯具自重(kg)	试验载重(kg)
防尘防潮灯	水泵房	9	1.5	3
金属卤化物灯	机房	6	2.5	5

检查结论：

经做过载试验均大于灯具自重的2倍,符合规范《建筑电气工程施工质量验收规范》[GB 50303—2002(2012年版)]的规定。

签字栏	建设(监理)单位	施工单位 ××工程公司		
		专业技术负责人	专业质检员	专业工长
	×××	×××	×××	×××

2)《夜景灯光效果试验记录》的填写参见表 C6-37。

表 C6-37　　　　　　　　　　　夜景灯光效果试验记录

编号：×××

工程名称	××园林绿化工程	
施工单位	××园林公司	
试验范围	×××	
试验时间	××年×月×日	
试验运行时间	由×时×分开始，至×时×分结束	
工作电压	220V	
试验效果：		
处理意见：		
结论：		
建设（监理）单位	设计单位	施工单位
		专业技术负责人 ｜ 专业质检员
×××	×××	××× ｜ ×××

3)《设备单机试运行记录(通用)》的填写参见表 C6-38。

表 C6-38　　　　　　　　　　设备单机试运行记录(通用)

编号：×××

工程名称	××园林绿化工程	设备名称	×××
施工单位	××园林园艺公司	规格型号	×××
设备所在系统	×××	台数	×××
试运行时间	×××	额定数据	×××
试运行性质	空负荷试运行；	负荷试运行	
序号	重点检查项目	主要技术要求	试验结论
1			
2			
3			
4			
5			
6			
7			
8			
综合结论： ☑合格　□不合格			
监理(建设)单位	施工单位		
		技术负责人	质检员
×××		×××	×××

3. 漏电开关模拟试验记录

(1)《漏电开关模拟试验记录》(表 C6-39)。漏电开关模拟试验记录应由建设(监理)单位及施工单位共同进行检查。

(2)若当天内检查点很多时,表格填不下,可续表格进行填写,但编号应一致。

(3)测试结论应齐全。

(4)编号栏的填写应参照隐蔽工程检查记录表编号编写,但表式不同时顺序号应重新编号。

(5)填表注意事项:表格中凡需填空的地方,实际已发生的,如实填写;未发生的,则在空白处画"—"。

(6)《漏电开关模拟试验记录》(表 C6-39)由施工单位填写,建设单位、施工单位各保存一份。

(7)表格填写范例。《漏电开关模拟试验记录》的填写参见表 C6-39。

表 C6-39　　　　　　　　　　　漏电开关模拟试验记录

编号：×××

工程名称		××园林绿化工程			
试验器具	漏电开关检测仪(MI2121 型)		试验日期	××年×月×日	
安装部位	型号	设计要求		实际测试	
		动作电流 (mA)	动作时间 (ms)	动作电流 (mA)	动作时间 (ms)
××	××	30	0.1	28	50
××	××	30	0.1	27	54
××	××	30	0.1	26	55

测试结论：

漏电开关动作灵活可靠,动作电流、动作时间符合设计要求及《建筑电气工程施工质量验收规范》[GB 50303—2002 (2012年版)]的规定。

签字栏	建设(监理)单位	施工单位 ××工程公司		
		专业技术负责人	专业质检员	专业工长
	×××	×××	×××	×××

4. 大容量电气线路结点测温记录

(1)大容量电气线路结点测温记录应由建设(监理)单位及施工单位共同进行检查。

(2)测试结论应齐全。

(3)编号栏的填写：应参照隐蔽工程检查记录表编号编写,但表式不同时顺序号应重新编号。

(4)填表注意事项。

1)表格中凡需填空的地方,实际已发生的,如实填写；未发生的,则在空白处画"—"。

2)对于选择框,有此项内容,在选择框处画"√",若无此项内容,可空着,不必画"×"。

(5)表格填写范例。《大容量电气线路结点测温记录》的填写参见表C6-40。

表 C6-40　　　　　　　　　　大容量电气线路结点测温记录

编号：　×××　

工程名称		××园林绿化工程		
测试地点		×××	测试品种	导线☑ /母线□ /开关□
测试工具		指针万用表	测试日期	××年×月×日
测试回路(部位)	测试时间	电流(A)	设计温度(℃)	测试温度(℃)
一回路	11:30	24	29	27
测试结论： 经测试,温升值稳定且不大于设计值。				
签字栏	建设(监理)单位	施工单位	××工程公司	
		专业技术负责人	专业质检员	专业工长
	×××	×××	×××	×××

5. 避雷带支架拉力测试记录

(1)避雷带支架拉力测试记录应由建设(监理)单位及施工单位共同进行检查。

(2)若当天内检查点很多时,表格填不下,可续表格进行填写,但编号应一致。

(3)检查结论应齐全。

(4)编号栏的填写应参照隐蔽工程检查记录表编号编写,但表式不同时顺序号应重新编号。

(5)填表注意事项。表格中凡需填空的地方,实际已发生的,如实填写；未发生的,则在空白处画"—"。

(6)《避雷带支架拉力测试记录》(表C6-41)由施工单位填写,建设单位、施工单位各保存一份。

(7)表格填写范例。《避雷带支架拉力测试记录》的填写参见表 C6-41。

表 C6-41   避雷带支架拉力测试记录

编号：×××

工程名称		××园林绿化工程						
测试部位		八角亭避雷带		测试日期		××年×月×日		
序号	拉力(kg)	序号	拉力(kg)	序号	拉力(kg)	序号	拉力(kg)	
1	6							
2	7							
3	6.5							
4	7							
5	8							
6	6.3							

检查结论：

经对每个支持件做拉力测试，均大于 49N(5kg) 的垂直拉力，符合《建筑电气工程施工质量验收规范》[GB 50303—2002(2012 年版)]的规定。

签字栏	建设(监理)单位	施工单位	××工程公司		
		专业技术负责人	专业质检员	专业工长	
	×××	×××	×××	×××	

第七节　检验批与分项工程质量验收记录

一、检验批质量验收记录

检验批质量验收记录的组成内容及所形成的表格,如图 4-13 所示。

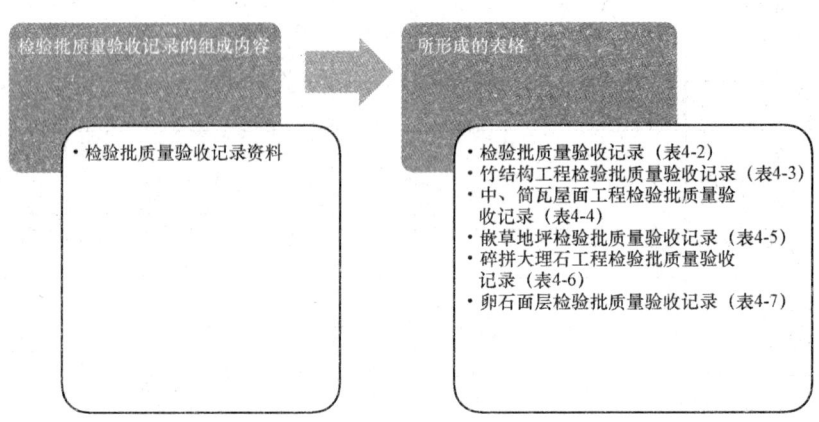

图 4-13　检验批质量验收记录的组成内容及所形成的表格

检验批质量验收的程序和组织。检验批施工完成,施工单位自检合格后,应由项目专业质量检查员填报《检验批质量验收记录表》(表 4-1)。按照质量验收规范的规定,检验批质量验收应由监理工程师(建设单位项目专业技术负责人)组织项目专业质量检查员等进行验收并签认。

1. 填表注意事项

(1)表头的填写。

1)单位(子单位)工程名称按合同文件上的单位工程名称填写,子单位工程标出该部分的位置。

2)分部(子分部)工程名称按划定的分部(子分部)名称填写。

3)验收部位是指一个分项工程中验收的那个检验批的抽样范围,要按实际情况标注清楚。

4)检验批验收记录表中,施工执行标准名称及编号应填写施工所执行的工艺标准的名称及编号。例如,可以填写所采用的企业标准、地方标准、行业标准或国家标准;如果未采用上述标准,也可以填写实际采用的施工技术方案等依据,填写时要将标准名称及编号填写齐全,此栏不应填写验收标准。

5)表格中工程参数等应如实填写,施工单位、分包单位名称宜写全称,并与合同上公章名称一致,并注意各表格填写的名称应相互一致;项目经理应填写合同中指定的项目负责人,分包单位的项目经理也应是合同中指定的项目负责人,表头签字处不需要本人签字的地方,由填表人填写即可,只是标明具体的负责人。

(2)"施工质量验收规范的规定"栏制表时按以下四种情况填写：

1)直接写入：将主控项目、一般项目的要求写入。

2)简化描述：将质量要求作简化描述，作为检查提示。

3)写入条文号：当文字较多时，只将引用标准规范的条文号写入。

4)写入允许偏差：对定量要求，将允许偏差直接写入。

(3)填写"施工单位检查评定记录"栏，应遵守下列要求：

1)对定量检查项目，当检查点少时，可直接在表中填写检查数据；当检查点数较多填写不下时，可以在表中填写综合结论，如"共检查20处，平均4mm，最大7mm"，"共检查36处，全部合格"等字样，此时应将原始检查记录附在表后。

2)对定性类检查项目，可以填写"符合要求"或用符号表示，画"√"或画"×"。

3)对既有定性又有定量的项目，当各个子项目质量均符合规范规定时，可以填写"符合要求"或画"√"，不符合要求时画"×"。

4)在一般项目中，规范对合格点百分率有要求的项目，也可以填写达到要求的检查点的百分率。

5)对混凝土、砂浆强度等级，可先填写报告份数和编号，待试件养护至28d试压后，再对检验批进行判定和验收，应将试验报告附在验收表后。

6)主控项目不得出现"×"，当出现画"×"时，应进行返工修理，使之达到合格；一般项目不得出现超过20%的检查点画"×"，否则应进行返工修理。

7)有数据的项目，将实际测量的数值填入格内。"施工单位检查评定记录"栏应由质量检查员填写。填写内容：可为"合格"或"符合要求"，也可为"检查工程主控项目、一般项目均符合《××××质量验收规范》(GB ××—××)的规定，评定合格"等。质量检查员代表企业逐项检查评定合格后，应如实填表并签字，然后交监理工程师或建设单位项目专业技术负责人验收。

(4)"监理单位验收记录"栏。通常在验收前，监理人员应采用平行、旁站或巡回等方法进行监理，对施工质量抽查，对重要项目作见证检测，对新开工程、首件产品或样板间等进行全面检查。以全面了解此监理工程的质量水平、质量控制措施是否有效及实际执行情况，做到心中有数。

在检验批验收时，监理工程师应与施工单位质量检查员共同检查验收。监理人员应对主控项目、一般项目按照施工质量验收规范的规定逐项抽查验收。应注意：监理工程师应该独立得出是否符合要求的结论，并对得出的验收结论承担责任。对不符合施工质量验收规范规定的项目，暂不填写，待处理后再验收，但应做出标记。

(5)"监理单位验收结论"栏。应由专业监理工程师或建设单位项目专业技术负责人填写。

填写前，应对"主控项目"、"一般项目"按照施工质量验收规范的规定逐项抽查验收，独立得出验收结论。认为验收合格，应签注"同意施工单位评定结果，验收合格"。

如果检验批中含有混凝土、砂浆试件强度验收等内容，应待试验报告出来后再作判定。

(6)《检验批质量验收记录》(表4-2)，应由施工单位填写，一式三份，并由建设单位、监理单位、施工单位各保存一份。

表 4-2　　　　　　　　　　　　　　检验批质量验收记录

工程名称					
分项工程名称			验收部位		
施工总承包单位		项目经理		专业工长	
专业承包单位		项目经理		施工班组长	
施工执行标准名称及编号					
施工质量验收规范的规定			施工单位检查评定记录		监理(建设)单位验收记录
主控项目					
一般项目					

施工单位检查评定结果：

　　　　　　　　　　　　　　　　　　　　　　　　　　　　　　　质量检查员：　　　　　　年　月　日

监理(建设)单位验收结论：

　　　　　　　　　　　　　　　　　　　　监理工程师或建设单位项目专业技术负责人：　　　　年　月　日

2. 表格填写范例

(1)《竹结构工程检验批质量验收记录》的填写参见表 4-3。

表 4-3　　　　　　　　　　　竹结构工程检验批质量验收记录

编号：×××

工程名称		××园林绿化工程		
分部工程名称		竹结构工程	验收部位	×××
施工单位		××园林园艺公司	项目经理	×××
施工执行标准名称及编号		《建筑地面工程施工质量验收规范》(GB 50209—2010)		
分包单位		—	分包项目经理	—
		质量验收规范的规定	施工单位自检记录	监理(建设)单位验收记录
主控项目	1	制作的竹材必须符合要求	合格	合格
	2	连接部位制作应符合要求	合格	合格
一般项目	1	竹结构制作榫槽符合要求	合格	合格
	2	竹材烘烤应符合要求	合格	合格
	3	构筑物柱与柱脚应符合要求	合格	合格
	4	柱脚混凝土及铁件应符合要求	合格	合格

施工单位检查 评定结果	专业工长 (施工员)	×××	施工班组长	×××
	主控项目全部合格,一般项目符合规范的规定,评定合格。 项目专业质量检查员:×××　　　　　　　××年×月×日			

监理(建设) 单位验收结论	同意施工单位评定结果,验收合格。 专业监理工程师:××× (建设单位项目专业负责人)　　　　　　　××年×月×日

（2）《中、筒瓦屋面工程检验批质量验收记录》的填写参见表4-4。

表4-4　　　　　　　　　中、筒瓦屋面工程检验批质量验收记录

编号：×××

工程名称			××园林绿化工程														
分部工程名称			中、筒瓦屋面工程				验收部位			×××							
施工单位			××园林园艺公司				项目经理			×××							
施工执行标准名称及编号			《屋面工程质量验收规范》(GB 50207—2012)														
分包单位			—				分包项目经理			—							
		质量验收规范的规定			施工单位自检记录						监理(建设)单位验收记录							
主控项目	1	瓦件的品种、规格、质量必须符合设计要求			合格						合格							
	2	不得使用疤癞、火裂及破碎缺角的瓦件			无						无							
一般项目	1	瓦楞铺设应符合要求			合格						合格							
	2	屋脊砌筑应符合要求			合格						合格							
	3	屋面外观应符合要求			合格						合格							
	4	允许偏差项目(mm)	屋脊	每间平直度	20	15	10	16	14	13	16	17	18	14	13	16	17	18	14	16	13	12	11
				裂缝宽度	≤1	0.2	0.5	0.6	0.3	0.2	0.4	0.5	0.7	0.8	1.0	0.6	0.7	0.8	0.6	0.5	0.4	0.6	0.4	0.3	0.2
				瓦片进脊	10	8	9	7	6	5	7	4	3	2	6	7	8	9	6	7	6	7	5	6	4
			屋面	瓦头挑出檐口	50	30	35	40	20	30	24	25	30	40	20	40	45	46	40	42	43	44	43	38
				蓑衣盖瓦出椽子、封檐板	≥20	25	30	26	24	23	24	25	26	24	23	25	26	29	26	27	23	22	24	28
				底瓦盖透斜沟	50～90	60	65	70	60	64	72	74	65	78	61	63	71	62	73	65	68	72	75	78
			木基层	每平直度	20	17	14	13	14	17	19	17	19	17	19	19	16	17	18	17	16
				椽子间距偏差	15	10	12	13	11	12	13	12	11	11	12	12	11	11	12	14	13
				封檐板平直度	8	5	6	7	4	6	5	4	3	5	6	6	4	3	5	6

施工单位检查评定结果	专业工长(施工员)	×××	施工班组长	×××
	主控项目全部合格,一般项目符合规范的规定,评定合格。			
	项目专业质量检查员：×××		××年×月×日	

监理(建设)单位验收结论	同意施工单位评定结果,验收合格。
	专业监理工程师：××× (建设单位项目专业负责人)　　　　　　　　××年×月×日

(3)《嵌草地坪检验批质量验收记录》的填写参见表 4-5。

表 4-5　　　　　　　　　　　嵌草地坪检验批质量验收记录

编号：×××

工程名称	××园林绿化工程		
分部工程名称	嵌草地坪	验收部位	×××
施工单位	××园林园艺公司	项目经理	×××
施工执行标准名称及编号	《园林绿化工程施工及验收规范》(CJJ 82—2012) 《园林绿化工程施工及验收规范》(DB11/T 212—2009)		
分包单位	—	分包项目经理	—

		质量验收规范的规定		施工单位自检记录	监理(建设)单位验收记录
主控项目	1	面层所用板块的品种、质量、规格必须符合设计要求		合格	合格
	2	面层与基层的结合必须牢固		合格	合格
一般项目	1	嵌草地坪应符合要求		合格	合格
	2	允许偏差	表面平整度　3mm	2 1 2 1 1 0 1 2	2 2 1 0 1 2 2 1
			缝格平直　3mm	2 2 1 1 2 2 1 2 0 1	2 0 0 1 1 2 2 0 1
			接缝高低差　3mm	2 1 1 1 0 1 2 1 0	2 1 2 2 2 1 2 1 2 1
			板块间隙　3mm	1 2 0 0 0 1 2 1	1 2 2 2 0 1 2 0 2

	专业工长 (施工员)	×××	施工班组长	×××
施工单位检查 评定结果	主控项目全部合格，一般项目符合规范的规定，评定合格。 项目专业质量检查员：×××			××年×月×日
监理(建设) 单位验收结论	同意施工单位评定结果，验收合格。 专业监理工程师：××× (建设单位项目专业负责人)			××年×月×日

(4)《碎拼大理石工程检验批质量验收记录》的填写参见表 4-6。

表 4-6　　　　　　　　碎拼大理石工程检验批质量验收记录

编号：×××

工程名称			××园林绿化工程		
分部工程名称			碎拼大理石工程	验收部位	×××
施工单位			××园林园艺公司	项目经理	×××
施工执行标准名称及编号			《园林绿化工程施工及验收规范》(CJJ 82—2012) 《园林绿化工程施工及验收规范》(DB11/T 212—2009)		
分包单位			—	分包项目经理	—
		质量验收规范的规定	施工单位自检记录	监理(建设)单位验收记录	
主控项目	1	面层所用板块的品种、质量、规格必须符合设计要求	合格	合格	
	2	面层与基层的结合必须牢固	合格	合格	
一般项目	1	碎拼大理石面层应符合要求	合格	合格	
	2	允许偏差　表面平整度　3mm 　　　　　接缝高低差　1mm	2 1 2 2 1 2 0 1 2 1 0.5 0.6 0.5 0.5 0.7 0.2 0.3 0.2	2 2 1 1 0 1 2 1 0 0.1 0.3 0.4 0.6 0.7 0.6 0.7 0.8 0.7 0.5	
	3				
施工单位检查评定结果			专业工长 (施工员)	×××	施工班组长 ×××
			主控项目全部合格,一般项目符合规范的规定,评定合格。 项目专业质量检查员:×××　　　　　××年×月×日		
监理(建设)单位验收结论			同意施工单位评定结果,验收合格。 专业监理工程师:××× (建设单位项目专业负责人)　　　　　××年×月×日		

(5)《卵石面层检验批质量验收记录》的填写参见表 4-7。

表 4-7　　　　　　　　　　卵石面层检验批质量验收记录

编号：×××

工程名称				××园林绿化工程													
分部工程名称				卵石面层					验收部位				×××				
施工单位				××园林园艺公司					项目经理				×××				
施工执行标准名称及编号				《园林绿化工程施工及验收规范》(CJJ 82—2012)《园林绿化工程施工及验收规范》(DB11/T 212—2009)													
分包单位				—					分包项目经理				—				
质量验收规范的规定				施工单位自检记录						监理(建设)单位验收记录							
主控项目	1	面层所用板块的品种、质量、规格必须符合设计要求		合格						合格							
	2	面层与基层的结合必须牢固		合格						合格							
一般项目	1	卵石面层应符合要求		合格						合格							
	2	允许偏差	表面平整度	4mm	3	2	1	2	1	0	2	2	1	2	2	3	3	2	1	2	3	2
			接缝高低差	4mm	3	2	3	3	2	1	3	0	3	2	3	3	2	3	2	1	3	2	0	2
			板块间隙	5mm	4	3	4	2	3	4	2	3		4	2	3	4	3	3	2	3		

施工单位检查评定结果	专业工长(施工员)	×××	施工班组长	×××
	主控项目全部合格,一般项目符合规范的规定,评定合格。 项目专业质量检查员:××× ××年×月×日			

监理(建设)单位验收结论	同意施工单位评定结果,验收合格。 专业监理工程师:××× (建设单位项目专业负责人) ××年×月×日

二、分项工程质量验收记录

分项工程质量验收记录的组成内容及所形成的表格，如图 4-14 所示。

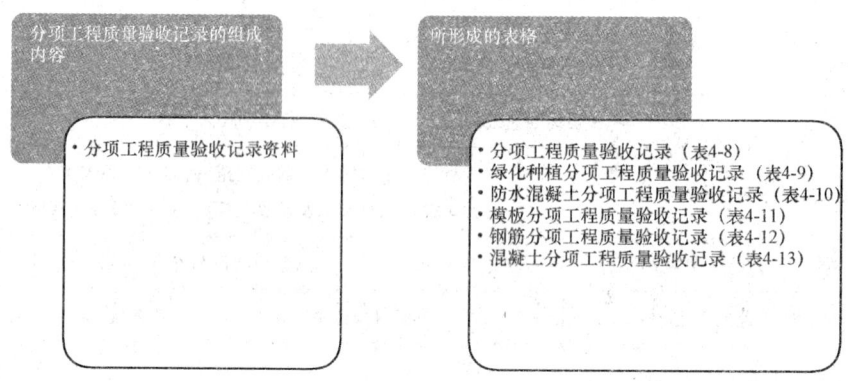

图 4-14　分项工程质量验收记录的组成内容及所形成的表格

1. 分项工程质量验收程序和组织

(1)分项工程完成(即分项工程所包含的检验批均已完工)，施工单位自检合格后，应填报《分项工程质量验收记录》和《分项/分部工程施工报验表》。

(2)分项工程质量验收由监理工程师(建设单位项目专业技术负责人)组织项目专业技术负责人等进行验收并签认。

2. 表格填写要点

(1)除填写表中基本参数外，首先应填写各检验批的名称、部位、区段等，注意要填写齐全。

(2)"施工单位检查评定结果"栏由施工单位质量检查员填写，可以画"√"或填写"符合要求，验收合格"。

(3)"监理单位验收结论"栏专业监理工程师应逐项审查，同意项填写"各分项工程检验批验收合格"或"符合要求"，如有不同意项应做标记且暂不填写，待处理后再验收；对不同意项，监理工程师应指出问题，明确处理意见和完成时间。

(4)"检查结论"栏由施工单位项目技术负责人填写，可填"合格"，然后交监理单位验收。

(5)"验收结论"栏由监理工程师填写，在确认各项验收合格后，填入"同意施工单位检查结论，验收合格"。

3. 填表注意事项

(1)核对检验批的部位、区段是否全部覆盖分项工程的范围，有无遗漏的部位。

(2)一些在检验批中无法检验的项目，在分项工程中直接验收，如有混凝土、砂浆强度要求的检验批，到龄期后试验结果能否达到设计要求。

(3)检查各检验批的验收资料是否完整并做统一整理，依次登记保管，为下一步验收打下基础。

(4)《分项工程质量验收记录》(表 4-8)应由施工单位填写的分项工程质量验收记录应一式三份，并应由建设单位、监理单位、施工单位各保存一份。

表 4-8　　　　　　　　　　　　　　　分项工程质量验收记录

工程名称		结构类型		检验批数	
施工总承包单位		项目经理		项目技术负责人	
专业承包单位		单位负责人		项目经理	

序号	检验批名称及部位、区段	施工单位检查评定结果	监理(建设)单位验收意见

说明：

检查结论	项目专业技术负责人： 　　　　　　　年　　月　　日	验收结论	监理工程师： (建设单位项目专业技术负责人) 　　　　　　　年　　月　　日

4. 表格填写范例

(1)《绿化种植分项工程质量验收记录》的填写参见表 4-9。

表 4-9　　　　　　　　　　绿化种植分项工程质量验收记录

单位工程名称		××园林绿化工程	结构类型	
分部(分项)工程名称		绿化种植工程	检验批数	
施工单位		××园林园艺公司	项目经理	×××
分包单位		—	分包项目经理	—
序号	检验批名称及部位、区段	施工单位自查评定结果	监理(建设)单位验收结论	
1	栽植土基层处理	√	各分项工程检验批验收合格。	
2	栽植土进场	√		
3	栽植土地整理	√		
4	植物材料工程	√		
5	园林植物运输和假植工程	√		
6	苗木种植穴、槽	√		
7	树木栽植工程	√		
8	草坪、花坛地被栽植工程	√		
9	花卉种植工程	√		
10	大树移植工程	√		
11	移植苗木修剪工程	√		
12	苗木养护工程	√		
13	草坪养护工程	√		
14	假山、叠石工程	√		
说明：				
检查结果	合格。 项目专业技术负责人：××× 　　　××年×月×日		验收结论	同意施工单位检查结论，验收合格。 监理工程师：××× (建设单位项目专业技术负责人) 　　　××年×月×日

注：1. 地基基础、主体结构工程的分项质量验收不填写"分包单位"和分包项目经理。
　　2. 当同一分项两栏存在多项检验批时，应填写检验批名称。

(2)《防水混凝土分项工程质量验收记录》的填写参见表 4-10。

表 4-10　　　　　　　　　　防水混凝土分项工程质量验收记录

单位工程名称	××园林绿化工程	结构类型	
分部(分项)工程名称	地下防水	检验批数	2
施工单位	××园林园艺公司	项目经理	×××
分包单位	—	分包项目经理	—

序号	检验批名称及部位、区段	施工单位自查评定结果	监理(建设)单位验收结论
1	基础底板①~②/⑧~⑨轴	√	
2	基础底板⑫~㉔/⑧~⑨轴	√	各分项工程检验批验收合格。

说明：			
检查结果	基础底板①~㉔/⑧~⑨轴防水混凝土原材料、配合比设计及混凝土施工质量符合《地下防水工程质量验收规范》(GB 50208—2011)的规定,防水混凝土分项工程合格。 项目专业技术负责人：××× ××年×月×日	验收结论	同意施工单位检查结论,验收合格。 监理工程师：××× (建设单位项目专业技术负责人) ××年×月×日

注：地基基础、主体结构工程的分项工程质量验收不填写"分包单位"、"分包项目经理"。

(3)《模板分项工程质量验收记录》的填写参见表 4-11。

表 4-11　　　　　　　　　　　模板分项工程质量验收记录

单位工程名称	××园林绿化工程	结构类型	混凝土结构
分部(分项)工程名称	模板分项工程	检验批数	6
施工单位	××园林园艺公司	项目经理	×××
分包单位	—	分包项目经理	—

序号	检验批名称及部位、区段	施工单位自查评定结果	监理(建设)单位验收结论
1	地上一层框架柱①～⑨/ⓒ～ⓕ轴	✓	
2	地上二层框架柱①～⑨/ⓒ～ⓕ轴	✓	
3	地上三层框架柱①～⑨/ⓒ～ⓕ轴	✓	各分项工程检验批验收合格。
4	地上四层框架柱①～⑨/ⓒ～ⓕ轴	✓	
5	地上五层框架柱①～⑨/ⓒ～ⓕ轴	✓	
6	地上六层框架柱①～⑨/ⓒ～ⓕ轴	✓	

说明：

检查结果	地上一至六层①～⑨/ⓒ～ⓕ轴框架柱模板安装及拆除工程施工质量符合《混凝土结构工程施工质量验收规范》[GB 50204—2002(2010年版)]的规定,模板分项工程合格。 项目专业技术负责人：××× ××年×月×日	验收结论	同意施工单位检查结论,验收合格。 监理工程师：××× (建设单位项目专业技术负责人) ××年×月×日

注：地基基础、主体结构工程的分项工程质量验收不填写"分包单位"、"分包项目经理"。

(4)《钢筋分项工程质量验收记录》的填写参见表 4-12。

表 4-12 钢筋分项工程质量验收记录

单位工程名称	××园林绿化工程	结构类型	混凝土结构
分部(分项)工程名称	钢筋分项工程	检验批数	6
施工单位	××园林园艺公司	项目经理	×××
分包单位	—	分包项目经理	—

序号	检验批名称及部位、区段	施工单位自查评定结果	监理(建设)单位验收结论
1	地上一层框架柱①~⑦/Ⓑ~Ⓗ轴	√	
2	地上二层框架柱①~⑦/Ⓑ~Ⓗ轴	√	
3	地上三层框架柱①~⑦/Ⓑ~Ⓗ轴	√	
4	地上四层框架柱①~⑦/Ⓑ~Ⓗ轴	√	各分项工程检验批验收合格。
5	地上五层框架柱①~⑦/Ⓑ~Ⓗ轴	√	
6	地上六层框架柱①~⑦/Ⓑ~Ⓗ轴	√	

说明：

检查结果	地上一至六层①~⑦/Ⓑ~Ⓗ轴框架柱钢筋加工及安装施工质量符合《混凝土结构工程施工质量验收规范》[GB 50204—2002（2010 年版）]的规定，钢筋分项工程合格。 项目专业技术负责人：××× ××年×月×日	验收结论	同意施工单位检查结论，验收合格。 监理工程师：××× （建设单位项目专业技术负责人） ××年×月×日

注：地基基础、主体结构工程的分项工程质量验收不填写"分包单位"、"分包项目经理"。

(5)《混凝土分项工程质量验收记录》的填写参见表4-13。

表4-13 混凝土分项工程质量验收记录

单位工程名称	××园林绿化工程	结构类型	混凝土结构
分部(分项)工程名称	混凝土分项工程	检验批数	5
施工单位	××园林园艺公司	项目经理	×××
分包单位	—	分包项目经理	—
序号	检验批名称及部位、区段	施工单位自查评定结果	监理(建设)单位验收结论
1	一层①~⑧/Ⓐ~Ⓖ轴框架柱	√	
2	二层①~⑧/Ⓐ~Ⓖ轴框架柱	√	
3	三层①~⑧/Ⓐ~Ⓖ轴框架柱	√	各分项工程检验批验收合格。
说明:			
检查结果	一至五层①~⑧/Ⓐ~Ⓖ轴框架柱混凝土原材料、配合比设计及混凝土施工质量符合《混凝土结构工程施工质量验收规范》[GB 50204—2002(2010年版)]的规定,混凝土分项工程合格。项目专业技术负责人:××× ××年×月×日	验收结论	同意施工单位检查结论,验收合格。监理工程师:×××(建设单位项目专业技术负责人)××年×月×日

注:地基基础、主体结构工程的分项工程质量验收不填写"分包单位"、"分包项目经理"。

三、分部(子分部)工程质量验收记录

分部(子分部)工程质量验收记录的组成内容及所形成的表格，如图 4-15 所示。

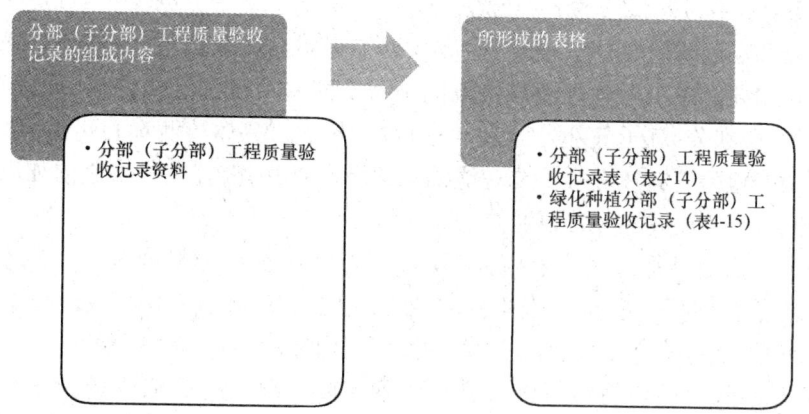

图 4-15　分部(子分部)工程质量验收记录的组成内容及所形成的表格

1. 分部(子分部)工程质量验收程序和组织

(1)分部(子分部)工程完成，施工单位自检合格后，应填报《分部(子分部)工程质量验收记录表》(表 4-14)。

(2)分部(子分部)工程应由总监理工程师或建设单位项目负责人组织有关设计单位及施工单位项目负责人和技术质量负责人等共同验收并签认。

2. 表格填写要点

(1)表名前应填写分部(子分部)工程的名称，然后将"分部"、"子分部"两者划掉其一。

(2)工程名称、施工单位名称要填写全称，并与检验批、分项工程验收表的工程名称一致。

(3)技术、质量部门负责人是指项目的技术、质量负责人，但地基基础、主体结构及重要安装分部(子分部)工程应填写施工单位的技术、质量部门负责人。

(4)有分包单位时填写分包单位名称，分包单位要写全称，与合同或图章一致。分包单位负责人及分包技术负责人，填写本项目的项目负责人及项目技术负责人；按规定地基基础、主体结构不准分包，因此，不应有分包单位。

(5)"分部工程"栏先由施工单位按顺序将分项工程名称填入，将各分项工程检验批的实际数量填入，注意应与各分项工程验收表上的检验批数量相同，并要将各分项工程验收表附后。

(6)"施工单位检查评定"栏填写施工单位对各分项工程自行检查评定的结果，可按照各分项工程验收表填写，合格的分项工程画"√"或填写"符合要求"，填写之前，应核查各分项工程是否全部都通过了验收，有无遗漏。

(7)"质量控制资料验收"栏应按《单位(子单位)工程质量控制资料核查记录》来核查，但是各专业只需要检查该表内对应于本专业的内容，不需要全部检查表内所列内容，也未要求在分部工程验收时填写该表。

当确认能够基本反映工程质量情况，达到保证结构安全和使用功能的要求，该项即可通过验收。全部项目都通过验收，即可在"施工单位检查评定"栏内画"√"或标注"检查合格"，

然后送监理单位或建设单位验收,监理单位总监理工程师组织审查,如认为符合要求,则在"验收意见"栏内签注"验收合格"意见。

对一个具体工程,是按分部还是按子分部进行资料验收,需要根据具体工程的情况自行确定。

(8)"安全和功能检验(检测)报告"栏应根据工程实际情况填写。安全和功能检验,是指按规定或约定需要在竣工时进行抽样检测的项目。这些项目凡能在分部(子分部)工程验收时进行检测的,应在分部(子分部)工程验收时进行检测。具体检测项目可按《单位(子单位)工程安全和功能检验资料核查及主要功能抽查记录》中相关内容在开工之前加以确定。设计有要求或合同有约定的,按要求或约定执行。

如果每个检测项目都通过审查,施工单位即可在检查评定栏内画"√"或标注"检查合格"。由项目经理送监理单位或建设单位验收,监理单位总监理工程师或建设单位项目技术负责人组织审查,认为符合要求后,在"验收意见"栏内签注"验收合格"意见。

(9)"观感质量验收"栏的填写应符合工程的实际情况。对观感质量的评判只作定性评判,不再作量化打分。观感质量等级分为"好"、"一般"、"差"共3档。"好"、"一般"均为合格;"差"为不合格,需要修理或返工。

(10)关于"验收意见"栏由总监理工程师与各方协商,确认符合规定,取得一致意见后,按表中各栏分项填写。可在"验收意见"各栏填入"验收合格"。

当出现意见不一致时,应由总监理工程师与各方协商,对存在的问题,提出处理意见或解决办法,待问题解决后再填表。

(11)《分部(子分部)工程质量验收记录表》中,制表时已经列出了需要签字的参加工程建设的有关单位。应由各方参加验收的代表亲自签名,以示负责。通常《分部(子分部)工程质量验收记录表》不需要盖章。勘察单位需签认地基基础、主体结构分部工程,由勘察单位的项目负责人亲自签认。

设计单位需签认地基基础、主体结构及重要安装分部(子分部)工程,由设计单位的项目负责人亲自签认。

施工方总承包单位由项目经理亲自签认,有分包单位的,分包单位应签认其分包的分部(子分部)工程,由分包项目经理亲自签认。

监理单位作为验收方,由总监理工程师签认验收。未委托监理的工程,可由建设单位项目技术负责人签认验收。

3. 填表注意事项

(1)核查各分部(子分部)工程所含分项工程是否齐全,有无遗漏。

(2)核查质量控制资料是否完整,分类整理是否符合要求。

(3)核查安全、功能的检测是否按规范、设计、合同要求全部完成,未做的应补做,核查检测结论是否合格。

(4)对分部(子分部)工程应进行观感质量检查验收,主要检查分项工程验收后到分部(子分部)工程验收之间,工程实体质量有无变化,如有,应修补达到合格,才能通过验收。

(5)《分部(子分部)工程质量验收记录表》(表4-14)应由施工单位填写,一式四份,并应由建设单位、监理单位、施工单位、城建档案馆各保存一份。

表 4-14　　　　　　　　　　　分部(子分部)工程质量验收记录表

工程名称		工程类型			层数	
施工总承包单位		技术部门负责人			质量部门负责人	
专业承包单位		专业承包单位负责人			专业承包单位技术负责人	
序号	分项工程名称		(检验批)数	施工单位检查评定		验收意见
	质量控制资料					
	安全和功能检验(检测)报告					
	观感质量验收					
验收单位	专业承包单位	项目经理：			年　月　日	
	施工总承包单位	项目经理：			年　月　日	
	勘察单位	项目负责人：			年　月　日	
	设计单位	项目负责人：			年　月　日	
	监理(建设)单位	总监理工程师：(建设单位项目专业负责人)			年　月　日	

4. 表格填写范例

《绿化种植分部(子分部)工程质量验收记录》的填写参见表 4-15。

表 4-15 绿化种植分部(子分部)工程质量验收记录

单位工程名称		××园林绿化工程		工程类型		
施工单位		××园林园艺公司	技术部门负责人	×××	质量部门负责人	×××
分包单位			分包单位负责人		分包技术负责人	
	序号	分项工程名称		分项工程(检验批)数	施工单位检查评定	验收意见
1	1	栽植土工程		3	√	验收合格。
	2	植物材料工程		2	√	
	3	植物种植工程		5	√	
	4	园林植物运输和假植工程		1	√	
	5	植物养护工程		4	√	
2		质量控制资料			√	合格
3		安全和功能检验(检测)报告			√	合格
4		观感质量验收			好	合格
验收单位	分包单位	项目经理： ×××　　　　　××年×月×日				
	施工单位	项目经理： ×××　　　　　××年×月×日				
	勘察单位	项目负责人： ×××　　　　　××年×月×日				
	设计单位	项目负责人： ×××　　　　　××年×月×日				
	监理(建设)单位	总监理工程师： (建设单位项目专业负责人) 　　　　　××年×月×日				

注：地基基础、主体结构分部工程质量验收不填写"分包单位"、"分包单位负责人"和"分包技术负责人"。地基基础、主体结构分部工程验收勘察单位应签认，其他分部工程验收勘察单位可不签认。

第五章 园林绿化工程资料管理与归档

第一节 竣 工 图

竣工图是园林绿化工程竣工档案中最重要部分,是工程建设完成后主要凭证性材料,是园林景观真实的写照,是工程竣工验收的必备条件,是工程维修、管理、改造、扩建的依据。各项新建、改建、扩建项目均应编制竣工图,竣工图由建设单位委托施工单位或设计单位进行绘制。

一、竣工图章(签)的绘制

(1)竣工图均按单位工程进行整理。

(2)竣工图应加盖竣工图章或绘制竣工图签。竣工图签用于绘制竣工图;竣工图章用于施工图改绘竣工图和二底图改绘竣工图。

竣工图签除具备竣工图章上的内容外,还应有工程名称、图名、图号、原工程号等内容(图5-1)。

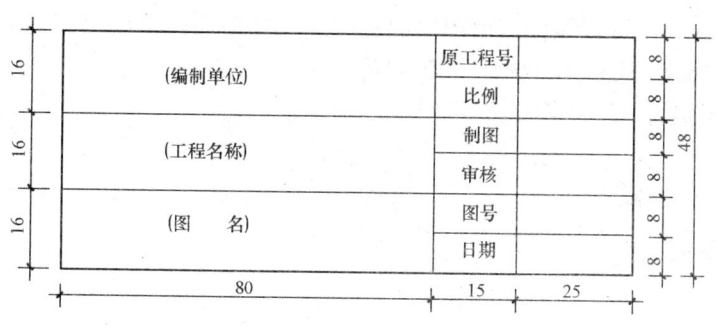

图 5-1 竣工图签

竣工图章应有明显的"竣工图"字样,其内容包括编制单位名称、制图人、审核人、技术负责人和编制日期等(图5-2)。实施监理的工程,应有监理单位、现场监理、总监理工程师等标识(图5-3)。监理单位、总监理和现场监理应对工程档案的监理工作负责。

(3)凡工程现状与施工图不相符的内容,均须按工程现状清楚、准确地在图纸上予以修正。如在工程图纸会审、设计交底时修改的内容、工程洽商或设计变更修改的内容、施工过程中建设单位和施工单位双方协商修改(无工程洽商)的内容等均须如实地绘制在竣工图上。

(4)专业竣工图应包括各部位、各专业深化(二次)设计的相关内容,不得漏项或重复。

(5)凡结构形式改变、工艺改变、平面布置改变、项目改变以及其他重大改变,或者在一张

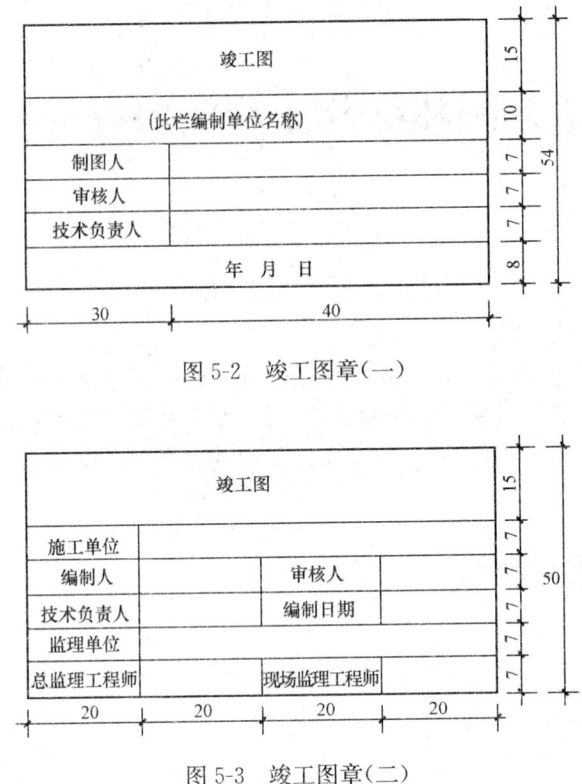

图 5-2 竣工图章(一)

图 5-3 竣工图章(二)

图纸上改动部位超过 1/3 以及修改后图面混乱、分辨不清的图纸均应重新绘制。

(6)管线竣工测量资料的测点编号、数据及反映的工程内容要编绘在竣工图上。

(7)编绘竣工图,必须采用不褪色的黑色绘图墨水。

二、竣工图的编制

1. 竣工图的类型

(1)重新绘制的竣工图。

(2)在二底图(底图)上修改的竣工图。

(3)利用施工图改绘的竣工图。

以上三种类型的竣工图报送底图、蓝图均可。

2. 竣工图的绘制

(1)重新绘制的竣工图。工程竣工后,按工程实际重新绘制竣工图,虽然工作量大,但能保证质量。

1)重新绘制时,要求原图内容完整无误,修改内容也必须准确、真实地反映在竣工图上。绘制竣工图要按制图规定和要求进行,必须参照原施工图和该专业的统一图示,并在底图的右下角绘制竣工图签。

2)各种专业工程的总平面位置图,比例尺一般采用 1:500~1:10000。管线平面图,比例尺一般采用 1:500~1:2000,要以地形图为依托,摘要地形、地物标准坐标数据。

3)改建、扩建及废弃管线工程在平面图上的表示方法。

①利用原建管线位置进行改建、扩建管线工程,要表示原建管线的走向、管材和管径,表示方法采用加注符号或文字说明。

②随新建管线而废弃的管线,无论是否移出埋设现场,均应在平面图上加以说明,并注明废弃管线的起、止点坐标。

③新、旧管线勾头连接时,应标明连接点的位置(桩号)、高程及坐标。

4)管线竣工测量资料与其在竣工图上的编绘。竣工测量的测点编号、数据及反映的工程内容(指设备点、折点、变径点、变坡点等)应与竣工图相一致,并绘制检查井、小室、人孔、管件、进出口、预留管(口)位置、与沿线其他管线、设施相交叉点等。

5)重新绘制竣工图可以整套图纸重绘,也可以部分图纸重绘,还可以某几张或一张图纸重新绘制。

(2)在二底图(底图)上修改的竣工图。在用施工蓝图或设计底图复制的二底图或原底图上,将工程洽商和设计变更的修改内容进行修改,修改后的二底(硫酸纸)图晒制的蓝图作为竣工图是一种常用的竣工图绘制方法。

1)在二底图上修改,要求在图纸上做一修改备考表(表5-1),备考表的内容为洽商变更编号、修改内容、责任人和日期。

表5-1　　　　　　　　　　　　　修改备考表

洽商变更编号	修改内容	责任人	日期

2)修改的内容应与工程洽商和设计变更的内容相一致,主要简要的注明修改部位和基本内容。实施修改的责任人要签字并注明修改日期。

3)二底图(底图)上的修改采用刮改,凡修改后无用的文字、数字、符号、线段均应刮掉,而增加的内容需全部准确的绘制在图上。

4)修改后的二底图(底图)晒制的蓝图作为竣工图时,要在蓝图上加盖竣工图章。

5)如果在二底图(底图)上修改的次数较多,个别图面如出现模糊不清等质量问题,需进行技术处理或重新绘制,以达到图面整洁、字迹清楚等质量要求。

(3)利用施工图改绘的竣工图。

1)改绘方法。具体的改绘方法可视图面、改动范围和位置、繁简程度等实际情况而定。常用的改绘方法由杠改法、叉改法、补绘法、补图法和加写说明法。

①杠改法。在施工蓝图上将取消或修改前的数字、文字、符号等内容用一横杠杠掉(不是涂改掉),在适当的位置补上修改的内容,并用带箭头的引出线标注修改依据,即"见××年×月×日洽商×条"或"见×号洽商×条"(图5-4),用于数字、文字、符号的改变或取消。

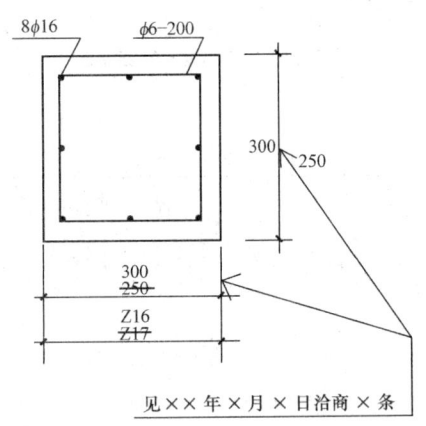

图5-4 图上杠改图

②叉改法。在施工蓝图上将去掉和修改前的内容,打叉表示取消,在实际位置补绘修改后的内容,并用带箭头的引出线编注修改依据,用于线段图形、图表的改变与取消,具体修改如图5-5所示。

③补绘法。在施工蓝图上将增加的内容按实际位置绘出,或者某一修改后的内容在图纸的绘制大样图修改,并用带箭头的引出线在应修改部分和绘制的大样图处标注修改依据。适用于设计增加的内容、设计时遗漏的内容,在原修改部位修改有困难,需另绘制大样图修改。具体修改意见如补绘大样图(图5-6)。

④补图法。当某一修改内容在原图无空白处修改时,采用把应改绘的部位绘制成补图,补在本专业图纸之后。具体做法是在应修改的部位注明修改范围和修改依据,在修改的补图上需要绘制图签,标明图名、图号、工程号等内容,并在说明中注明是某图某部位的补图,并写清楚修改依据。一般适用于难在原修改部位修改和本图又无空白处时,某一剖面图大样图或改动较大范围的修改。

⑤加写说明法。凡工程洽商、设计变更的内容应当在竣工图上修改的,均应用作图的方

法改绘在蓝图上,一律不再加写说明,如果修改后的图纸仍然有些内容没有表示清楚,可用精练的语言适当加以说明。一般适用于说明类型的修改、修改依据的标注等。

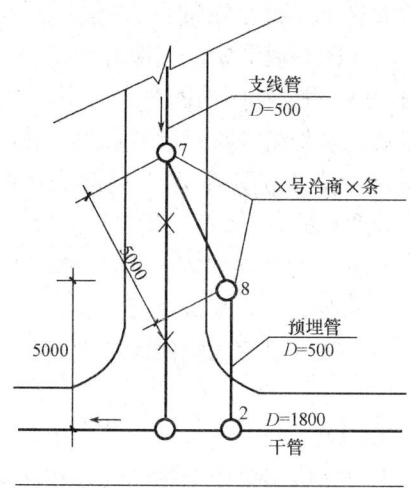

图 5-5　原图上直接叉改图

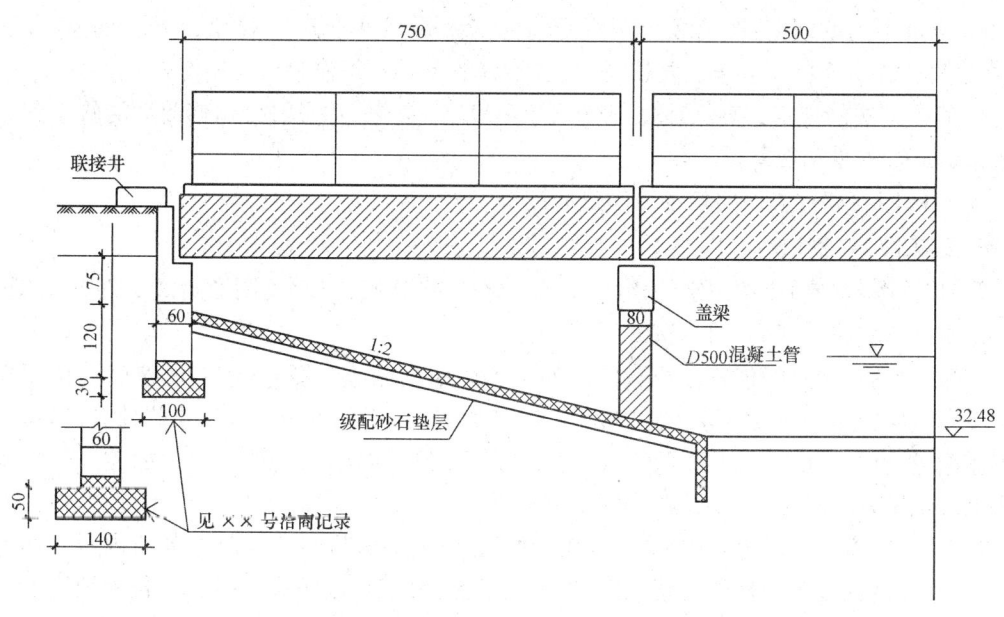

图 5-6　在图纸空白位置补绘大样图

2)改绘竣工图应注意的问题。

①原施工图纸目录必须加盖竣工图章,作为竣工图归档,凡有作废的图纸、补充的图纸、增加的图纸、修改的图纸,均要在原施工图目录上标注清楚。即作废的图纸在目录上杠掉,补充、增加的图纸在目录上列出图名、图号。

②按施工图施工而没有任何变更的图纸,在原施工图上加盖竣工图章,作为竣工图。

③如某一张施工图由于改变大,设计单位重新绘制了修改图的,应以修改图代替原图,原

图不再归档。

④凡是洽商图作为竣工图，必须进行必要的制作。

如洽商图是按正规设计图纸要求进行绘制的可直接作为竣工图，但需统一编写图名、图号，并加盖竣工图章，作为补图。在图纸说明中应注明此图是哪个图哪个部位的修改图，还要在原图修改部位标注修改范围，并标明见补图的图号。

如洽商图未按正规设计图纸要求绘制，应按制图规定另行绘制竣工图。

⑤某一洽商可能涉及两张或两张以上图纸，某一局部变化可能引起系统变化，凡涉及的图纸及部位均应按规定修改，不能"只改其一，不改其二"。

⑥不允许将洽商的附图原封不动的贴在或附在竣工图上作为修改。凡修改的内容均应改绘在蓝图上或用作补图的办法附在本专业图纸之后。

⑦某一张图纸，根据规定的要求，需要重新绘制竣工图时，应按绘制竣工图的要求制图。

⑧改绘注意事项：

a. 修改时，字、线、墨水使用的规定：

字：采用仿宋字，字体的大小要与原图采用字体的大小相协调，严禁错、别、草字。

线：一律使用绘图工具，不得徒手绘制。

墨水：使用黑色墨水。严禁用圆珠笔、铅笔和非黑色墨水。

b. 改绘用图的规定：改绘竣工图所用的施工蓝图一律为新图，图纸反差要明显，以适应缩微、计算机输入等技术要求。凡旧图、反差不好的图纸不得作为改绘用图。

c. 修改方法的规定：施工蓝图的改绘不得用刀刮、补贴等办法修改，修改后的竣工图不得有污染、涂抹、覆盖等现象。

d. 修改内容和有关说明均不得超过原图框。

3. 竣工图章(签)

(1)竣工图章(签)应按规定的格式与大小制作竣工图章。竣工图章格式如图5-2、图5-3所示。竣工图签格式如图5-1所示。

(2)竣工图章(签)的位置。重新绘制的竣工图应绘制竣工图章(签)，图章(签)位置在图纸右下角。用施工图改绘的竣工图，将竣工图章加盖在原图签右上方，如果此处有内容，可在原图签附近空白处加盖，如原图签周围均有内容，可找一内容比较少的位置加盖。用二底图修改的竣工图，应将竣工图章盖在原图签右上方。

(3)竣工图章(签)是竣工图的标志和依据，要按规定填写图章(签)上各项内容。加盖竣工图章(签)后，原施工图转化为竣工图，竣工图的编制单位、制图人、审核人、技术负责人以及监理单位要对本竣工图负责。

(4)原施工蓝图的封面、图纸目录也要加盖竣工图章，作为竣工图归案，并置于各专业图纸之前。重新绘制的竣工图的封面、图纸目录，不必绘制竣工图签。

第二节 工程资料编制与组卷

工程资料编制与组卷的组成内容及所形成的表格，如图5-7所示。

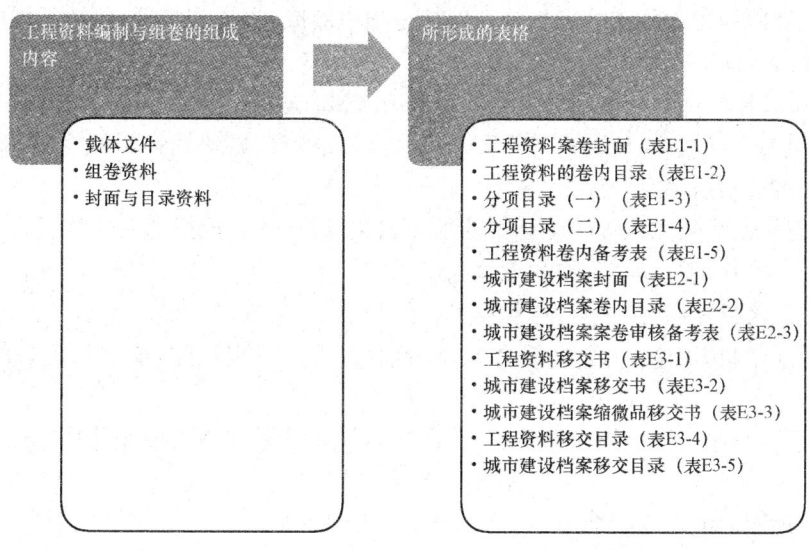

图 5-7　工程资料编制与组卷的组成内容及所形成的表格

一、载体文件

1. 工程资料编制要求

（1）工程资料应真实反映工程的实际情况，具有永久和长期保存价值的材料必须完整、准确和系统。

（2）工程资料应使用原件，因各种原因不能使用原件的，应在复印件上加盖原件存放单位公章，注明原件存放处，并有经办人的签字。

（3）工程资料应保证字迹清晰，签字、盖章手续齐全，签字必须使用档案规定的专用笔。计算机形成的工程资料应采用内容打印、手工签名的方式。

（4）施工图的变更、洽商绘图应符合技术要求。凡采用施工蓝图改绘竣工图的，必须使用反差明显的蓝图，竣工图图面应整洁。

（5）工程档案的填写和编制应符合档案缩微管理和计算机输入的要求。

（6）工程档案的缩微制品，必须按国家缩微标准进行制作，主要技术指标（解像力、密度、海波残留量等）应符合国家标准规定，保证质量，以适应长期安全保管。

（7）工程资料的照片（含底片）及声像档案，应图像清晰、声音清楚、文字说明、内容准确。

2. 载体形式分类

（1）工程资料可采用以下两种载体形式：

1）纸质载体。

2）光盘载体。

（2）工程档案可采用以下三种载体形式：

1）纸质载体。

2）缩微品载体。

3）光盘载体。

(3)纸质载体和光盘载体的工程资料应在过程中形成、收集和整理,包括工程声像资料。

(4)缩微品载体的工程档案。

1)在纸质载体的工程档案经城建档案馆和有关部门验收合格后,应持城建档案馆发给的准可缩微证明书进行缩微,证明书包括案卷目录、验收签章、城建档案馆的档号、胶片代数、质量要求等,并将证书缩拍在胶片"片头"上。

2)报送缩微制品载体工程竣工档案的种类和数量,一般要求报送三代片,即:

①第一代(母片)卷片一套,作长期保存使用。

②第二代(拷贝片)卷片一套,作复制工作使用。

③第三代(拷贝片)卷片或者开窗卡片、封套片、平片,作提供日常利用(阅读或复原)使用。

3)向城建档案馆移交的缩微卷片、开窗卡片、封套片、平片必须按城建档案馆的要求进行标注。

(5)光盘载体的电子工程档案。

1)纸质载体的工程档案经城建档案馆和有关部门验收合格后,进行电子工程档案的核查,核查无误后,进行电子工程档案的光盘刻制。

2)电子工程档案的封套、格式必须按城建档案馆的要求进行标注。

二、组卷资料

1. 组卷的质量要求

(1)组卷前应保证基建文件、监理资料和施工资料齐全、完整,并符合规程要求。

(2)编绘的竣工图应反差明显、图面整洁、线条清晰、字迹清楚,能满足缩微和计算机扫描的要求。

(3)文字材料和图纸不满足质量要求的一律返工。

2. 组卷的基本原则

(1)建设项目应按单位工程组卷。

(2)工程资料应按照不同的收集、整理单位及资料类别,按基建文件、监理资料、施工资料和竣工图分别进行组卷。

(3)卷内资料排列顺序应依据卷内资料构成而定,一般顺序为封面、目录、资料部分、备考表和封底。组成的卷案应美观、整齐。

(4)卷内若存在多类工程资料时,同类资料按自然形成的顺序和时间排序,不同资料之间的排列顺序可参照表1-1的顺序排列。

(5)案卷不宜过厚,一般不超过40mm。案卷内不应有重复资料。

3. 组卷的具体要求

(1)工程准备阶段文件组卷。工程准备阶段文件可根据类别和数量的多少组成一卷或多卷,如工程决策立项文件卷、勘察、测绘与设计文件卷、工程开工文件卷、商务文件卷、工程竣工验收与备案文件卷。同一类工程准备阶段文件还可根据数量多少组成一卷或多卷。

工程准备阶段文件组卷具体内容和顺序可参考表1-1;移交城建档案馆基建文件的组卷内容和顺序可参考资料规程。

(2)监理资料组卷。监理资料可根据资料类别和数量多少组成一卷或多卷。

(3)施工资料组卷。施工资料组卷应按照专业、系统划分,每一专业、系统再按照资料类别从 C1~C7 顺序排列,并根据资料数量多少组成一卷或多卷。

对于专业化程度高,施工工艺复杂,通常由专业分包施工的子分部(分项)工程应分别单独组卷,并根据资料数量的多少组成一卷或多卷。

按规定应由施工单位归档保存的基建文件和监理资料按表 1-1 的要求组卷。

(4)竣工图组卷。竣工图应按专业进行组卷,每一专业可根据图纸数量组成一卷或多卷。

(5)向城建档案馆报送的工程档案应按《建设工程文件归档整理规范》(GB/T 50328—2001)的要求进行组卷。

(6)文字材料和图纸材料原则上不能混装在一个装具内,如资料材料较少,需放在一个装具内时,文字材料和图纸材料必须混合装订,其中文字材料排前,图样材料排后。

(7)单位工程档案总案卷数超过 20 卷的,应编制总目录卷。

4. 案卷页号的编写

(1)编写页号应以独立卷为单位。案卷内资料材料排列顺序确定后,均应有书写内容的页面编写页号。

(2)每卷从阿拉伯数字 1 开始,用记号笔或钢笔一次逐张连续标注页号,采用黑色、蓝色油墨或墨水。案卷封面、卷内目录和卷内备案表不编写页号。

(3)页号编写位置:单面书写的文字材料页号编写在右下角,双面书写的文字材料页号正面编写在右下角,背面编写在左下角。

(4)图纸折叠后无论何种形式,页号一律编写在右下角。

三、封面与目录资料

1. 工程资料封面与目录

《工程资料案卷封面》(表 E1-1),案卷封面包括名称、案卷题名、编制单位、技术主管、编制日期(以上由移交单位填写)、保管期限、密级、共____册第____册等(由档案接收部门填写)。

(1)名称:填写工程建设项目竣工后使用名称(或曾用名)。若本工程分为几个(子)单位工程应在第二行填写(子)单位工程名称。

(2)案卷题名:填写本卷卷名。第一行按单位、专业及类别填写案卷名称;第二行填写案卷内主要资料内容提示。

(3)编制单位:本卷档案的编制单位,并加盖公章。

(4)技术主管:编制单位技术负责人签名或盖章。

(5)编制日期:××××填写卷内资料材料形成的起(最早)、止(最晚)日期。

(6)保管期限:由档案保管单位按照本单位的保管规定或有关规定填写。

(7)密级:由档案保管单位按照本单位的保密规定或有关规定填写。

(8)表格填写范例。《工程资料案卷封面》的填写参见表 E1-1。

表 E1-1	工程资料案卷封面

工 程 资 料

名　　称：_____××园林绿化工程_____

案卷题名：_____园林建筑及附属设施工程施工文件_____

_____隐蔽工程检查记录_____

编制单位：_____××园林园艺公司_____

技术主管：_____×××_____

编制日期：____自××年×月×日起至××年×月×日止____

保管期限：_____　　　　密级：_____

保存档号：_____

共　　册　　　　第　　册

2. 工程资料卷内目录

《工程资料卷内目录》(表 E1-2)，内容包括序号、工程资料名称、原编字号、编制单位、编制日期、页次和备注。卷内目录内容应与案卷内容相符，排列在封面之后，原资料目录及设计图纸目录不能代替。

(1)序号：案卷内资料排列先后用阿拉伯数字从 1 开始依次标注。

(2)工程资料名称:填写文字材料和图纸名称,无标题的资料应根据内容拟写标题。

(3)原编字号:资料制发机关的发字号或图纸原编图号。

(4)编制单位:资料的形成单位或主要负责单位名称。

(5)编制日期:××××资料的形成时间(文字材料为原资料形成日期,竣工图为编制日期)。

(6)页次:填写每份资料在本案卷的页次或起止的页次。

(7)备注:填写需要说明的问题。

(8)表格填写范例。《工程资料卷内目录》的填写参见表 E1-2。

表 E1-2　　　　　　　　　　　工程资料卷内目录

工程名称		××园林绿化工程			
序号	工程资料名称	原编字号	编制单位	编制日期	页次	备注
1	钢筋质量证明及试验报告	×××	×××	××年×月×日	1	
2	水泥质量证明及试验报告	×××	×××	××年×月×日	42	
3	砂试验报告	×××	×××	××年×月×日	59	
4	石试验报告	×××	×××	××年×月×日	67	
5	外加剂质量证明及试验报告	×××	×××	××年×月×日	76	
6	防水卷材质量证明及试验报告	×××	×××	××年×月×日	82	
7	防水涂料质量证明及试验报告	×××	×××	××年×月×日	89	
8	砌块质量证明及试验报告	×××	×××	××年×月×日	97	
9	装饰装修材料质量证明	×××	×××	××年×月×日	110~160	

3. 分项目录

(1)分项目录适用范围。

1)《分项目录(一)》(表 E1-3)适用于施工物资材料(C4)的编目,目录内容应包括资料名称、厂名、品种、型号、规格、数量、使用部位等。有进场见证试验的,应在备注栏中注明。

2)《分项目录(二)》(表 E1-4)适用于施工测量记录(C3)和施工记录(C5)的编目,目录内容包括资料名称、施工部位和日期等。

(2)资料名称:填写表格名称或资料名称;

(3)施工部位:应填写测量、检查或记录的层、轴线和标高位置;

(4)日期:××××填写资料正式形成的年、月、日。

(5)表格填写范例。

1)《分项目录(一)》的填写参见表 E1-3。

表 E1-3　　　　　　　　　　　　　　　分项目录(一)

工程名称	×× 园林绿化工程				物资类别		水泥
序号	资料名称	厂名	品种、型号、规格	数量	使用部位	页次	备注
1	水泥出厂检验报告及28d强度补报单	×××	P·O 42.5	100t	基础	1	
2	水泥厂家资质证书	×××		3			
3	水泥试验报告	×××	P·O 42.5	100t	基础	5	
4	水泥出厂检验报告及28d强度补报单	×××	P·O 42.5	56t	园林广场	9	
5	水泥出厂检验报告及28d强度补报单	×××	P·O 32.5	87t	园林小品	11	
6	水泥试验报告	×××	P·O 32.5	87t	园林小品	13	

2)《分项目录(二)》的填写参见表 E1-4。

表 E1-4　　　　　　　　　　　　　　分项目录(二)

工程名称	×××园林绿化工程	物资类别	基础主体结构钢筋工程	
序号	施工部位(内容摘要)	日期	页次	备注
1	基础底板钢筋绑扎	××年×月×日	1	
2	地下二层墙体钢筋绑扎	××年×月×日	2	
3	地下二层顶板钢筋绑扎	××年×月×日	3	
4	地下一层墙体钢筋绑扎	××年×月×日	4	
5	地下一层顶板钢筋绑扎	××年×月×日	5	
6	首层①~⑥/Ⓐ~Ⓓ轴墙体钢筋绑扎	××年×月×日	6	
7	首层⑦~⑪/Ⓐ~Ⓓ轴墙体钢筋绑扎	××年×月×日	7	
8	首层①~⑥/Ⓐ~Ⓓ轴顶板、梁钢筋绑扎	××年×月×日	8	
9	首层⑦~⑪/Ⓐ~Ⓓ轴顶板、梁钢筋绑扎	××年×月×日	9	
10	二层①~⑥/Ⓐ~Ⓓ轴墙体钢筋绑扎	××年×月×日	10	
11	二层⑦~⑪/Ⓐ~Ⓓ轴墙体钢筋绑扎	××年×月×日	11	
12	二层①~⑥/Ⓐ~Ⓓ轴顶板、梁钢筋绑扎	××年×月×日	12	
13	二层⑦~⑪/Ⓐ~Ⓓ轴顶板、梁钢筋绑扎	××年×月×日	13	

4. 工程资料卷内备考表

《工程资料卷内备考表》内容包括卷内文字材料张数、图样材料张数、照片张数等,立卷单位的立卷人、审核人及接收单位的审核人、接收人应签字。

(1)案卷审核备考表分为上、下两栏。上一栏由立卷单位填写,下一栏由接受单位填写。

(2)上栏应表明本案卷一编号资料的总张数:指文字、图纸、照片等的张数。审核说明填写立卷时资料的完整和质量情况,以及应归档而缺少的资料的名称和原因;立卷人有责任立卷人签名;审核人有案卷审查人签名;日期按立卷、审核日期分别填写。

(3)下栏由接收单位根据案卷的完成及质量情况标明审核意见。技术审核人由接收单位工程档案技术审核人签名;档案接收人由接收单位档案管理接收人签名;年月日按审核、接收时间分别填写。

(4)表格填写范例。《工程资料卷内备考表》的填写参见表 E1-5。

表 E1-5　　　　　　　　　　工程资料卷内备考表

本案卷已编号的文件材料共　962　张,其中:文字材料　860　张,图样材料　102　张,照片　4　张。 立卷单位对本案卷完整准确情况的审核说明: **本案卷完整准确。**   　　　　　　　　　　　　　　　　　　　立卷人:×××　　　　日期:××年×月×日 　　　　　　　　　　　　　　　　　　　审核人:×××　　　　日期:××年×月×日
保存单位的审核说明: 　　工程资料齐全、有效,符合规定。   　　　　　　　　　　　　　　　　　　技术审核人:×××　　　日期:××年×月×日 　　　　　　　　　　　　　　　　　　档案接收人:×××　　　日期:××年×月×日

5. 城市建设档案封面与目录

(1)工程档案案卷封面:使用《城市建设档案案卷封面》(表 E2-1),内容包括名称、案卷题名、编制单位、技术主管、保存期限、密级等。

(2)工程档案卷内目录:使用《城市建设档案卷内目录》(表 E2-2),内容包括序号、工程材料名称、原编字号、编制单位、编制日期、页次、备注等。

(3)工程档案卷内备案:使用《城市建设档案案卷审核备考表》(表 E2-3),内容包括卷内文字材料张数、图样材料张数、照片张数和立卷单位的立卷人、审核人及接收单位的审核人、接收人的签字。

城市建设档案案卷审核备考表的下栏部分由城市建设档案馆根据案卷的完整及质量情况标明审核意见。

（4）表格填写范例。

1)《城市建设档案案卷封面》的填写参见表 E2-1。

表 E2-1　　　　　　　　　　城市建设档案案卷封面

档案馆代号：

城 市 建 设 档 案

名　　称：＿＿＿＿＿＿＿××园林绿化工程＿＿＿＿＿＿＿＿＿＿＿

案卷题名：＿＿＿＿＿园林建筑及附属设施工程施工文件＿＿＿＿＿

　　　　　＿＿＿＿＿＿＿＿隐蔽工程检查记录＿＿＿＿＿＿＿＿＿＿

编制单位：＿＿＿＿＿＿××园林园艺公司＿＿＿＿＿＿＿＿＿＿＿

技术主管：＿＿＿＿＿＿＿＿×××＿＿＿＿＿＿＿＿＿＿＿＿＿＿

编制日期：＿＿＿＿自××年×月×日起至××年×月×日止＿＿＿

保管期限：＿＿＿＿＿＿＿＿＿＿＿　　密级：＿＿＿＿＿＿＿＿＿＿

保存档号：＿＿＿＿＿＿＿＿＿＿＿

共＿＿＿册　　　　　第＿＿＿册

2)《城市建设档案卷内目录》的填写参见表 E2-2。

表 E2-2　　　　　　　　　　　城市建设档案卷内目录

序号	工程资料名称	原编字号	编制单位	编制日期	页次	备注
1	图纸会审纪录	C2-××	××园林园艺公司	××年×月×日	1～6	
2	工程洽商记录	C2-××	××园林园艺公司	××年×月×日	7～21	
3	工程定位测量记录	C3-××	××园林园艺公司	××年×月×日	22～23	
4	基槽验线记录	C3-××	××园林园艺公司	××年×月×日	24	
5	钢材试验报告	C4-××	××园林园艺公司	××年×月×日	25～67	
6	水泥试验报告	C4-××	××园林园艺公司	××年×月×日	68～91	
7	砂试验报告	C4-××	××园林园艺公司	××年×月×日	92～110	
8	碎(卵)石试验报告	C4-××	××园林园艺公司	××年×月×日	111～126	
9	预拌混凝土出厂合格证	C4-××	××混凝土公司	××年×月×日	127～153	
10	地基验槽检查记录	C5-××	××园林园艺公司	××年×月×日	154	
11	隐蔽工程检查记录	C5-××	××园林园艺公司	××年×月×日	155～275	
12	钢筋连接试验报告	C6-××	××园林园艺公司	××年×月×日	276～283	
13	混凝土试块强度统计、评定记录	C6-××	××园林园艺公司	××年×月×日	284～301	

3)《城市建设档案案卷审核备考表》的填写参见表 E2-3。

表 E2-3　　　　　　　　　城市建设档案案卷审核备考表

本案卷已编号的文件材料共__230__张,其中:文字材料__210__张,图样材料__15__张,照片__5__张。 对本案卷完整、准确情况的说明: **本案卷完整准确。**   　　　　　　　　　　　　　　　　　　　　　　　立卷人:×××　　　日期:××年×月×日 　　　　　　　　　　　　　　　　　　　　　　　审核人:×××　　　日期:××年×月×日
接收单位(档案馆)的审核说明: 　　**工程资料齐全、有效、符合规定。**   　　　　　　　　　　　　　　　　　　　　　　技术审核人:×××　　　日期:××年×月×日 　　　　　　　　　　　　　　　　　　　　　　档案接收人:×××　　　日期:××年×月×日

6. 案卷脊背编制

案卷脊背项目有档号、案卷题名,由档案保管单位填写。城建档案的案卷脊背由城建档案馆填写。

7. 移交书

(1)《工程资料移交书》(表 E3-1):工程资料移交书是工程资料进行移交的凭证,应由移交日期和移交单位、接收单位的盖章。

(2)工程档案移交书:使用《城市建设档案移交书》(表 E3-2),为竣工档案进行移交的凭证,应有移交日期和移交单位、接收单位的盖章。

(3)工程档案缩微品移交书:使用《城市建设档案馆缩微品移交书》(表 E3-3),为竣工档案进行移交的凭证,应有移交日期和移交单位、接收单位的盖章。

(4)工程资料移交目录:工程资料移交,办理的工程资料移交书应附工程资料移交目录,《工程资料移交目录》(表 E3-4)。

(5)工程档案移交目录:工程档案移交,办理的工程档案移交书应附城市建设档案移交目录,《城市建设档案移交目录》(表 E3-5)。

(6)表格填写范例。

1)《工程资料移交书》的填写参见表 E3-1。

表 E3-1　　　　　　　　　　　工程资料移交书

工程资料移交书

　　__××园林园艺公司(全称)__ 按有关规定向 __××集团开发有限公司(全称)__ 办理 __××园林绿化__ 工程资料移交手续。共计 __16__ 册。其中,图样材料 __4__ 册,文字材料 __12__ 册,其他材料 __/__ 张(　　　　)。

附:工程资料移交目录

移交单位(公章):　　　　　　　　　　　接收单位(公章):

单位负责人:　　×××　　　　　　　　单位负责人:　×××

技术负责人:　　×××　　　　　　　　技术负责人:　×××

移　交　人:　　×××　　　　　　　　接　收　人:　×××

　　　　　　　　　　　　　　　　　　　　移交日期:××年×月×日

2)《城市建设档案移交书》的填写参见表 E3-2。

表 E3-2　　　　　　　　　城市建设档案移交书

城市建设档案移交书

　　　　____××集团开发有限公司(全称)____　　　　向××市城市建设档案馆移交____××园林绿化工程____档案共计__15__册。其中:图样材料__4__册,文字材料__11__册,其他材料____/____张(　　)。

附:城市建设档案移交目录一式三份,共　__3__　张。

移 交 单 位：×××　　　　　　　　　　　接 收 单 位：×××

单位负责人：×××　　　　　　　　　　　单位负责人：×××

移 交 人：×××　　　　　　　　　　　　接 收 人：×××

移交日期：××年×月×日

3)《城市建设档案馆缩微品移交书》的填写参见表E3-3。

表 E3-3　　　　　　　　　城市建设档案馆缩微品移交书

城市建设档案缩微品移交书

_____××集团开发有限公司(全称)_____向××市城市建设档案馆移交_____××园林绿化_____工程缩微品档案。档号_____×××_____,缩微号_____××_____。卷片共_____××_____盘,开窗卡_____××_____张。其中母片:卷片共_____××_____盘,开窗卡_____××_____张;拷贝片:卷片共___×___套___×___盘,开窗卡___×___套___×___张。缩微原件共___23___册,其中文字材料___16___册,图样材料___7___册,其他材料___/___册。

附:城市建设档案缩微品移交目录

移交单位(公章):　　　　　　　　　　接收单位(公章):

单位法人:　×××　　　　　　　　　　单位法人:　×××

移 交 人:　×××　　　　　　　　　　接 收 人:　×××

移交日期:××年×月×日

4)《工程资料移交目录》的填写参见表 E3-4。

表 E3-4　　　　　　　　　　　　工程资料移交目录

工程项目名称:××园林绿化工程

序号	案卷题名	数量						备注
		文字材料		图样资料		综合卷		
		册	张	册	张	册	张	
1	施工资料—施工管理资料	1	19					
2	施工资料—施工技术资料	2	213					
3	施工资料—施工测量资料	1	87					
4	施工资料—施工物资资料	4	306					
5	施工资料—施工记录	3	210					
6	施工资料—施工质量验收记录	1	25					
7	园林建筑及附属设施竣工图			2	51			
8	园林给排水竣工图			1	27			
9	园林用电竣工图			1	24			

5)《城市建设档案移交目录》的填写参见表 E3-5。

表 E3-5　　　　　　　　　　　　城市建设档案移交目录

| 序号 | 工程项目名称 | 案卷题名 | 形成年代 | 数量 ||||| 备注 |
| | | | | 文字材料 || 图样材料 || 综合卷 || |
				册	张	册	张	册	张	
1	××园林绿化工程	基建文件	××年×月	1	167					
2	××园林绿化工程	监理文件	××年×月	1	113					
3	××园林绿化工程	工程管理与验收施工文件	××年×月	1	46					
4	××园林绿化工程	园林建筑及附属设施工程施工文件	××年×月	4	359					
5	××园林绿化工程	园林给排水施工文件	××年×月	2	218					
6	××园林绿化工程	园林用电施工文件	××年×月	2	274					
7	××园林绿化工程	园林建筑及附属设施竣工图	××年×月			2	51			
8	××园林绿化工程	园林给排水竣工图	××年×月			1	27			
9	××园林绿化工程	园林用电竣工图	××年×月			1	24			

参考文献

[1] 虞德平. 园林绿化施工技术资料编制手册[M]. 北京:中国建筑工业出版社,2006.
[2] 中国建设监理协会组织. 建设工程监理规范 GB/T 50319—2013 应用指南[M]. 北京:中国建筑工业出版社,2013.
[3] 孟兆祯,毛培琳,黄庆喜,等. 园林工程[M]. 北京:中国林业出版社,2005.
[4] 李广述. 园林法规[M]. 北京:中国林业出版社,2003.
[5] 董三孝. 园林工程施工与管理[M]. 北京:中国林业出版社,2004.
[6] 崔奉卫. 园林工程施工监理便携手册[M]. 2版. 北京:中国电力出版社,2012.
[7] 李小龙. 园林绿地施工与养护[M]. 北京:中国劳动社会保障出版社,2004.
[8] 本书编委会. 园林绿化工程资料填写组卷范例[M]. 北京:中国建材工业出版社,2008.

我们提供

图书出版、图书广告宣传、企业/个人定向出版、设计业务、企业内刊等外包、代选代购图书、团体用书、会议、培训，其他深度合作等优质高效服务。

编辑部	图书广告	出版咨询	图书销售	设计业务
010-68343948	010-68361706	010-68343948	010-68001605	010-88376510转1008

邮箱：jccbs-zbs@163.com　　　网址：www.jccbs.com.cn

发展出版传媒　　服务经济建设
传播科技进步　　满足社会需求

（版权专有，盗版必究。未经出版者预先书面许可，不得以任何方式复制或抄袭本书的任何部分。举报电话：010-68343948）